# 改扩建高速公路利用既有公路构造物技术指南

张国辉 宋桂锋 杨建成 谢 峻 编著

人民交通出版社股份有限公司
北 京

## 内 容 提 要

本书以昆磨高速公路小勐养至磨憨段改扩建工程为依托,对在热带雨林山区环境下利用既有桥梁、隧道时特殊的耐久性和结构性问题进行了详细研究。在多雨地区频繁干湿交替环境下碳化混凝土桥梁耐久性年限评估与新旧桥梁耐久性匹配设计、预应力混凝土 T 梁可利用性快速评价、不中断交通条件下的新旧桥梁拼接技术、山区不等高隧道长陡横向通道火灾安全性评价、加固维修桥梁交竣工验收标准等方面做出了一定的创新性的成果,对解决类似的公路改扩建项目或类似技术问题具有较高参考价值。

本书可供从事公路改扩建项目的科研、设计、施工与管理的技术人员参考、使用。

### 图书在版编目(CIP)数据

改扩建高速公路利用既有公路构造物技术指南/张国辉等编著. — 北京:人民交通出版社股份有限公司,2020.5
 ISBN 978-7-114-16358-6

Ⅰ.①改… Ⅱ.①张… Ⅲ.①高速公路—公路养护—指南 Ⅳ.①U418-62

中国版本图书馆 CIP 数据核字(2020)第 032912 号

Gaikuojian Gaosu Gonglu Liyong Jiyou Gonglu Gouzaowu Jishu Zhinan

| 书　　名: | 改扩建高速公路利用既有公路构造物技术指南 |
|---|---|
| 著 作 者: | 张国辉　宋桂锋　杨建成　谢　峻 |
| 责任编辑: | 牛家鸣　王景景 |
| 文字编辑: | 王景景　张江成　马荣基 |
| 责任校对: | 孙国靖　宋佳时 |
| 责任印制: | 刘高彤 |
| 出版发行: | 人民交通出版社股份有限公司 |
| 地　　址: | (100011)北京市朝阳区安定门外外馆斜街 3 号 |
| 网　　址: | http://www.ccpress.com.cn |
| 销售电话: | (010)59757973 |
| 总 经 销: | 人民交通出版社股份有限公司发行部 |
| 经　　销: | 各地新华书店 |
| 印　　刷: | 北京市密东印刷有限公司 |
| 开　　本: | 787×1092　1/16 |
| 印　　张: | 11.5 |
| 字　　数: | 271 千 |
| 版　　次: | 2020 年 5 月　第 1 版 |
| 印　　次: | 2020 年 5 月　第 1 次印刷 |
| 书　　号: | ISBN 978-7-114-16358-6 |
| 定　　价: | 70.00 元 |

(有印刷、装订质量问题的图书,由本公司负责调换)

# 前 言

公路是国民经济的重要组成部分，对国民经济具有举足轻重的作用。改革开放以来，我国公路建设得到了持续、快速、健康的发展，取得了举世瞩目的成就。截至2018年底，我国公路总里程达到484.65万公里，其中高速公路总里程14.26万公里，二级及以上等级公路总里程64.78万公里。由于受当时的社会经济和技术水平的制约，我国早期公路建设所采用的设计标准普遍偏低。目前，相当数量的二级公路和一级公路已不能适应日益增长的交通需求。根据《国家公路网规划（2013—2030年）》，未来十几年内，相当数量的公路面临升级改扩建需求，为了满足公路交通运输增长的需求，对早期修建的公路进行升级改扩建，提升公路等级和技术标准已势在必行。

在公路升级改造工程技术领域，对于如何充分利用既有公路构造物，目前仍然存在许多亟需解决的技术问题。

本书内容基于2016年云南省交通运输厅科技计划项目，该项目结合小磨二级公路升级改造为高速公路的改扩建工程，针对基于检测、设计、施工的关键技术难点，采用现场检测、模型试验、数值仿真与理论推导等方式，开展了混凝土结构耐久性评价、桥梁安全等相关技术研究，其成果可为类似工程提供借鉴和指导。

感谢作者单位交通运输部公路科学研究院、云南小磨高速公路改扩建工程建设指挥部、北京公科固桥技术有限公司对本书编写的大力支持。

作 者
2019年3月

# 目　　录

第1章　绪论 ·············································································································· 001
　1.1　工程概况 ········································································································· 001
　1.2　国内外研究现状 ······························································································· 001

第2章　既有利用公路桥梁构造物耐久性评价与提升技术研究 ··········································· 023
　2.1　多雨地区混凝土桥梁典型耐久性病害表征 ··························································· 023
　2.2　多雨地区混凝土梁桥耐久性评估模型 ································································· 025
　2.3　干湿交替环境下混凝土碳化及涂层提升效果研究 ················································ 037
　2.4　改扩建工程中新旧桥梁耐久性匹配与提升 ·························································· 049

第3章　既有利用标准跨径混凝土梁桥安全性评价与提升技术研究 ····································· 056
　3.1　研究对象的确定 ······························································································· 056
　3.2　T梁裂缝对极限承载能力影响的理论研究 ·························································· 056
　3.3　小磨高速既有T梁桥结构可利用性 ···································································· 061
　3.4　既有T梁提载研究（85规范体系—15规范体系） ··············································· 062
　3.5　桥梁加固与重建的经济性比较 ··········································································· 065

第4章　既有混凝土桥梁不中断交通拼宽技术研究 ···························································· 072
　4.1　新旧桥拼宽连接结构振动响应与减振措施研究 ··················································· 072
　4.2　拼宽接缝混凝土材料性能试验研究 ···································································· 084
　4.3　拼宽接缝混凝土结构性能试验研究 ···································································· 094
　4.4　不中断交通钢梁与混凝土梁混合拼宽技术研究 ··················································· 099
　4.5　不中断交通T梁桥拼宽技术措施 ······································································· 108

第5章　山区公路改扩建隧道横通道设置标准研究 ···························································· 110
　5.1　改扩建公路不等高程隧道设计概况 ···································································· 110
　5.2　设计隧道消防安全评估方案 ·············································································· 112
　5.3　设计隧道火灾烟气蔓延的特性研究 ···································································· 114
　5.4　设计隧道人员安全疏散仿真研究 ······································································· 130
　5.5　不等高隧道横通道间距安全性措施探讨 ····························································· 137
　5.6　藤篾山隧道现状横通道设计的研究建议 ····························································· 139
　5.7　工程应用指南 ·································································································· 141

第6章　既有公路构造物利用后的交竣工验收研究 …………………………………… 142
　6.1　既有公路构造物利用后的交竣工验收问题 ………………………………… 142
　6.2　公路维修加固工程交竣工验收 ……………………………………………… 142
　6.3　基于合格率法的公路维修加固工程验收的质量评定 ……………………… 149
附录　公路桥梁维修加固工程质量检验评定标准 …………………………………… 152
参考文献 …………………………………………………………………………………… 173

# 第1章 绪　　论

## 1.1　工程概况

昆磨高速公路小勐养至磨憨段改扩建工程(以下简称"小磨高速")位于云南省西双版纳州景洪市、勐腊县境内,作为全国第一批绿色公路试点中唯一的改扩建工程,小磨高速利用了既有单幅公路进行改造扩建。起自小勐养银河互通式立交,接已建成通车的思茅至小勐养高速公路和小勐养至景洪高速公路,经曼果龙、莱阳河、曼勐、勐仑、勐远、勐腊、曼庄、尚勇,止于磨憨,全长约167km。其中,尚勇至磨憨段约9km利用现有一级公路,实际建设里程约158km。起点至莱阳河段和勐腊县国境段共计约24km采用全幅新建方案,其余134km利用现有二级公路改扩建。全线采用双向四车道高速公路标准建设,设计速度80km/h。整体式路基拓宽至24.5m;分离式路基新建一幅路基宽度采用12.25m,利用现有公路作为一幅路基宽度维持12m。桥涵设计汽车荷载等级采用公路—Ⅰ级(原设计荷载为汽—超20级,挂车120),其他技术指标符合原交通部发布的《公路工程技术标准》(JTG B01—2003)的规定。小磨高速公路是国家高速公路网G85银川—昆明高速公路的联络线G8511昆明—磨憨(口岸)的末段,也是昆曼(昆明—曼谷)国际大通道在我国境内的最后一段。经小磨高速,昆曼国际大通道延伸至老挝、泰国,辐射整个东南亚。

## 1.2　国内外研究现状

### 1.2.1　既有结构耐久性技术研究现状

结构耐久性是保证公路长期服役的主要性能之一。对于改扩建工程,既有构造物与新建构造物存在耐久性匹配的问题,需要评价既有构造物的耐久性,并采取一定的处治提升措施。总体上,在改扩建工程中,针对既有桥梁结构与新建结构耐久性能匹配性的评价技术以及相应的维护方法的研究成果较少。

#### 1.2.1.1　混凝土碳化耐久性研究现状

20世纪60年代,欧美等国家开始对混凝土的碳化耐久性开展理论分析与试验研究;20世纪70年代,日本开始重视耐久性方面的研究;20世纪80年代,发达国家将钢筋混凝土结构基于强度的设计方法过渡到强度和耐久性并重的设计方法;20世纪90年代,国际材料与结构实验室联合会出版了《混凝土结构耐久性设计》,欧洲发布了《混凝土耐久性设计指南》,日本出版了《混凝土结构耐久性设计建议》。从20世纪60年代开始,国内开始开展混凝土碳化和钢筋锈蚀相关的研究。交通部于2000年、2006年分别发布了《海港工程混凝土结构防腐蚀技术规范》(JTJ 275—2000)、《公路工程混凝土结构防腐蚀技术规范》(JTGT B07-01—2006)。土木工程学会于2004年发布了《混凝土结构耐久性设计与施工指南》(CCES 01—2004)。2007年发布了《混凝土结构耐久性评定标准》(CECS 220：2007)。住建部于2008年发布了《混凝土结构耐久性设计规范》(GB/T 50476—2008)。2010年新发布的《混凝土结构设计规范》(GB 50010—2010)中也加入了混凝土耐久性方面的内容。这些规范的问世标志着我国耐久性研究的不断深入，对改善我国的耐久性研究起着积极的作用。

经过近60年的发展，国内外对碳化机理和影响因素的研究相对深入，国内外学者提出了各种以理论及试验为基础并考虑不同参数修正的碳化深度预测模型，为进一步研究混凝土碳化及钢筋锈蚀打下基础。

1) 碳化机理

混凝土碳化主要是指环境中$CO_2$与混凝土中水泥熟料经水化生成的$Ca(OH)_2$和CSH等碱性物质发生反应而使混凝土内部碱度降低，致使混凝土中的钢筋发生锈蚀。混凝土组成材料的多样性及各组分之间复杂的化学反应导致混凝土在宏观和微观上具有多孔性，孔隙主要由凝胶孔、毛细孔、缺陷及裂隙组成，不同尺度的孔隙影响着混凝土的物理、化学和力学性能。从物质传输的角度考虑，混凝土的多孔性一方面为有害离子及物质的侵入提供了通道，大气中的$CO_2$通过孔隙扩散进入混凝土内部，与混凝土内部存在的自由水及物理吸附水反应生成$H_2CO_3$，使混凝土内部孔隙水溶液pH值降低，影响混凝土耐久性。另一方面，水分的参与是混凝土发生碳化反应及钢筋锈蚀的必要条件，水分会从孔隙通过渗透、扩散、吸附作用进入混凝土内部，潮湿空气条件下水分由浓度差驱动的扩散过程进入混凝土内部，飞溅雨水条件下水分由混凝土表面毛细管吸附过程进入混凝土内部，浸入水中条件下水分由蒸发、毛细管作用及压力差驱动的渗透过程进入混凝土内部，因此水分的侵入加速了混凝土碳化和钢筋锈蚀。

国内外学者从试验、理论分析等不同角度对混凝土碳化机理进行了研究。L Yingyu等主要从混凝土孔结构及孔隙率角度研究了混凝土碳化机理。Saetta从混凝土碳化过程中水的扩散、$CO_2$气体扩散及温度变化角度进行了研究。苏联学者阿列克谢耶夫等通过研究混凝土碳化的物理化学过程，认为$CO_2$在混凝土孔隙中的扩散过程控制了碳化速率，以此建立了基于Fick第一扩散定律，考虑$CO_2$在混凝土中扩散、吸收特点的混凝土碳化模型式。希腊学者Papadakis从分子层面上研究混凝土碳化机理，认为混凝土中的可碳化物质为$Ca(OH)_2$、CSH、$C_3S$、$C_2S$，用化学反应动力学的方法分析了水泥水化和碳化速率。于成龙等从离子迁移角度分析了混凝土的碳化机理。柳俊哲从混凝土孔溶液中$Na^+$、$K^+$和与其保持电性平衡的$OH^-$，$Ca^{2+}$离子与pH值的关系角度进行了混凝土碳化机理的研究。

2) 影响因素

影响混凝土碳化的因素可分为材料因素和环境因素。材料因素中，水灰比(W/C)影响着混凝土内部孔结构、孔隙率以及孔隙水饱和度，从而影响$CO_2$在混凝土中有效扩散系数及碳化速率，W/C越大碳化速率越快；日本学者通过假设混凝土孔结构模型推导出混凝土碳化深度与W/C的关系，Ho D W、方璟、Dhir R K、蒋利学、龚洛书等通过试验研究得出了碳化速度与W/C的关系。水泥品种及水泥用量决定了混凝土中可碳化物质CSH及$Ca(OH)_2$的含量，单位体积混凝土中可碳化物质越多，需要消耗的 $CO_2$ 越多，会生成更多的 $CaCO_3$ 及其他固态物质并堵塞在孔隙中，减缓混凝土碳化速度；Ho D W、方璟、Dhir R K、Thomas、Hobbs D W、Ceukelaire L D 等通过试验研究了不同水泥品种对混凝土碳化的影响；张誉、马文海等研究了水泥用量对混凝土碳化的影响；Kobayashi 研究了水泥中碱性物质含量对混凝土碳化的影响。混凝土强度能宏观反映出混凝土中孔隙及密实情况，在一定程度上反映混凝土抗碳化性能；日本学者、邸小坛、颜承越通过试验研究了混凝土碳化深度与抗压强度的关系，均得出了混凝土碳化深度与抗压强度呈反比的关系。

环境因素，包括 $CO_2$ 浓度、温度、相对湿度、应力状态、覆盖层、施工质量等。环境中 $CO_2$ 浓度越高，$CO_2$ 越易通过浓度差进入混凝土内部，一般认为混凝土碳化速率与环境中 $CO_2$ 浓度的平方根呈正比关系；Reardon、张令茂、刘亚芹、谢东升等均对混凝土碳化速率与 $CO_2$ 浓度的关系开展了相关研究。环境温度影响着 $CO_2$ 气体的扩散速率和化学反应的速率，随温度升高碳化速率加快；徐道富通过试验发现环境温度与混凝土碳化速率近似呈正比关系，蒋清野等给出了环境温度对混凝土碳化的影响公式。环境湿度决定了混凝土孔隙水饱和度的大小，湿度高时会阻碍 $CO_2$ 气体在混凝土中的扩散速率，湿度低时会使碳化反应所需水分不足；朱安民、李果、蒋清野等研究了不同相对湿度对混凝土碳化速率的影响；蒋清野认为碳化速率与相对湿度呈抛物线关系，徐道富通过试验认为碳化速率与相对湿度呈反比关系。

3）碳化深度预测模型

碳化深度预测模型可分为理论模型和基于试验研究及工程实测数据建立的经验模型。理论模型中各参数的物理意义明确，但由于考虑因素较多，实际应用中参数很难确定，不便于工程应用；经验模型综合反映了结构所处环境条件、材料性能、结构施工因素、养护因素及其他多种难以单独考虑的各种复杂因素的影响，虽然离散性较大，但能够反映实际情况具有较好的实用性。而现有模型多以整体构件为基础建立模型，未考虑不同构件之间所处环境、应力的差别，且现有模型中未考虑干湿交替对碳化的影响。

基于扩散理论的模型如阿列克谢耶夫和 Papadakis 模型。两种模型推导方式不同但形式相似，两种理论模型具有明确的物理意义，但参数的不易确定使理论模型不便于在工程实际中应用。

基于水灰比的经验模型，如岸谷孝一模型、朱安民模型、Nishi 模型、白山模型、金骏模型，水灰比一定程度上决定了混凝土内部孔结构及孔隙水饱和度，因此与混凝土碳化速率有很好相关性。不足之处在于水灰比不能全面反映混凝土质量，且在实际过程中水灰比难以获得。

基于水灰比及水泥用量的经验模型，如黄士元模型、龚洛书模型、邸小坛模型，模型的修正系数还有待完善。

基于抗压强度的经验模型，如邸小坛模型、牛荻涛模型、Smolczyk 模型。混凝土抗压强度综合反映各因素对混凝土的影响，在实际工程中易于测得，具有实际应用意义且在工程上应用方便。但强度只能反映混凝土整体质量水平，无法反映混凝土内部碱含量、孔结构、气体扩散性，在实际应用中离散性较大。

基于扩散理论与试验经验的模型，如张誉模型、刘亚芹模型、CEB T G 碳化模型，比一般经验模型具有较强的理论依据，且便于在实际工程中应用。

因混凝土内部及外部环境的复杂性及混凝土碳化过程的复杂性导致了众多的碳化模型，各个模型均是在 Fick 第一定律的基础上建立，以混凝土碳化深度与碳化时间平方根呈正比为基础，各碳化深度预测模型的区别在于碳化系数 $k$ 的取值方法不同，即选取的主参数如水灰比、水泥用量、抗压强度不同，各自考虑的修正参数如材料、环境修正系数的取值不同。考虑各参数对碳化的影响，并便于在实际工程中应用，目前还有待建立统一的模型。

4）基于可靠度的耐久性评估方法

根据现场检测结果对在役混凝土桥梁进行技术状况评估，预测剩余使用寿命，是土木工程领域中的重要研究内容。目前混凝土桥梁耐久性评估方法主要有三种：

①传统经验方法。由技术人员通过现场检测和结构验算，凭经验做出评价和处理方案。

②综合评估方法。需要借助模糊数学、灰色理论、神经网络等方法进行评估。

③基于可靠度理论的评估方法。根据相关参数指标的统计分布特性，依据钢筋混凝土结构耐久性寿命准则和碳化深度预测模型建立极限状态方程，计算结构的失效概率或可靠指标。本书运用可靠度理论，对在役混凝土桥梁进行剩余使用寿命的预测。

（1）可靠度理论的发展

20世纪20年代，围绕飞机失效的研究开启了结构可靠度研究的序幕。20世纪40年代，可靠度理论开始在工程中得到应用，Freudenthel 初步确定采用概率理论来分析结构可靠度的方法。20世纪50年代，苏联、美国及欧洲等国家在可靠度理论方面开展了大量的研究工作。20世纪60年代，Cornell 首次提出比较系统的一次二阶矩计算方法。20世纪70年代，多位学者提出了具有各自特点的近似可靠度计算方法；联邦德国的 Rackwitz 提出改进的验算点法；N C Lind 将可靠指标转换为分项系数表达式，推动了可靠度理论在规范中的应用；Rackwitz 和 Fiessler 提出解决随机变量为非正态分布情况下可靠度计算的 JC 法，结构可靠度的二阶矩模式进入实用阶段。在结构可靠度理论应用方面，1970年欧洲出版了《钢筋混凝土和预应力混凝土结构设计与施工统一国际建议》，1974年编制成一套《结构统一标准规范的国际体系》文件，1977年联邦德国提出《确定建筑物安全度要求的基础》草案，1978年北欧五国编制了《结构荷载与安全设计规程的建议》，1986年国际化标准组织 ISO/TC 98 发布了《结构可靠性总原则》（ISO 2394），现实施的是 ISO 2394:1998。2002年欧洲制定发布《结构设计基础》（EN 1990:2002），推动了概率方法在欧盟土木工程领域中的应用。

20世纪50年代，我国的高校和科研院所开始开展极限状态设计法的研究工作。大连理工大学的赵国藩院士，于20世纪60年代提出采用一次二阶矩方法分析结构的安全系数，于20世纪80年代在二次二阶矩可靠度计算方法、结构可靠度实用计算方法、结构可靠度分析的蒙特卡洛方法等方面取得了多项成果。在结构可靠度理论应用层面上，我国于1984年完成了《建筑结构设计统一标准》（GBJ 68—1984）的编制与发布工作，先后编制了《港口工程结构可靠度设计统一标准》（GB 50158—1992）、《铁路工程结构可靠度设计统一标准》（GB 50216—1994）、《水利水电工程结构可靠度设计统一标准》（GB 50199—1994）、《公路工程结构可靠度设计统一标准》（GB/T 50283—1999）、《工程结构可靠度设计统一标准》（GB 50153—1992），新修订的《建筑结构可靠度设计统一标准》（GB 50068—2018）、《工程结构可靠性设计统一标准》（GB 50153—2008）、《港口工程结构可靠性设计统一标准》（GB 50158—2010）、《水利水电工程结构可靠性设计统一标准》（GB 50199—2013）已发布实施。

(2)钢筋混凝土结构耐久性寿命准则

碳化、钢筋锈蚀、裂缝等因素对钢筋混凝土结构耐久性影响较大,目前针对钢筋混凝土构件寿命终结标准主要有碳化寿命准则、锈胀开裂寿命准则、裂缝宽度与钢筋锈蚀量限值寿命准则等。

碳化寿命准则,是以碳化深度到达钢筋表面,钢筋开始锈蚀的时间作为钢筋混凝土桥梁的寿命标准。钢筋一旦开始锈蚀后,短时间内钢筋锈蚀量便会使混凝土开裂。

锈胀开裂寿命准则,是以混凝土表面产生顺筋的锈胀裂缝的时间作为钢筋混凝土桥梁的寿命标准。钢筋锈蚀产物达到一定数量,就会导致混凝土保护层开裂从而失去混凝土对钢筋的保护作用,结构构件的几何外观及力学性能都会发生变化,此时的结构构件必须进行检测、评估、维修、加固处理。锈胀开裂是在锈蚀发展一段时间后发生,钢筋的初始锈蚀时间的确定显得尤为重要。

裂缝宽度与钢筋锈蚀量限值寿命准则,是以裂缝宽度或钢筋锈蚀量达到某一界限值的时间作为耐久性失效的寿命标准。部分学者给出了裂缝宽度、钢筋截面损失率的界限值。

大气环境中钢筋混凝土构件碳化耐久性是以钢筋锈蚀为主失效模式,由于耐久性到达锈胀开裂寿命准则的影响因素复杂,目前尚无明确的劣化机理模型,一般采用经验拟合式进行预估。根据当前的经验,大气环境中,若混凝土桥梁构件中混凝土保护层厚度为30mm,构件从钢筋开始锈蚀到混凝土开裂的年限在10~15年。而耐久性到达碳化寿命准则的机理相对明确,劣化模型较为成熟,且耐久性评估主要是建立在结构维护需求的角度,一般不允许结构耐久性劣化太严重。因此,本书中建立的基于可靠度的碳化耐久性评估方法主要以结构构件达到碳化寿命准则为基准。

(3)目标可靠指标的确定

在土木工程领域常用可靠指标来描述结构的可靠程度,而在役桥梁可靠度评定的关键问题就是确定结构目标可靠指标,目标可靠指标是结构设计时的最低可靠指标,反映着一个国家和地区某种或某类结构构件安全度的水平。目标可靠指标的确定涉及技术、社会、经济等因素,比较复杂。现有规范中主要采用校准法,并结合工程经验确定目标可靠指标。根据现场实测指标的统计参数和概率分布,使用可靠度理论计算方法,得出现行规范中隐含的可靠指标。目标可靠指标的设定对于评估结果影响重大,目前对于正常使用极限状态,耐久性可靠指标的研究较少。

《混凝土结构耐久性设计规范》(GB/T 50476—2008)指出:不可逆的正常使用极限状态,可靠指标应大于1.5。《建筑结构可靠度设计统一标准》(GB 50068—2018)指出,根据结构构件可逆程度,正常使用极限状态的可靠指标不宜小于0~1.5。《公路工程结构可靠度设计统一标准》(GB/T 50283—1999)并未明确给出公路工程结构在正常使用极限状态下的目标可靠指标,可根据不同类型结构特点和工程经验确定。部分学者做了这方面的研究,Siemes提出腐蚀开始的目标可靠指标可取1.5~1.8;欧盟耐久性设计规范根据考虑耐久性设计而导致成本提高的费用$P$,不考虑耐久性设计的后期维修的花费$M$,两者进行比较,给出设计使用年限为50年的可接受可靠指标$\beta$:若$P<M$,$\beta$取3.72;若$P\approx M$,$\beta$取2.57;若$P>M$,$\beta$取1.28;徐善华给出了钢筋开始锈蚀的可靠指标建议值,预应力混凝土构件为1.28,普通混凝土构件重要建筑为0.5,一般建筑为0。相关文献建议对预应力混凝土构件碳化达到钢筋表面的极限状态目标可靠指标取 1.5,普通混凝土构件重要建筑取 1.0、一般建筑取 0.5。刘海建议不允许钢筋锈蚀、对耐久性有严格要求的重要混凝土结构目标可靠指标取 1.28,不允许钢筋锈蚀的一般混凝土结构目标可靠指标取 0.84。

#### 1.2.1.2 混凝土表面涂层防护研究现状

混凝土表面涂层防护处理可有效提高混凝土耐久性,表面涂层在混凝土和外界环境间形成隔离层,从而阻止水、气体及有害物质的侵入,达到延缓耐久性劣化的目的。传统的成膜型防护涂层,通过在混凝土表面涂刷,覆盖混凝土表面并堵塞混凝土孔隙,从而阻止外界水分和二氧化碳侵入,能显著改善混凝土碳化性能。但传统的防护涂层使混凝土表面被覆盖、孔隙被堵塞、混凝土本身不透气,当水分从内部排出时,会使表面防护涂层冲破,导致涂层及其防护寿命缩短。而新型的渗透型防水涂层能与混凝土表面发生化学反应,在混凝土表面形成牢固的憎水性表面层,使混凝土的外表面由亲水变为憎水,对透气性影响较小,具有优良的抗老化能力。现在工程中应用广泛的渗透型防水涂层有有机硅类和水泥基渗透结晶型两种。不同涂层对混凝土的防护效果见图 1.2-1。

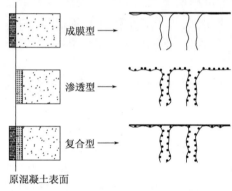

图 1.2-1 涂层与混凝土结合机理

1) 有机硅类渗透型涂层

19 世纪 60 年代,法国科学家 Friedl C 和 Crafts J M 第一次合成含 Si-C 键的有机硅化合物,由此有机硅化合物开启了发展的序幕;20 世纪 40 年代,美国通用电气公司采用直接法合成甲基氯硅烷制备有机硅,开始了有机硅的大规模工业化生产与应用;20 世纪 60 年代开始,各种有机硅新产品不断出现,并被欧美等国成功应用于桥梁、道路及码头等混凝土结构防水防腐蚀工程中;20 世纪 90 年代,随着溶胶-凝胶及分子偶联技术的发展,研制出高渗透性有机硅防水涂料,混凝土表面有机硅材料改性技术开始了飞速发展;21 世纪初,我国先后将硅烷处理技术纳入《海港工程混凝土结构防腐蚀技术规范》(JTJ 275—2000)、《混凝土结构耐久性设计与施工指南》(CCES 01—2004)、《公路工程混凝土结构防腐蚀技术规范》(JTG/T B07-01-2006)、《铁路混凝土结构耐久性设计规范》(TB 10005—2010)及《铁路混凝土结构耐久性修补及防护》(TB/T 3228—2010)。

有机硅类渗透型涂料主要分为水溶性、溶剂型、乳液型及硅烷类。水溶性有机硅以水为介质,含有的挥发物质低,比较环保,但甲基硅醇盐类的水溶性有机硅,容易影响被处理基材表面的外观,且固化反应较慢,固化期间遇到雨水淋刷则防护效果会降低,其固化程度不高导致被多次雨水淋刷及河水冲刷后逐步失效。溶剂型有机硅是由聚甲基三乙氧基硅烷树脂充分缩合而成,其受环境影响小,防护效果较好,但溶剂挥发造成的环境污染限制了溶剂型有机硅在工程上的应用。乳液型有机硅由反应性有机硅乳液与有机高分子乳液共聚形成,其防水效果好,对透气性影响较小。硅烷类有机硅由于相对分子量较小,具有高渗透性,与混凝土基材亲和力好,能牢固地结合,并在混凝土表面形成憎水层起到防水作用,但不会妨碍混凝土内部水汽的扩散,有效提高混凝土结构耐久性。有机硅类渗透型涂层的优点是有效阻止水及有害离子的渗透,有机硅化合物自身无毒不会造成环境污染,无色不会影响混凝土外观结构,溶剂型、乳液型及硅烷类有机硅固化快,施工方式多样,能以溶液、乳液、凝胶及膏体形式涂刷、浸渍和喷涂,有效提高混凝土抵抗环境中水、沙尘、污染物侵蚀的能力。缺点在于液态的有机硅渗透型涂层会在立面、顶面施工时流淌、滴落,造成浸渍效果差及资源的浪费,选用在施工中不易滴落的硅烷膏体,可保证硅烷中活性组分与基材具有较长浸渍时间,使硅烷更好地渗入混凝土表层深处达到较大浸渍深度,对混凝土的防护效果更佳。硅烷类渗透型涂层被成功运用到混凝土桥梁等结构的防护及修补工程中的案例越来越多,如瑞士的 Furstenlang 大桥、Meggenhua 大桥、瑞典的 Trancbergs 大桥、日本的 Okumiomote 大坝及中国香港的青马大桥。在国内,硅烷类渗透型涂层也开始广泛应用于道路桥梁、水工及港工工程中。目前国内外对有机硅在混凝土中渗透深度、有机硅处理后混凝土的吸水率、有机硅处理后混凝土的碳化性能开展了大量的试验研究工作。

(1) 混凝土中有机硅渗透深度

产品类型会对硅烷类防水涂料的表面防护效果产生影响：Cerdes 研究发现混凝土吸附未经稀释的硅烷的效果要远好于硅烷乳液；Schaeufele 研究表明硅烷凝胶相比于乳液可达到更深的渗透效果；朱淮军指出,硅烷浓度越高,渗透深度越大；吴平指出,硅烷膏体由于与混凝土表面接触时间较长而具有较大的渗透深度。有研究表明采用同种硅烷产品,对同一强度等级的混凝土,涂覆量越大渗透深度越大,涂覆量相同时混凝土强度等级越高渗透深度越大。

混凝土表面性能会影响硅烷的渗透深度,Charola 通过对一系列硅烷产品的试验表明,混凝土的孔径分布对防水处理影响很大；Houvenaghel 研究表明粗孔隙所占比例较大的混凝土应选用长链硅烷,中细孔隙所占比例较大的混凝土应选用短链硅烷。

Reinhardt 和 Massino 通过吸水试验得到混凝土硅烷的吸收量和渗透深度、时间的平方根呈正比关系的结论。Levi 研究了不同混凝土含水率、温湿度对不同硅烷产品的渗透深度影响。

(2) 有机硅处理后混凝土吸水率

赵铁军通过对水灰比为 0.4、0.5 和 0.6 的混凝土经过硅烷凝胶表层处理后的吸水率进行试验研究,得出硅烷凝胶防水效果显著,防水处理后三种水灰比混凝土毛细吸水系数都降到较小值,彼此之间相差不大。

蒋庆华研究了表面硅烷浸渍后混凝土复合体系的吸水性能,采用室内加速试验模拟干湿区、盐雾区和海水区,结果表明硅烷浸渍后较大程度地降低了混凝土的吸水率,越恶劣的环境降低效果越明显。

Levi 等对硅氧烷类、硅烷类、氟化聚合物类涂料表面处理后混凝土的防水效果进行了试验研究,结果表明三种涂料均能显著降低混凝土吸水率,其中硅烷类防水效果最显著。

战洪艳、Dai J 等对硅烷溶液、乳液及凝胶的防水效果进行试验研究,结果显示三种涂层防水效果均十分显著,在三种硅烷涂料用量相同情况下,防水效果相差不大。

李化建对比研究了液体硅烷、膏体硅烷以及渗透结晶材料表面处理对混凝土吸水率的影响,结果表明三种方式均能降低混凝土的吸水率,硅烷对混凝土吸水率的降低效果要远好于渗透结晶材料,膏体硅烷与液体硅烷防水效果相当。

(3) 有机硅处理后混凝土碳化性能

陈齐栎对室外淋雨环境、室外无淋雨环境、一般室内环境下经硅烷表面处理后混凝土的碳化性能进行了研究,结果显示混凝土的碳化速率在室外淋雨环境最大,室外无淋雨环境次之,一般室内环境最小;相较于表面未作防水处理的混凝土,有机硅表面防护对混凝土的抗碳化能力有大幅提高;随着有机硅用量的增加混凝土抗碳化能力增强,同用量有机硅多次涂刷比单次涂刷抗碳化效果好;三种环境下表面凝胶防护处理的混凝土抗碳化效果要好于表面乳液防护处理的混凝土。

Schueremans 对码头潮汐区及潮汐区上部,经表面处理和未经处理的混凝土碳化深度测量表明,表面处理后混凝土的碳化深度要高出未经表面处理的混凝土,原因是潮汐区及其附近环境相对湿度高,二氧化碳难以扩散到混凝土内部,使碳化反应无法充分进行,从而降低了碳化速率;在硅烷处理后,混凝土内部含水率降低,方便二氧化碳向混凝土内部扩散,从而加速了碳化速率。Schueremans 也对渗透型涂料用量和处理次数对混凝土的碳化性能的影响进行了研究,采用硅烷乳液涂刷混凝土表面后放置于室外淋雨环境,结果表明,随着涂料用量的增加,抗碳化能力增强;相同涂料用量多次涂刷比单次涂刷抗碳化效果好。

戴建才对硅烷液体和硅烷膏体处理后混凝土的碳化性能进行研究,结果表明两种硅烷对混凝土的抗碳化性能均有大幅度提高。

杨苹采用渗透型涂料、成膜型涂料及两种涂料的复合型对混凝土表面进行处理,结果表明,复合涂料能有效阻止二氧化碳和水向混凝土内部扩散、迁移,效果最好;成膜型涂料效果次之;渗透型涂料也能显著地降低水分进入混凝土内部,但阻止 $CO_2$ 的效果较差。

Vries 对经表面处理和未经表面处理的混凝土试件暴露几年后的碳化深度进行测量,结果表明两者碳化深度基本相同。德国奥林匹克村的试验结果得出了同样的结论。

目前对于硅烷表面处理后混凝土碳化性能研究结论并不一致,主要原因是混凝土内外部相对湿度的差异,当混凝土周围环境湿度较小时表面处理可能降低碳化速率,当混凝土周围环境湿度较大时,表面处理可能加快碳化速率,对渗透型涂层碳化防护效果的适用环境还有待进一步的研究。

2) 水泥基渗透结晶型涂层

20 世纪 40 年代,德国化学家 Laurizt Jensen 发明了水泥基渗透结晶型防水材料(Cementitious Capillary Crystalline Waterproofing Materials,简称 CCCW);20 世纪 60 年代,在欧美、新加坡、日本等国得到推广使用;20 世纪 80 年代,我国开始引进 CCCW,20 世纪 90 年代开始引入母料在国内投入生产并出现了一批代理国外产品的代理商,21 世纪初我国制定的国家标准《水泥基渗透结晶型防水材料》(GB 18445—2001)推动了 CCCW 在我国的生产和应用。CCCW 主要被应用于地下工程、水利工程、饮水排污设施、桥梁隧道工程等方面,在实际应用过程中防水效果突出,取得的经济效益十分显著。

CCCW 是以水泥、石英砂等为基材,加入自身缩聚结晶反应剂、不溶性结晶反应剂、钙离子络合剂等活性化学物质形成的刚性防水材料。CCCW 包括防水剂和防水涂料两类,防水剂是一种添加到混凝土内部的粉状材料,防水涂料是一种与水拌和后涂刷或喷涂在混凝土表面的粉状材料,亦可以干粉形式压入未凝固完的混凝土表面。目前研究认为 CCCW 在混凝土表面形成一层致密保护层,材料中的活性化学物质会以水为载体强力向混凝土内部渗透,在混凝土孔隙处形成不溶于水的枝蔓状结晶体,从而堵塞混凝土内部凝胶孔及毛细孔,与混凝土形成一个整体使混凝土更致密,而且兼具后期自我修复效果;存在于孔隙中的活性化学物质可被后期渗入的水激活产生新的结晶体,填充孔隙并自动修复新裂缝,达到良好的防水防侵蚀效果。CCCW还具有渗透深度大、抗渗效果好、无毒无害环保、施工简便、快凝早强等优点,但其渗透深度受到混凝土自身质量、防水材料用量、施工方法和环境的影响。目前对于CCCW防水机理的研究还未达成共识,对于不同的活性化学物质组分如自身缩聚结晶反应剂、不溶性结晶反应剂、钙离子络合剂,其防水机理是不一样的,现有的CCCW防水机理有渗透结晶机理、沉淀反应机理及络合-沉淀反应机理。目前使用较多的品牌有德国的VANDEX、加拿大的XYPEX、美国的PENETRON、新加坡的FORMDEX、法国的DIPSEC、德国的KOESTER、澳大利亚的CRYSTAL、日本的PANDEX等。国内外对水泥基渗透结晶型防水涂料处理后混凝土的防水性能、抗碳化性能开展了一系列的试验研究工作。

(1) 水泥基渗透结晶型防水涂料处理后混凝土防水性能

何原野对不同养护龄期、不同水泥基渗透结晶型防水涂料涂刷处理后的混凝土进行了吸水试验,结果表明水泥基渗透结晶型防水涂料防水效果较好,养护龄期对混凝土吸水性能略有影响,龄期越长混凝土吸水性越差,混凝土吸水量随着涂料涂刷量的增加而明显减小。

孙学志通过对不同水灰比混凝土涂刷水泥基渗透结晶型防水涂料来研究混凝土的吸水率,结果表明水泥基渗透结晶型防水涂料对不同水灰比混凝土均可有效降低混凝土吸水率。

(2) 水泥基渗透结晶型防水涂料处理后混凝土抗碳化性能

吴建华通过试验研究了水泥基渗透结晶型防水涂料在混凝土不同水化龄期涂刷时抗碳化效果,研究表明水泥基渗透结晶型防水涂料可在一定程度上提高混凝土的抗碳化性能,在水化的越早阶段涂刷水泥基渗透结晶型防水涂料,抗碳化效果越好。

李果研究了混凝土水灰比、表面湿度情况和涂刷遍数对水泥基渗透结晶型防水涂料和有机硅涂料处理后混凝土抗碳化性能。结果表明:渗透型涂料能改善混凝土的抗碳化性能,水泥基渗透结晶型防水涂料的抗碳化效果要好于有机硅涂料;水泥基渗透结晶型防水涂层对表面潮湿的混凝土抗碳化最好,表面湿润情况对有机硅涂料影响较小;渗透型涂料对高水灰比混凝土抗碳化能力提升效果好;增加涂刷遍数对有机硅涂料抗碳化性能有提升效果,对水泥基渗透结晶型涂料抗碳化性能提升效果不明显。

孙学志、李果、Moon H Y的研究表明,水泥基渗透结晶型防水涂料对混凝土抗碳化能力提高幅度为40%~60%。郑敏升的研究表明,水泥基渗透结晶型防水涂料涂刷量为$1.0kg/m^2$和$1.5kg/m^2$的混凝土试件,抗碳化能力提高幅度为52.3%,65.1%。

沈川越对涂刷、浸润水性渗透型无机防水剂、涂刷水泥基渗透结晶型防水涂料的混凝土试件进行了快速碳化试验,结果表明3种方式抗碳化效果均不明显,可能原因为二氧化碳是直径0.3nm的小分子,渗透型防水涂料在混凝土内部孔隙中产生的结晶体难以阻碍二氧化碳的扩散作用。

目前关于水泥基渗透结晶型防水涂料表面处理后混凝土防水机理、抗碳化机理还未达成共识,相关的研究成果较少且结果差异性较大,水泥基渗透结晶型涂料适用环境还有待进一步的研究。

如前所述,目前国内外学者对混凝土碳化耐久性及混凝土表面渗透型涂层防护进行了大量的理论和试验研究,但仍存在很多问题,主要包括:

(1)由于混凝土桥梁自身材料及所处环境的复杂性,对干湿交替环境下混凝土的碳化性能相关研究较少;现有碳化深度预测模型的建立多是针对单个点的材质评估,需要考虑结构的构件属性针对构件进行评估。

(2)目前对硅烷表面处理后混凝土的碳化性能研究结论并不一致,对水泥基渗透结晶型防水涂料表面处理后混凝土防水机理、抗碳化机理还未达成共识,相关的研究成果较少且结果差异性较大,有机硅及水泥基渗透结晶型防水涂层对不同环境的适用性还有待进一步研究。

(3)在耐久性评估过程中,正常使用极限状态下目标可靠指标的相关研究较少,需要更为深入的研究。

### 1.2.2 既有混凝土桥梁安全性技术研究现状

桥梁结构安全性是保证其安全运营的主要性能之一。在公路改建或扩建中,既有混凝土桥梁安全性评价与承载能力提升技术是其再利用的重要前提。如何快速判别既有桥梁可利用性,进行标准化加固,是改扩建工程面临的一个重大技术问题。

目前,对于量大面广的标准跨径混凝土梁桥,尚未见关于可利用性快速评判标准和标准化加固技术的研究。

在桥梁评定方面,我国在"十五"期间研究提出了基于检测结果的桥梁承载力多参数修正检算分析方法。该方法通过对桥梁技术状况进行检查评估,依据桥梁质量状况及耐久性参数检测、结构固有模态参数测试和使用荷载调查结果,采用旧桥检算系数、承载力恶化系数、截面折减系数及活载影响修正系数等多系数影响分析的方法,基于近似概率理论,建立了承载力评定方法与参数体系;通过对大量实桥检测、荷载试验鉴定资料的分析和实体工程试验验证研究,基于模糊数学评估理论与专家评估方法,采用影响因素敏感分析、德尔菲专家调查、层次分析和数理统计分析的方法,创建了桥梁承载力评定参数的理论模型和计算方法;分桥型研究确定了用荷载试验鉴定桥梁承载力的评定指标、应力和挠度校验系数的限制范围、裂缝扩展评定方法与标准等。

在桥梁技术改造方面,我国早在"六五"期间就组织实施了"提高旧桥承载能力的加固技术措施的研究""双曲拱桥拱座位移病害整治的研究""公路水毁成因及防治措施研究"等一批旧桥维修加固技术的研究,形成了较成熟的旧桥维修加固计算理论方法和技术措施手段。我国在"十五"期间通过"公路旧桥检测评定与加固技术研究及推广应用"项目的实施,系统地研究总结和提升了国内外常用的20余种桥梁加固方法,并在旧桥加固基本原则、加固方法特点及适用条件、材料要求、施工工序质量控制与加固工程质量检验评定、加固后评价等方面取得了创新,形成了系统完善的桥梁加固成套技术成果,编制了公路旧桥加固成套技术应用指南,为桥梁维修加固的科学化、规范化奠定了坚实的基础。目前,我国正在开展石拱桥、桁式组合拱桥、双曲拱桥、钢筋混凝土肋拱桥、预应力混凝土斜拉桥、连续刚构桥和连续梁桥等的专用成套维修加固技术,桥梁抗震加固和震后加固技术,桥梁维修加固质量检验评定方法,桥梁加固高黏结抗扰动混凝土等新材料的研究。

美国作为世界上最发达的国家之一,公路与桥梁建设一直处于世界领先地位,特别是在 20 世纪 80 年代以前,一直在高速发展,到目前为止共有约 63 万座公路桥梁。在大规模建设的年代,人们对桥梁的检测和养护关注较少。1967 年随着 Sliver 桥的倒塌,美国开始高度关注桥梁的检测和养护技术,相继出版了多部桥梁养护方面的标准和手册,目前已经形成相对较为完善的桥梁检测、评估和维护加固体系,通过"国家桥梁复原计划"(Highway Bridge Replacement and Rehabilitation Program,即 HBRRP),使美国有缺陷桥梁数量逐年下降。2008 年,美国联邦公路局(FHWA)发起了长期桥梁性能研究计划(Long Term Bridge Program),着手开展桥梁长期性能的研究工作,计划用 20 年时间,收集美国国家公路桥梁的科学数据,建立详细及时的桥梁健康数据库,开展桥梁结构性能理论和应用技术的研究,最终提高美国公路桥梁的安全性、使用性、可靠性和长期寿命。

日本是亚洲经济发达的国家,国土面积小,山地多,又处于地震活动带,其桥梁设施技术要求高,桥梁工程技术发达。日本高速公路、快速铁路和城市立交都是高架桥梁,跨海湾的桥梁都是特大型桥梁,桥型多样。日本的桥梁施工技术和使用要求都很高,钢材质量好,钢桥采用锌喷涂方法,防锈喷涂材料已达到 20 年不脱落。目前,全日本共有桥梁 13 万座,其中钢桥居多,约占 41%;预应力混凝土桥占 34.8%;混凝土桥占 19.8%,大多数是 20 世纪 70 年代以后修建的。日本在设计桥梁时,不仅考虑初期的建造费用,而且还考虑到远期改建、拓宽、提高车速、提高标准的费用和养护费用等问题,使总的成本减少。日本很重视桥梁优质耐久性和延缓老朽化的研究,分门别类地研究了钢结合梁的涂料、混凝土桥面板的防水、伸缩缝的设置、防护栏杆的构造、支座形式的选取等各个方面。针对城市、山区、沿海等地区采用不同的对策,以延长桥梁使用寿命。

### 1.2.3 既有混凝土桥梁不中断交通拼接技术研究现状

对于处于新旧桥连接部位(湿接缝)的混凝土来说,如果旧桥开放交通,车辆荷载振动使新浇筑混凝土产生振动变形,造成混凝土初凝后的扰动开裂。车辆荷载振动使连接钢筋在混凝土内部产生振动,造成钢筋周围混凝土不密实,使钢筋与混凝土间黏结力的降低。

目前,对于车辆荷载振动对拼宽湿接缝的混凝土性能和钢筋与混凝土黏结性能的影响,尚缺乏定量化的研究结论和控制措施。

#### 1.2.3.1 既有混凝土桥梁不中断交通拼宽接缝施工技术研究现状

西方发达国家公路发展历史较长,在普通干线公路加宽改扩建工程中,其建设规划、发展理念和城市布局均与我国存在很大差异,同时,不同国家的交通组成、建设和投资模式也存在很大的不同。

19 世纪 70 年代,乌克兰国家公路勘察设计院和国家道路科学研究院,已开始进行公路桥梁拓宽工程的理论和试验研究,并制定相关桥梁拓宽的技术原则。在随后根据建成的拓宽桥梁跟踪调查研究,于 19 世纪 80 年代又相应制定了"若干建议"的条文,其中对于桥梁上部结构的拓宽给出了相应的技术细则。

19 世纪 80 年代,德国也开始研究公路拓宽改建问题,德国公路部门通过出版桥梁拓宽技术设计图集,将标准设计方法与结构技术状态联系起来。德国公路部门提出采用标准装配式设计方法拓宽桥梁,使用加筋榫头联结新旧构件,产生良好的弯矩状态。

美国混凝土协会(ACI)曾提出:"尽可能不要在桥面铺装时保持车辆通行,因为由车辆荷载引起的支撑梁的弯曲和振动很有可能在新浇筑的桥面混凝土中产生横向裂缝和早期黏结力的损失"。

美国、欧洲国家和日本相关设计和施工规范中有关考虑振动对混凝土的影响方面没有明确规定,而在地方性的规范或指南中有一些明确规定。

美国密歇根州美国混凝土研究所编写的《公路桥梁拓宽指南》中第3.3.1条明确指出:当新建桥梁连接到旧桥梁时,在没有封闭旧桥梁交通的情况下旧桥梁上行车振动通过钢筋延伸到新浇筑的混凝土,可能会对新浇筑的混凝土造成破坏。通常在混凝土浇筑完成至达到其设计强度期间不应对其扰动,因此就需要考虑原有桥梁上行车引起的振动的影响。

减小行车振动振幅的有效途径是使桥梁结构线型接近平滑、桥面铺装尽量平整和提高结构刚度,控制车速和车重可能不是减小振幅的关键,适当地进行交通管制和利用合适的施工方法可以减小对新浇筑混凝土的破坏:

(1)使用坍落度在50~75mm范围内的混凝土;

(2)新旧混凝土钢筋的连接应在混凝土浇筑之前;

(3)混凝土浇筑完成后,新旧桥、现浇混凝土和钢筋需要用连续的模板连成整体,以保证在行车振动时新旧桥、现浇混凝土、钢筋和模板之间不发生相对位移,故行车引起的振动基本上不会对混凝土产生损伤。

而日本有关研究机构针对振动对混凝土材料性能的影响研究表明,往复振动对初期材龄混凝土的强度发展没有显著影响;一定程度上降低混凝土的黏结力。

根据日本地方道路设计施工手册,对桥梁拓宽施工期间交通控制没有明确规定,但对混凝土的强度等级有要求。在不中断交通或交通管控的前提下,一般采取湿接缝处浇筑超速硬混凝土、早强混凝土或FRC混凝土,保证接缝处混凝土强度及收缩不受车辆振动的影响。

近年来,国内相继在广佛、苏嘉杭、沪杭甬、沪宁等多条高速公路开展了改扩建建设,积累了一定的经验,国道312线浉河大桥在开放交通条件下进行新旧桥拼接混凝土浇筑,结果在混凝土浇筑后不久就在梁的跨中位置上出现纵向裂缝,对接缝施工质量控制提出了挑战。但总体上,我国国家或地方性的规范或指南中都没有相关方面的规定,只是个别企业结合实际工程,通过研究编制了相关方面的施工技术指南,对拼接缝施工质量的控制起到了一定的积极作用。在具体研究方面,其主要包括:

梁志广等对新旧桥主梁不连接时,新老结构间纵向缝的处理方式进行了总结。

宗周红等以国道深圳松岗高架桥为工程背景,取用两跨连续梁进行室内模型试验研究,并利用有限元通用软件对桥梁的静力性能进行分析,综合比较两种纵向接缝铰接连接和刚性连接的静力特性,并评价其在工程应用中的适用性。

钱江等针对桥梁拓宽新旧桥跨径不等的情况,结合塘河大桥的拓宽实际,利用仿真模拟技术,分析了当横向拓宽分别采用刚性连接和铰接时,在汽车荷载作用下旧桥的纵、横向应力的变化,得出刚接比铰接能提供更大的横向连接刚度,铰接的应力分布较均匀,整体应力水平较刚性连接低的结果。

范晓江针对空心板桥梁拓宽工程中接缝是设计薄弱环节的情况,对空心板加宽设计中关心的上部构造的连接方式对桥梁受力影响较大的因素进行有限元分析。

梁志广等对刚性连接和半刚性连接形式从以下方面进行比较分析,包括对结构整体受力的影响、局部受力的影响以及从施工难度、施工工期、结构耐久性和经济方面等,综合考虑造价、施工工期及施工难度等因素,箱梁新旧结构连接采用了翼缘板半刚性连接的方式。

张丽芳等分析了横向采用钢板连接和铰缝连接时,拼接前后汽车荷载作用下旧桥挠度、应力的变化、旧桥悬臂端挠度及悬臂根部应力状态以及横向拼接结构的受力情况。

刘唐等认为纵缝铰接或纵缝刚接均能起到减载效果,铰接不如刚接减载效果明显,但是铰接能够更好地适应老桥边梁悬臂板的受力与构造要求,而且与纵缝刚接相比,纵缝铰接在施工难度与工程造价上都有明显的优势,是一种在中小跨径梁桥拓宽改建中值得推广的方案。

郭岩昕进行了斜交空心板梁桥拓宽纵向接缝模型试验研究,分别对刚性连接和铰接室内模型进行静力试验,从挠度及应变的测试结果分析表明刚性连接模型的整体性能略优于铰接连接模型。

袁磊通过对预应力混凝土连续刚构桥拓宽的刚接可能性进行研究,论证了其可行性。

许有胜通过模型试验和有限元计算比较了两跨连续箱梁拼宽刚性连接和铰接的受力性能的差异,论证了刚性连接的优越性,认为沉降控制在内,可以实施刚性连接。

王曦婧研究了拓宽后在刚接和铰接两种情况下,新箱梁对旧箱梁的影响,主要包括新箱梁收缩、徐变、基础不均匀沉降差以及日照温差的影响,结果表明刚性拼接在拼接部位横向的拉应力较铰接大。

罗志文以沈海线泉厦高速公路梁桥拓宽为背景,建立拓宽桥梁的有限元模型,比较分析三种不同横向拼接形式对拓宽桥梁整体动力特性和活载横向分布的影响。

黄萍基于一座 $4\times30m$ 预应力连续 T 梁变宽拓宽桥,分别建立了新旧桥间布置与旧桥相同数目横隔板、新旧桥间仅跨内设置横隔板而墩顶不设置横隔板和新旧桥间不设置横隔板 3 种不同横向连接的 ANSYS 有限元模型,计算和比较了其在汽车荷载、新旧桥差异沉降荷载、温度荷载以及收缩徐变作用下的静力性能,最终推荐新、旧桥间全部设置横隔板的连接方案。

胡胜刚等采用结构空间有限元法分析了拼宽后 T 梁拼接部位的受力状况。得出 T 梁桥拼宽后,新桥沉降值宜控制在 5mm 以内和新旧 T 梁间增置横隔板能有效改善接缝处受力的结论。

范丙臣等介绍了简支空心板梁桥拼宽的常用方法,列举了湿接法拼宽的设计要素及常见问题,并提出了解决问题的方法。同时,对湿接法拼宽后桥梁的横向分布进行了计算分析,通过分析,得出其变化规律及幅值。

陈晓强等对某斜交多跨预应力混凝土连续箱梁的横向拼宽问题进行拼接方式分析,拟订了 3 种拼接方案,对比分析了其施工难易程度和拼接前后结构的受力特点。

鞠金荧、华斌等对沪宁高速公路(江苏段)扩建工程中的简支梁桥、T 梁桥、组合 T 梁桥及箱梁桥的拼接构造进行了详细介绍。

赵煜等针对 T 梁桥,通过对不同桥梁拓宽方式的分析研究,探讨其对结构承载潜力的影响,以确定桥梁最优拓宽方式。

张哲等提出了在箱梁翼缘悬挑钢悬臂梁的新型拓宽方法,并应用有限元软件 ANSYS 进行了分析,同时指出钢悬臂梁的拓宽方法可同时应用于不需要增加桥墩的桥梁双侧或单侧拓宽改造工程。

彭可可等讨论了桥梁拼接技术中碳纤维薄板(CFL)连接方案,基于3个基本假定,应用有限元原理建立CFL弹性薄壳单元模型,给出了CFL弹性薄壳单元刚度矩阵,重点研究了CFL拼接结构的三维仿真模型。

#### 1.2.3.2 既有混凝土桥梁拼接与快速替换技术研究现状

现有公路经过多年运营,已经形成了稳定的交通流,对既有桥梁进行拼宽或局部替换,会对交通产生较大影响,因此施工周期越短越好,这就需要快速拼宽或替换技术。

目前,国外已有较为系统的快速替换技术,国内尚未见有快速替换技术的系统性研究。目前常用的上下部结构连接方案主要有:上下部结构均不连接、上下部结构均连接、上连下不连。

于少春等阐述了桥梁拓宽的分类,然后具体分析了桥梁拓宽拼接的方式方法并对其优缺点进行了探讨。吴文清、宗周红等对各种拼接方式的概念及优缺点进行了总结。

国内对桥梁快速替换技术的研究尚处于萌芽阶段,到目前为止尚未见有系统的研究。2006年9月,北京市政路桥养护集团在西直门立交桥(长25m,宽33m,重600t)换梁过程中,采用了计算机控制同步顶升系统(PLC),如图1.2-2所示,从而大幅度提高了施工速度,断路施工时间仅用了56个小时。

图1.2-2 计算机控制同步顶升系统(PLC)

2011年11月,北京市政路桥养护集团在昌平西关环岛立交桥改造工程的换梁施工中,采用了SPMTs工法,利用自行式液压模块运输车进行了整体换梁,新工法的采用将传统工法所需断行高速3个月的工期,减少为断行16次共计112h,缩短工期83天(近2000h)。

石家庄铁道大学国防交通研究所的张耀辉研制了一种运换架一体机的技术方案,整机由前后行走台车、主梁、前后起升机构、多功能主支腿、辅助支腿组成。

张耀辉针对我国高速铁路桥梁的发展及目前我国普通铁路桥梁抢修技术储备方面的现状,分析总结了未来遭受灾害损毁的高铁桥梁,在进行应急抢修及快速恢复时,所面临的技术问题和难点,例如新制混凝土箱梁的建造、灾后桥墩的恢复以及新制梁体的换架施工等。

张耀辉还分析了高速铁路混凝土简支梁换装恢复施工面临的问题,并提出了桥孔处支架现浇混凝土箱梁、梁场集中预制混凝土箱梁、桥孔平行侧低位台座和桥孔平行侧高位支架现浇混凝土箱梁4种方案,并介绍了每种建造方案的优缺点,对比了不同的换装技术。

贺胜槐介绍了两种既有铁路桥梁的整孔换架梁快速施工工艺,即横跨铁路线龙门吊配合铁路运梁车和不跨线龙门吊配合横移高架台车,阐述了施工步骤及注意事项。这两种施工工艺都在工程实际中得到成功应用,效果良好。

美国在20世纪末开始桥梁快速替换技术的研究,形成了多种标准化的模块式快速装配结构,并已在多座实桥上进行了应用,取得了良好的效果,施工周期极大缩短。

美国对桥梁快速替换技术的研究源于1979年Hood Canal桥因飓风造成的垮塌,当时该桥的替换工期长达32个月。由此,美国桥梁工作者认识到了桥梁快速替换技术的重要性,但限于当时的材料和装备条件,其研究进展较为缓慢。直到20世纪末,随着材料和装备技术的发展,美国在桥梁快速替换技术领域取得了长足的进步,形成了多样化的快速装配结构和系列化的快速连接装置。

John Stanton等研究了高地震危险区域预制装配式桥墩和桩基的抗震问题,并进行稀疏大直径钢筋连接("Few Big Bars"Connection)桥墩的抗震性能试验,试验结果表明,其抗震性能与传统配筋形式的桥墩不相上下,完全可以满足在高地震危险区域应用的要求,如图1.2-3~图1.2-6所示。

图1.2-3 稀疏大直径钢筋连接桥墩破坏状态

图1.2-4 传统配筋桥墩破坏状态

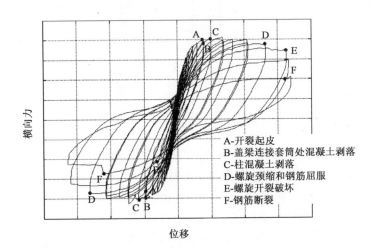

图1.2-5 稀疏大直径钢筋连接桥墩滞回曲线

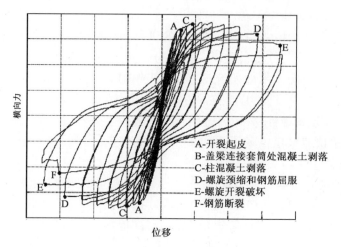

图1.2-6 传统配筋桥墩滞回曲线

由航运业和石化业发展而来的新一代自行式重型起重设备——自行式模块运输车,在桥梁替换中也得到了应用。利用自行式模块运输车可高精度多方向移动,实现桥梁的整体快速架设,即所谓的 SPMTs 工法(Self-Propelled Modular Transporters)。美国在罗得岛州普罗维登斯河大桥的架设中使用该工法节约工期近1年。

日本的 Jun-ichi Hoshikuma、Shigeki Unjoh 和 Junichi Sakai 等研究人员为解决在城市立交桥替换中减少交通干扰的问题,对预制节段混凝土桥墩进行了系列研究。预制节段混凝土桥墩装配示意如图1.2-7~图1.2-10所示。

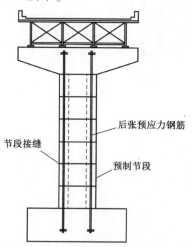

图1.2-7 预制节段混凝土桥墩装配示意

日本的 Yuji Mishima、Yukio Katsuta 和 Tomoaki Tsuji 等研究人员为解决 Tonyamachi 立交桥建设中的交通延误和环境污染问题,提出了一种混凝土桩基与钢制桥墩的锚接过渡系统(图1.2-11)和一种钢制扩大基础(图1.2-12和图1.2-13)。通过这两种技术的应用,大幅度缩短了 Tonyamachi 立交桥建设的工期,从而降低了因交通延误造成的经济损伤和环境污染,完工后的 Tonyamachi 立交桥照片如图1.2-14所示。

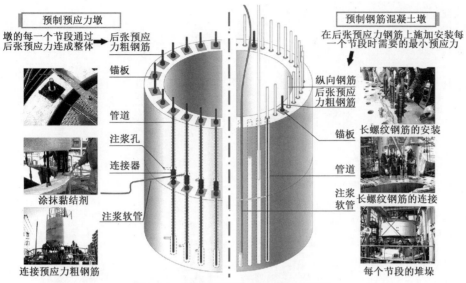

图 1.2-8 预制节段桥墩普通钢筋连接示意

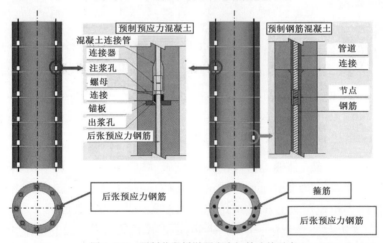

图 1.2-9 预制节段桥墩预应力钢筋连接示意

图 1.2-10 预制节段桥墩与现浇基础的连接

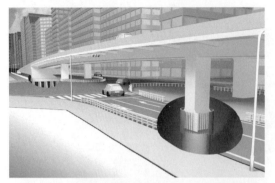
图1.2-11 混凝土桩基与钢制桥墩的锚接过渡系统

图1.2-12 钢制扩大基础装配示意

图1.2-13 钢制扩大基础

图1.2-14 完工后的Tonyamachi立交桥

### 1.2.4 既有隧道横向通道设置标准研究现状

横通道又称为联络通道，是隧道避难的主要设施，隧道内一旦发生火灾，人员和车辆难以从隧道两端疏散时，便可借助于横通道，并按横通道处的疏散指示标志，进入另一孔安全隧道，由此逃生，同时救援人员也可通过横通道迅速进入事故现场。横通道可分为车行横通道和人行横通道两种。在火灾紧急情况下，车行横通道主要用于车辆和人员的疏散，其间距远大于人行横通道的间距；人行横通道是供行人安全逃生的紧急通道。由于公路隧道的结构类型、长度、通风排烟方式、设计年份的差异，其横通道的间距设置也有所不同，表1.2-1是部分实际长隧道工程的横通道设置间距。

横通道设置间距　　　　　　　　　　　　　　　　　　　　表1.2-1

| 序号 | 隧道名称 | 隧道概况 | 横通道布置情况 | 修建年份 |
|---|---|---|---|---|
| 1 | 雁门关隧道 | 双洞单向隧道，左线长5135m，右线长5230m | 人行横通道间距350m，车行横通道间距700m | 2003 |
| 2 | 乌池坝隧道 | 双洞4车道隧道，两洞线间距35m。左线长6710m，右线6695m | 人行横通道间距250m，车行横通道间距750m | 2005 |
| 3 | 南港隧道(上海) | 全长约8950m，圆形盾构隧道段长度6.97km，双向6车道，采用纵向与半横向结合竖井送排式的组合通风方案 | 车道板下设安全逃生通道，间隔一定距离设一个逃生口和逃生滑梯，两圆形隧道间横向通道间距为1200m左右 | |

续上表

| 序号 | 隧道名称 | 隧道概况 | 横通道布置情况 | 修建年份 |
|---|---|---|---|---|
| 4 | 雪峰山隧道 | 双洞单向行车,单洞2车道,左右洞分离布置,左线长6946m,右线长6956m | 8处人行横通道,平均间距为260m;18处车行横通道,平均间距为770m | 2005—2007 |
| 5 | 方斗山隧道 | 双洞4车道,长7600m | 共设置有9处车行横通道,10处人行横通道。人行横通道最大间距430m,最小330m;车行横通道最大间距835m,最小690m | 2005 |
| 6 | 吕家梁隧道 | 双洞4车道,右洞长6663m,左洞长6664m | 人行横通道间距约370m,车行横通道间距约740m | |
| 7 | 雪峰山隧道 | 双洞单向行车,单洞2车道,左右洞分离布置,左线长6946m,右线长6956m | 8处人行横通道,平均间距为260m;18处车行横通道,平均间距为770m | 2005—2007 |
| 8 | 雪山隧道(台湾) | 全长12900m,两条主隧道一条导坑。中间有3对通风竖井 | 28处人行横通道,其间距为350m;8处车行横通道,其间距为1400m | 1991—2005 |
| 9 | 终南山隧道 | 双洞单向隧道,长达18020m | 人行横通道间距250m,车行横通道间距750m | 2001—2004 |

隧道火灾是当前研究的热点,国内外学者对其进行了广泛的研究,包括隧道火灾烟气蔓延过程,烟气温度、热辐射以及有毒气体浓度等特征参数的分布情况,控制火灾烟气回流的临界风速,除此之外还包括隧道火灾情况下的人员应急疏散。由于隧道火灾造成的破坏,一方面为对于隧道结构的破坏,高温等对隧衬里结构造成破坏,另一方面为有毒烟气对隧道内的人员造成破坏。由此可知火灾紧急情况下,隧道内的人员疏散研究是隧道火灾研究的重要课题。中南大学的李修柏研究了特长高速铁路隧道火灾的人员疏散,对高速列车乘客构成、疏散心理和行为调研,开展列车及隧道横通道人员疏散试验,同时结合数值模拟对水下高速铁路隧道火灾时人员疏散进行了研究。李削云以苍岭隧道为背景,采用经验计算理论和计算软件 building EXODUS 相结合的方式,从被困人员的安全疏散时间、高温烟气的影响、隧道横通道的利用率以及人员的疏散行为特性等方面进行了研究。张昊采用疏散模拟软件 Pathfinder 模拟研究了某地铁隧道内的人员应急疏散情况,并分析了软件模拟疏散的可靠性。

中国科学技术大学、重庆大学以及北京工业大学等多所高校和科研院所采用数值模拟软件对隧道火灾的人员疏散情况进行研究分析。但是在已有的研究成果中主要是针对单条隧道,对于双条长隧道特别是具有高差的双条隧道内具有横通道的相关研究报道较少,但是随着高速公路的发展,在高山地区出现越来越多的双洞单向隧道具有高差或者不对称现象,两条隧道之间通过横通道连接,由于高差的存在使横通道存在坡度。对于这类隧道的火灾烟气蔓延规律和人员应急疏散方案,比普通的单直隧道和水平横通道内更复杂,该类具有横通道存在坡度时的相关设计和火灾烟气蔓延的研究还较少,目前还缺少相应的技术标准和研究数据。

横通道不仅是人员逃生和救援人员救火的通道,而且在火灾时还可能成为排烟口,又会供给部分新鲜空气,因此横通道的设置间距和横通道的相关参数将会对火灾烟气蔓延特性和人员疏散参数有较大的影响。近年来由于横通道越来越多,火灾安全程度也越来越高,已经有部分学者开始关注横通道对火灾烟气蔓延的影响。西南交通大学的范磊对横通道间距的设置进行研究,分析火灾情况下不同的通风风速对横通道设置间距的影响,在研究过程中主要考虑人员疏散的安全性,确定横通道的设置间距能否满足人员安全疏散,并且以浙江括苍山隧道为工程实例对横通道的设置间距进行了分析,最后确定国内的横通道设置间距范围在 250~400m 之间。西南交通大学的李颖臻对隧道火灾的蔓延过程和烟气流动的控制机理进行了研究,在此基础上对隧道内横通道的烟气控制理论进行了分析,并采用数值模拟软件 FDS 对横通道内的临界风速进行了模拟研究,分析火源位置、通风速度、火源热释放速率、横通道防火门宽度和高度对横通道内的临界风速的影响,并综合考虑这些因素后推导得出了横通道内的临界风速表达式。杨其新等对长大双洞公路隧道火灾模式下的横通道风流进行研究,分析研究了当一条隧道发生火灾时,双洞隧道不同的风速组合导致的横通道风速的变化规律,并且将研究成果应用于秦岭终南山特长公路隧道中。中南大学的杨高尚等从人员疏散安全的角度分析了公路隧道的横通道设置间距,利用数值模拟软件 FDS 模拟计算了 4 种不同火灾场景下的危险来临时间,然后与人员疏散必需时间进行对比,得出了横通道最适宜的横通道间距为 270m。上海市隧道工程轨道交通设计研究院的沈婕青从消防性能化设计思路出发,提出了双线隧道间人行横通道的设置方法,提出人行横通道的设置应和性能化设计相结合的方法。

通过对已有研究分析得出,当前的横通道相关研究主要集中于双线隧道处于同等高度情况下的水平横通道,关于具有高差的横通道火灾烟气蔓延特性和人员疏散方案的研究却很少。因此,具有高差的双洞单向隧道内的火灾烟气蔓延特性和人员应急疏散是需要研究的问题。

隧道火灾安全研究的主要方法包括全尺寸试验研究和小尺寸试验研究,大尺寸试验研究需要耗费大量的人力和物力,并且试验过程具有破坏性,因此大尺寸隧道火灾试验研究开展的较少。主要的隧道火灾试验研究为小尺寸试验研究,但是小尺寸试验研究需要换算比例尺以后才能将研究成果应用于实际工程中,比例理论的选择和试验过程的误差将会造成小尺寸试验的研究成果直接应用于实际工程存在困难。随着计算机技术的发展,数值模拟已经成为隧道火灾安全研究的重要手段,数值模拟可进行大尺寸和小尺寸比例模型的模拟研究,由于数值模拟具有成本低、可重复性高并且节约时间等优势,被国内外学者广泛应用于隧道火灾安全研究领域。Y. Wu 和 M. Z. A. Bakar 利用 Fluent 软件模拟分析了不同横截面的隧道火灾烟气羽流的速度场,通过比较发现,采用 CFD 模拟的结果具有较高的准确性,只是在近火源区域的温度与试验相比而言有点偏高。美国标准与技术研究所研发了火灾动态模拟软件 FDS 专门用于火灾动态模拟,重点分析火灾烟气的分布,该软件经历了大尺寸、小尺寸和风洞试验的验证,国内外学者广泛采用该软件进行隧道火灾的数值研究,例如中国科学技术大学的胡隆化、纪杰等,北京工业大学的李炎锋等,还有中南大学、重庆大学和西南交通大学等高校和科研院所也采用 FDS 进行火灾动态模拟分析。因此本书采用 FDS 软件进行火灾烟气模拟,并且采用美国标准与技术研究所研发的 Pathfinder 软件进行应急逃生模拟。

近年来,国外进行了多次火灾试验研究,调查了各种不同条件下隧道内的不同类型的火灾。在这些研究中,最全面的是美国的纪念碑隧道火灾通风试验计划和欧洲的尤里卡"火桶"项目,这些试验在火灾温度和燃烧气体的时空分布、燃烧速率、火的传播速度、空气和热气体排放量以及通风设备的影响方面取得了成果,在疏散、救援和灭火的可能性方面的研究取得了长足的进步。

对于公路隧道,一些国家结合自身的实际情况,在设计准则中明确给出了联络通道的间距推荐值,如表1.2-2所示。

**不同国家联络通道设置间距** 表1.2-2

| 国　　家 | 年　　份 | 联络通道间距(m) | 备　　注 |
| --- | --- | --- | --- |
| 美国 | — | 100～300 |  |
| 日本 | — | 350 |  |
| 德国 | 1984 | 350 | 现已调至300m |
| 法国 | — | 200 |  |
| 瑞士 | 2000 | 200 | 资料来源:Tunnel |
| 奥地利 | 1989 | 500 | 最大允许值1000m |
| 中国 | 2004 | 250～500 | 资料来源:规范 |

进行公路隧道联络通道的设计中,国外的联络通道间距设计推荐值的范围较大,在100～500m之间不等。其中美国取值较为保守,最大间距为300m,最小间距仅100m,100m势必会增加施工成本,这可能与它的经济发达水平和隧道内人流密度相对较小有关。而奥地利的设计推荐值最大,规定联络通道间距500m,甚至允许最大取到1000m,这可能与它的国情和交通状况等因素有关。德国、日本取值均为350m,法国为300m,而瑞士从交通流量和人员密度等方面进行了区别对待,在人员密度较大的城市隧道中取值较小,仅为200m,在非城市隧道取值为400m。

我国的公路隧道建设起步较晚,对隧道火灾的研究也落后于日本和欧美国家,隧道内横通道设置的相关技术研究还需要完善。隧道火灾的消防研究在我国仍处于初始阶段,在设计时以借鉴国外的经验数据为主,没有具体计算和验证的方法,并将联络通道间距设置的推荐值取在250～500m之间,取值基本上在表1.2-2中所列国家的设计推荐值的范围之内。

## 1.2.5 既有公路利用的交竣工验收研究现状

随着经济发展、公路交通运输的压力进一步增大,危、旧桥梁对公路运输的安全性威胁愈发凸显,各国政府对这一问题的重视程度不断提高,在桥梁加固维修方面的投入也逐步加大,危、旧桥梁的维修加固项目越来越多、规模越来越大。特别在公路改扩建领域,不只是危、旧桥梁的问题,大量公路既有桥梁、路基、涵洞、隧道等构造物均需要进行一定的维修或加固后加以合理利用以降低环境负荷,节约资源。

目前国内各地在桥梁加固维修工程中的管理模式存在差别,对市场、技术、质量等管理方面的控制手段千差万别,缺乏统一、适用的验收方法,使桥梁加固维修工程的质量出现参差不齐、验收标准不一、验收责任不明等问题,导致投入运营的桥梁加固维修质量缺乏保障。由于既有公路构造物加固维修工程自身特点以及相关法规的不完善,往往造成了桥梁加固维修工程验收工作存在依据不充分、程序不统一、内容不明确、方法不合理、质量评分与质量等级不适用等一系列问题。

而交竣工验收是针对工程进度情况所做的工序、试验、往来文件等各类资料的核查,它能够真实地反映项目施工的各个阶段、检测工程项目的施工质量,对于具有隐蔽性和建成后不容易察看的工程,更是具有不可替代的作用。但资料的积累、收集、分类和统计是一项比较琐碎的工作,容易被忽略,通常公路工程竣工资料整理过程中常见的问题有以下几个:

①当前公路构筑物加固维修工程验收工作存在依据不充分、程序不统一、内容不明确、方法不合理、质量评分与质量等级不适用等一系列问题。

②套用与有关分项工程相同的项目,首先把分项工程检测项目和相同的内容收录下来,然后复印,最后在复印件上把不一样数据收录进去。这种初始数据的产生办法不适合档案数据需存储原始文件的条件。

③维修加固工程缺陷责任期不明确。目前的《公路工程交(竣)工验收办法》中明确公路工程维修加固等养护工程的缺陷责任期,建议增加维修项目缺陷责任期1年,加固项目缺陷责任期2年或更长。

④《公路桥梁加固设计规范》(JTG/T J22—2008)和《公路桥梁加固施工技术规范》(JTG/T J23—2008)刚发布时间不长,正处于大量应用阶段。但随着新技术、新材料的推广应用,该规范需要注重进一步完善工作,建议对设计规范中理论计算公式的适用性进一步检验,对施工规范中施工质量检验标准进一步完善。

⑤旧桥加固维修是在原桥承受恒载的基础上进行的,加固维修措施多数表现为结构二次受力,如何使方案可以实施,使新旧结构共同受力,使原结构安全,是其方案科学性与经济性的体现,因此,检测、设计、施工单位之间的深入沟通是实施效果的基础,三者联合技术攻关对旧桥维修加固应是一个好的途径。

# 第 2 章　既有利用公路桥梁构造物耐久性评价与提升技术研究

小磨公路位于云南省西双版纳州,属于热带湿润区,雨水频繁,部分桥梁构件如墩柱水位变动区、桥台雨水冲刷区及渗水区、梁板边跨雨淋区及渗水区经常处于干湿交替状态,且暴露于大气中的混凝土构件,无时无刻不经受着环境中碳化的侵蚀作用。原有小磨公路于 2005 年开工建设,2008 年建成通车,全线有大、中、小桥 270 座,总里程 175km;改扩建工程于 2015 年开始施工,工期为 3 年,部分路段在现有小磨二级公路上实施改扩建,将双向 2 车道改扩建成双向 4 车道高速公路,其中如龙茵大桥是在旧桥的基础上进行拼宽,新建拼宽桥上部结构在旧桥两侧边线处与旧桥上部结构通过现浇钢筋混凝土行车道板、横隔板和结构连续现浇段进行刚性拼接,下部结构桥台、桥墩与旧桥下部结构不连接,建成后使新旧桥梁成为一个整体。旧桥与新桥存在 10 年左右时间差,且旧有公路桥梁已经经受 10 年的荷载及环境作用,其耐久性存在着一定的劣化,而新建桥梁在设计构造、所用材料、施工质量方面与原有小磨公路均存在差异,这均导致了新旧桥梁耐久年限的差距。本部分在针对旧桥耐久性年限进行评估、新桥耐久年限进行预测的基础上,对比分析达到目标可靠指标时新旧桥梁的耐久年限差距,针对大气环境及干湿交替环境碳化耐久性及涂层防护效果进行试验研究,采用合理经济的耐久性提升手段,使新旧桥梁耐久寿命满足设计使用年限要求。

## 2.1　多雨地区混凝土桥梁典型耐久性病害表征

小磨高速位于云南省西双版纳州,该州属于热带湿润区,雨水频繁。调查表明,由于降雨的影响,经常导致该工程中钢筋混凝土桥梁部分构件外露的表面处于干湿交替的状态,另外由于河流水位的变化,也经常使得桥梁墩柱的表面与水接触部位处于类似的状态,与一般的大气环境比较,该状态下的混凝土更容易遭受环境的碳化侵蚀,加速其钢筋锈蚀和混凝土劣化,从而降低其承载能力。按照不同桥梁构件类型,对干湿交替复合作用下混凝土碳化引起的病害形式进行分类如下:

(1)T 梁

T 梁出现渗水、结晶、泛碱、混凝土开裂、钢筋锈蚀等病害,部分梁体混凝土破损、水渍严重,部分 T 梁构件已出现大面积修补,见图 2.1-1。

(2)空心板

空心板部分翼板受雨水淋刷开裂并伴有白色结晶析出,腹板局部破损、钢筋外露、锈蚀,板缝附近出现渗水钙化现象,部分梁体混凝土破损、水渍严重,见图 2.1-2。

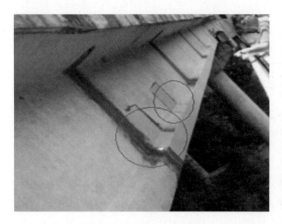

图 2.1-1　T 梁病害

图 2.1-2　空心板病害

（3）盖梁

盖梁出现渗水钙化、开裂等病害且较为普遍，部分盖梁产生竖向裂缝，混凝土破损露筋，钢筋锈蚀严重，如图 2.1-3 所示。

图 2.1-3　盖梁病害

### (4) 墩柱

墩柱受河水冲刷区出现泛碱现象。沟谷地段桥墩基础受河水冲刷比较严重，跨越河流的桥梁下部桩基及墩柱因流水冲刷而造成混凝土破损、粗集料外露，如图 2.1-4 所示。

图 2.1-4　墩柱病害

### (5) 桥台

桥台受雨水冲刷严重，出现渗水泛碱现象，严重的出现混凝土保护层开裂、露筋、钢筋锈蚀现象，如图 2.1-5 所示。

图 2.1-5　桥台病害

## 2.2　多雨地区混凝土梁桥耐久性评估模型

### 2.2.1　基于可靠性理论的构件层次混凝土碳化耐久性评估方法

采用国内外现有成果、理论分析、试验研究、依托工程实际相结合的方法，以既有混凝土梁桥现场调研为主，对大气环境混凝土梁桥耐久性状态、环境腐蚀因素进行调研分析，明确各环境条件下混凝土梁桥耐久性现状和主要腐蚀因素。通过大量既有混凝土梁桥现场检测,取得第一手数据资料,采用基于可靠度概率理论对建立的模型进行分析,并进行耐久性评估。混凝土碳化深度模型建立流程见图2.2-1,混凝土碳化耐久性评估的主要检测指标为:

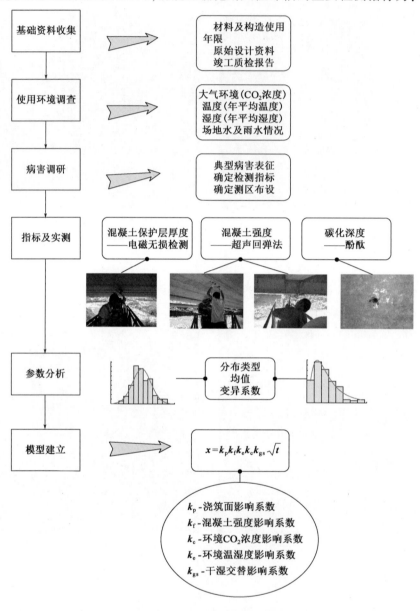

图2.2-1 混凝土碳化深度概率模型建立流程

(1) 混凝土保护层厚度 $c(\text{mm})$,为随机变量,通过现场检测得到;
(2) 碳化深度 $x(\text{mm})$,为随机变量,通过现场检测得到;
(3) 碳化系数 $k(\text{mm}/\sqrt{a})$,为随机变量。碳化系数 $k$ 的计算:

$$k = \frac{x}{\sqrt{t_0}} \tag{2.2-1}$$

式中：$x$——实测碳化深度(mm)；

$t_0$——结构建成至检测时的时间(年)。

(4)混凝土强度，是随机变量，按不同构件类型(T梁、盖梁、墩柱、箱梁、空心板)通过现场检测得到。

按不同构件类型分别进行保护层厚度、混凝土抗压强度推定值、碳化系数统计分析并计算出标准值。

(1)保护层厚度取实测平均值；

(2)混凝土强度取实测抗压强度推定值；

(3)碳化深度取钢筋部位实测平均值；

(4)环境温度、湿度取建成后历年年平均环境温度和平均相对湿度平均值。

以钢筋开始锈蚀为极限状态，耐久性评估时应考虑碳化速度、保护层厚度和环境影响。

耐久寿命的极限状态方程为：

$$z = c - k\sqrt{t} \tag{2.2-2}$$

运用可靠度理论的一次二阶矩法对结构进行可靠度计算，得到可靠度随时间的衰减曲线。在此基础上，给定服役结构耐久性失效的目标可靠度，即可预测剩余寿命，对结构进行评估。

基于可靠度理论的耐久性评估的准则为：

$$p_f = P[Z(t) < 0] \leq p_{mf} \tag{2.2-3}$$

式中：$p_f$——结构失效的概率；

$p_{mf}$——结构耐久性最大失效概率，与结构耐久性目标可靠指标对应；

$Z(t)$——混凝土结构耐久性功能函数，代表随使用年限变化混凝土结构对环境侵蚀作用的抵抗效应。

$Z(t) < 0$ 表示在 $t$ 年后由于环境侵蚀作用超过了混凝土结构对环境侵蚀的抵抗效应，导致结构耐久性失效，即将影响结构安全性和适用性。$P[Z(t) < 0]$ 表示结构耐久性失效是一个随机事件。考虑到混凝土结构耐久性影响因素的随机性，耐久性失效具有一定的不确定性。因此，混凝土结构耐久性评估采用基于可靠度的耐久性评估技术体系，将耐久性失效作为一个随机事件，其发生具有一定的概率。$p_f[Z(t) < 0]$ 为 $t$ 年后结构耐久性的失效概率；当结构耐久性的失效概率超过期望的耐久性目标失效概率时，认为不可接受，评估的结构耐久性终止；而当发生概率小于期望概率时，则认为可以接受，即评估的结构耐久性仍然处于可靠范围之内。

### 2.2.2 耐久性指标的桥梁测区布设原则

在桥梁耐久性评估过程中，混凝土保护层厚度、混凝土强度、碳化深度的检测结果将直接影响耐久性评估结果，因此测区的布设将直接影响评估结果的准确性。测点位置主要针对梁柱构件典型受力部位，测点数量考虑了数据统计特性要求和测试过程中对构件的破坏程度。

(1) 重点检测部位

根据桥梁的构造形式确定重点检测的部位,主要针对弯矩剪力较大处、应力集中处、水位变动处进行检查,分别见表 2.2-1 ~ 表 2.2-3。

上 部 结 构　　　　　　　　　　表 2.2-1

| 构造形式 | 示意简图 | 重点检测部位 |
|---|---|---|
| 简支梁(板) | 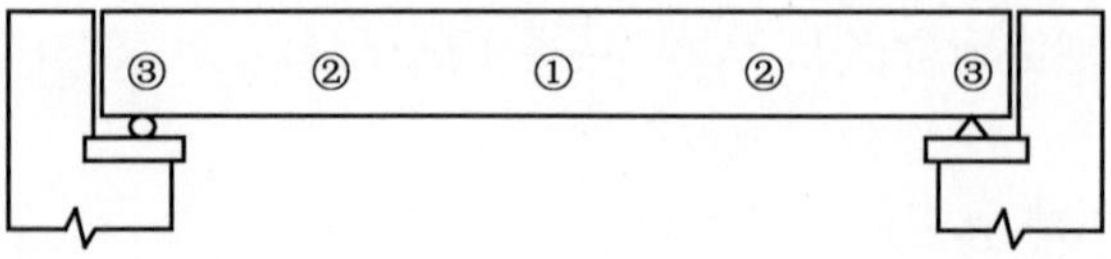 | ①跨中<br>②1/4 跨<br>③支座 |
| 连续梁 | 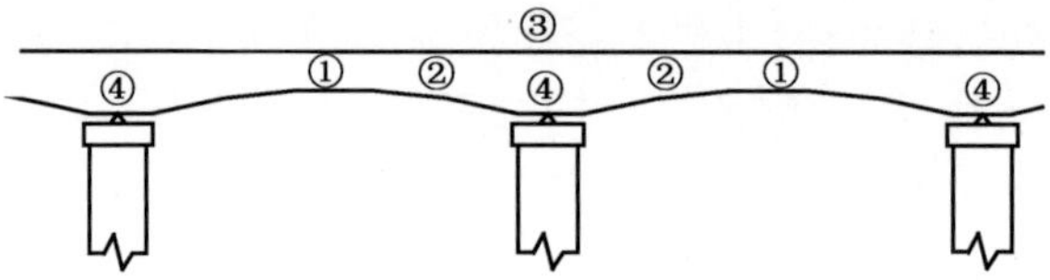 | ①跨中<br>②1/4 跨<br>③桥墩处梁顶<br>④支座 |
| 悬臂梁 | 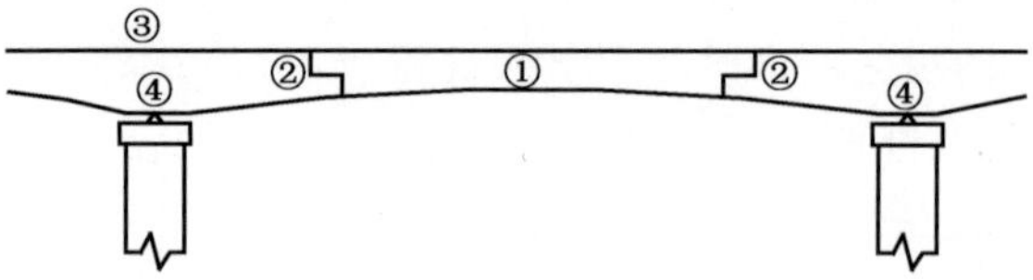 | ①跨中<br>②牛腿<br>③桥墩处梁顶<br>④支座 |
| 连续刚构 | 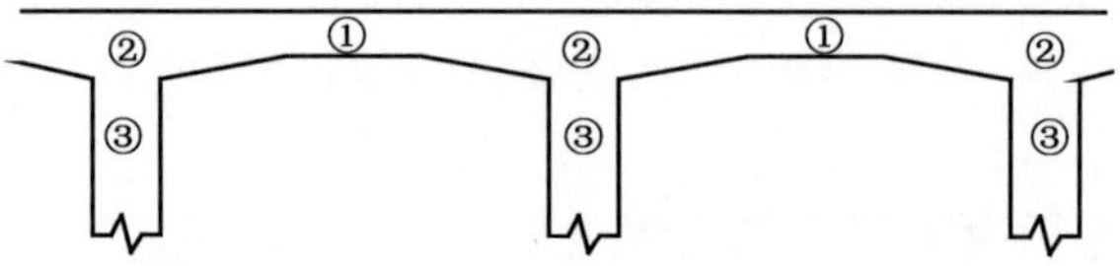 | ①跨中<br>②角隅<br>③立柱 |
| 斜腿刚构 | 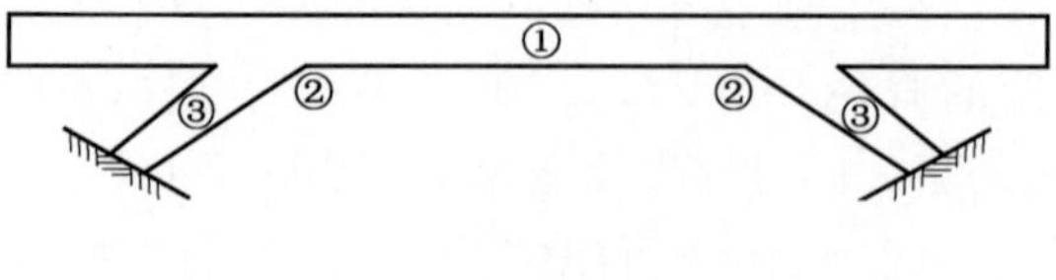 | ①跨中<br>②角隅<br>③斜腿 |
| 拱式 | 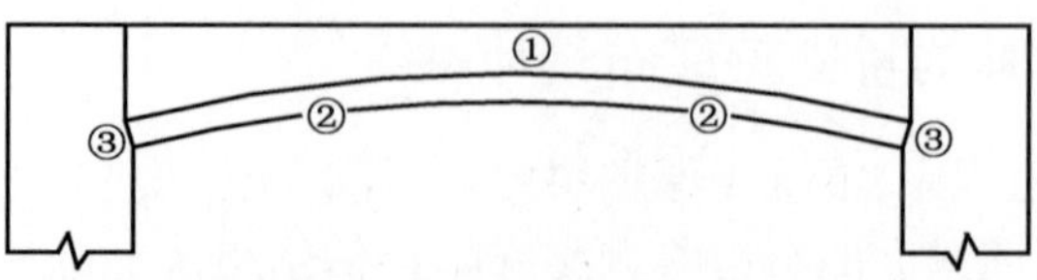 | ①跨中<br>②拱肋连接处<br>③拱脚 |

下部结构(墩柱) 表 2.2-2

| 构造形式 | 示意简图 | 重点检测部位 |
|---|---|---|
| 重力式桥墩 | | ①支座底板<br>②墩身<br>③水面处 |
| 单柱式桥墩 | | ①支座底板<br>②盖梁 |
| 钻孔桩桩式桥墩 | | ①支座底板<br>②盖梁<br>③横系梁<br>④横系梁与桩连接处 |
| T形桥墩<br>Π形桥墩 | | ①支座底板<br>②悬臂根部 |
| Y形桥墩 | | ①支座底板<br>②Y形交接处<br>③混凝土接缝 |

下部结构(桥台) 表2.2-3

| 构造形式 | 示意简图 | 重点检测部位 |
|---|---|---|
| 轻型桥台 | | ①支座底板<br>②支撑梁<br>③耳墙 |
| 扶壁式桥台 | | ①支座底板<br>②台身<br>③底板 |
| 重力式桥台 | | ①支座底板<br>②台身 |
| 框架式桥台 | | ①支座底板<br>②混凝土浇筑处<br>③角隅处 |

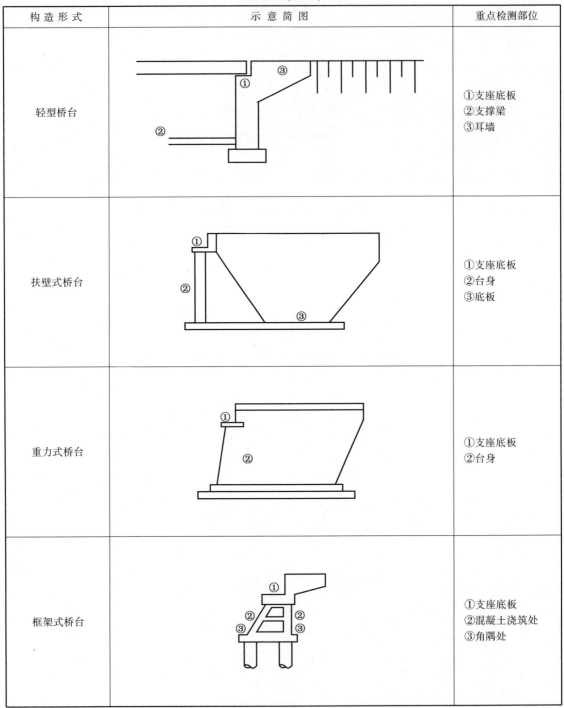

(2)测区布设

处于大气区的箱梁、空心板、T 梁构件的测区布设分别见表 2.2-4 ~ 表 2.2-6,处于干湿交替部位的构件的测区布设按评定要求结合实际情况确定,墩柱、桥台测区布设见表 2.2-7。

### 箱梁测区布设    表2.2-4

| 受力体系 | 保护层厚度 | 碳化深度 |
|---|---|---|
| 简支 | 边梁①、②处,各≥12处<br>中梁①、②处,各≥12处 | 边梁①、②处,各≥6处<br>中梁①、②处,各≥6处 |
| 连续 | 边梁①、②、④处,各≥12处<br>中梁①、②处,各≥12处 | 边梁①、②、④处,各≥6处<br>中梁①、②处,各≥6处 |
| 刚构 | 边梁①、②、④处,各≥12处<br>中梁①、②处,各≥12处 | 边梁①、②、④处,各≥6处<br>中梁①、②处,各≥6处 |

### 空心板测区布设    表2.2-5

| 受力体系 | 保护层厚度 | 碳化深度 |
|---|---|---|
| 简支 | 边梁①、②处,各≥12处 | 边梁①、②处,各≥6处 |
| 连续 | 边梁①、②、④处,各≥12处 | 边梁①、②、④处,各≥6处 |

### T梁测区布设    表2.2-6

| 受力体系 | 保护层厚度 | 碳化深度 |
|---|---|---|
| 简支 | 边梁①、②处,各≥12处<br>中梁①、②处,各≥12处 | 边梁①、②处,各≥6处<br>中梁①、②处,各≥6处 |
| 连续 | 边梁①、②、④处,各≥12处<br>中梁①、②处,各≥12处 | 边梁①、②、④处,各≥6处<br>中梁①、②处,各≥6处 |

### 墩柱、桥台测区布设    表2.2-7

| 构件位置 | 保护层厚度 | 碳化深度 |
|---|---|---|
| 大气区 | 同材质构件的测区均匀分布,各12处测点 | 同材质构件的测区均匀分布,各6处测点 |
| 浪溅区 | 按评定要求进行检测;若设计保护层厚度与大气区一致,可采用大气区检测数据 | |
| 水变区 | | |

#### 2.2.3 现场实测指标参数分析

对云南省小磨高速公路已有桥梁构件混凝土保护层厚度、碳化深度、混凝土强度进行现场实测,重点对处于干湿交替部位的构件(墩柱水位变动区、桥台雨水冲刷及渗水区、梁板边跨雨淋区及渗水区)进行了检测,并收集了四川、海口、湖南、上海、浙江等地的100多座桥梁的400多个桥梁构件的实测数据,并将同一桥梁同类构件相同部位检测的数据取均值处理,以减小检测的误差。按不同构件类型对混凝土保护层厚度、混凝土强度、碳化系数分别进行统计分析,得出各参数的统计特征。

(1)混凝土保护层厚度

混凝土保护层厚度按不同构件类型分别进行统计。对混凝土保护层厚度实测值进行K-S分析,表明混凝土保护层厚度不拒绝服从显著性水平为1%的正态分布和对数正态分布,正态分布图见图2.2-2、对数正态分布图见图2.2-3,统计特征值见表2.2-8、表2.2-9。箱梁的保护层厚度实测值小于设计值,其余构件保护层厚度实测值均大于设计值,各构件混凝土保护层厚度实测值的变异系数达到 0.285，箱梁变异系数偏大达到 0.312。

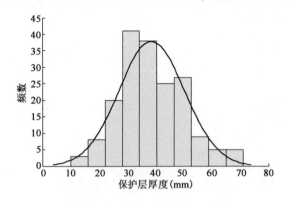

图 2.2-2　保护层厚度正态直方图

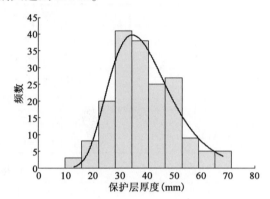

图 2.2-3　保护层厚度对数正态直方图

混凝土保护层厚度实测值　　　　　　　　　　表 2.2-8

| 构件 | 总体 | T梁 | 箱梁 | 空心板 | 盖梁 | 墩柱 |
|---|---|---|---|---|---|---|
| 均值(mm) | 36.93 | 31.95 | 33.73 | 33.92 | 40.63 | 45.46 |
| 变异系数 | 0.285 | 0.266 | 0.312 | 0.238 | 0.227 | 0.208 |

混凝土保护层厚度设计值　　　　　　　　　　表 2.2-9

| 构件 | 总体 | T梁 | 箱梁 | 空心板 | 盖梁 | 墩柱 |
|---|---|---|---|---|---|---|
| 均值(mm) | 33.00 | 26.17 | 36.54 | 24.63 | 39.08 | 41.76 |

（2）混凝土强度

现场检测时混凝土强度容易获取，基于混凝土强度建立的碳化深度预测模型应用起来较方便。对混凝土抗压强度进行 K-S 分析，表明混凝土抗压强度不拒绝服从显著性水平为1%的正态分布和对数正态分布。混凝土抗压强度正态分布见图 2.2-4，抗压强度统计值见表 2.2-10、表 2.2-11。

由表 2.2-10、表 2.2-11 可知，T 梁与箱梁推定强度相当，盖梁与空心板推定强度相当；各构件推定强度变异系数达到 0.196，各构件抗压强度均值达到设计等级要求；T 梁、箱梁混凝土强度可达到 C50 要求，空心板、盖梁混凝土强度可达到 C40 要求。

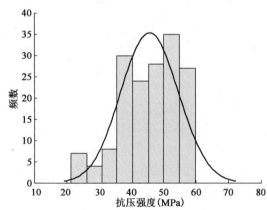

图 2.2-4　抗压强度正态直方图

按构件类型统计的混凝土抗压强度　　　　　　表 2.2-10

| 构件类型 | 总体 | T梁 | 箱梁 | 空心板 | 盖梁 | 墩柱 |
|---|---|---|---|---|---|---|
| 均值(MPa) | 45.76 | 52.74 | 51.86 | 42.90 | 40.11 | 41.65 |
| 变异系数 | 0.196 | 0.081 | 0.078 | 0.203 | 0.199 | 0.206 |

按强度等级统计的混凝土抗压强度　　　　　　　　表2.2-11

| 强度等级 | 总体 | C30 | C40 | C50 |
|---|---|---|---|---|
| 均值(MPa) | 45.76 | 39.24 | 46.11 | 52.45 |
| 变异系数 | 0.196 | 0.152 | 0.184 | 0.073 |

(3)碳化深度与碳化系数

实测碳化系数的计算按《混凝土结构耐久性评定标准》(CECS 220:2007)规定,见下式:

$$k = \frac{x_c}{\sqrt{t_0}} \qquad (2.2\text{-}4)$$

式中:$x_c$——实测碳化深度(mm);

　　　$t_0$——结构建成至检测时的时间(a)。

按式(2.2-4)计算得到的碳化系数,统计值见表2.2-12、表2.2-13。经K-S检验,碳化系数不拒绝服从显著性水平为1%的对数正态分布,其对数正态分布见图2.2-5。

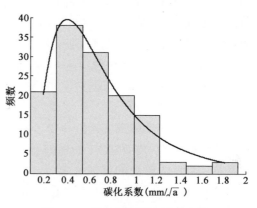

图2.2-5　碳化系数对数正态直方图

按构件类型统计的混凝土碳化系数　　　　　　　　表2.2-12

| 构件类型 | 总体 | T梁 | 箱梁 | 空心板 | 盖梁 | 墩柱 |
|---|---|---|---|---|---|---|
| 均值(mm/√a) | 0.64 | 0.59 | 0.53 | 0.64 | 0.53 | 0.95 |
| 变异系数 | 0.589 | 0.489 | 0.546 | 0.629 | 0.664 | 0.506 |

按强度等级统计的混凝土碳化系数　　　　　　　　表2.2-13

| 强度等级 | 总体 | C30 | C40 | C50 |
|---|---|---|---|---|
| 均值(mm/√a) | 0.64 | 0.85 | 0.76 | 0.53 |
| 变异系数 | 0.589 | 0.365 | 0.703 | 0.586 |

由表2.2-12可知,所检测构件的碳化系数均值达到0.64mm/$\sqrt{a}$,其随机性较大,变异系数达到0.589。由表2.2-13可知,对于C30、C40、C50混凝土,随着混凝土强度等级的提高,碳化系数趋于减小。

### 2.2.4　混凝土碳化评估模型

结构耐久性目标可靠指标(或结构耐久性最大失效概率)是针对结构构件的。构件的耐久性要求和极限状态与其维修程度及维修成本相关,难于维修或维修成本高的构件,对其耐久性要求高,目标可靠指标大,如预应力混凝土梁,其维修难度高,预应力筋锈蚀后易发生脆断,因此对其耐久性目标可靠指标的要求要比普通钢筋混凝土梁高。

结构使用年限的要求是针对结构的,也是针对结构中具体构件的,而非针对某种材料。结构构件耐久性降低是由于材料劣化造成的,但材料本身并不具有耐久性能。如设计使用年限规定为30年、50年和100年的桥梁,通常情况下,其耐久年限满足设计使用年限要求,即认为耐久性满足要求。不同安全等级结构对构件设计使用年限要求不同,对其耐久性要求也是不一样的。如同为中等跨度桥梁,高速公路和一级公路上的中等跨度桥梁,其设计使用年限为100年,而其他公路等级上的中等跨度桥梁,其设计使用年限为50年。

抵抗效应主要体现在构件保护层厚度上。在钢筋混凝土构件中,混凝土对于钢筋的防护作用主要体现在混凝土材料的密实性、抗裂性及混凝土保护层厚度上。在以往的设计中,不同截面形式的桥梁构件对于混凝土保护层厚度的要求是不同的,如装配式箱梁保护层底板30mm,腹板20mm;T梁保护层底板35mm,腹板30mm;空心板保护层底板34mm,腹板39mm。由此可见,混凝土保护层厚度对其构件耐久性的影响差异明显。抵抗效应的随机性亦体现在构件保护层厚度的随机性上,不同形式的构件施工难易程度不同,保护层厚度离散性一般较大,即使相同构件不同位置也不一致,导致混凝土构件质量有所差别,造成构件耐久性差异。如空心板、T梁和箱梁,根据对全国范围内部分桥梁的检测数据分析表明,各构件混凝土保护层厚度变异系数不同。

侵蚀效应主要体现在构件所受环境及荷载等方面。不同构件遭受的环境、荷载有所差别,如上部结构梁板等构件遭受的雨淋、日晒、风吹情况不同,下部结构墩柱等构件处于大气区、浪溅区、水变区遭受的侵蚀亦有所差别,处于浪溅区和潮汐区的钢筋混凝土结构钢筋腐蚀最为严重。应力状态对侵蚀效应影响明显,不同上部结构箱梁、T梁、板梁构件局部受力状态是不同的,同一构件不同部位的应力状态不同,如梁以受弯为主,在拉应力的作用下,使得混凝土内部的微裂缝和孔隙扩张,促进有害物质(如$CO_2$、氯离子、硫酸盐等)的扩散和渗透;而柱以受压为主,在适当的压应力作用下,混凝土内部的微裂缝闭合,孔隙率减小,阻碍有害物质的扩散,但是,若压应力过大,如局部应力复杂或较大部位,也会加速侵蚀,降低结构耐久性。

因此,耐久性评估是针对构件整体的评估,而不是针对单个点的材质评估。保护层厚度、环境条件、应力状态及构件重要性的差异导致了各测区之间评估结果的不同,需要探讨以整个构件为单位的评估方法,考虑结构构件重要程度、混凝土保护层离散性、混凝土碳化离散性、混凝土抗压强度离散性、耐久性极限状态等结构构件属性,建立基于可靠性理论的构件层次耐久性评估方法。

基于Fick第一定律,考虑温度、湿度、$CO_2$浓度、混凝土抗压强度及时间、浇筑面及干湿交替影响,参照文献提出如下混凝土碳化深度预测模型:

$$x = k_p k_f k_e k_c k_{gs} \sqrt{t} \tag{2.2-5}$$

其中碳化系数为:

$$k = k_p k_f k_e k_c k_{gs} \tag{2.2-6}$$

式中:$k_p$——浇筑面影响系数,取为1.2;

$k_f$——混凝土强度影响系数;

$k_e$——环境温湿度影响系数;

$k_c$——环境$CO_2$浓度影响系数;

$k_{gs}$——干湿交替影响系数,处于大气区的构件取为1;

$t$——碳化时间(a)。

1）混凝土强度影响系数

将云南省小磨高速公路桥梁实测数据及收集得到的南方多地桥梁实测数据换算到同一标准环境（$C_0 = 0.03\%$，$RH = 70\%$，$T_0 = 20℃$），换算公式按照文献选用，见式（2.2-7）、式（2.2-8）、式（2.2-9），换算后的混凝土碳化系数与抗压强度数据见图2.2-6。

$$k_T = \sqrt[4]{\frac{T_1}{T_0}} \tag{2.2-7}$$

式中：$T_1$——碳化环境的温度；
　　　$T_0$——标准环境的温度。

$$k_R = \frac{RH_1(100 - RH_1)}{RH_0(100 - RH_0)} \tag{2.2-8}$$

式中：$RH_1$——碳化环境的相对湿度；
　　　$RH_0$——标准环境的相对湿度。

$$k_c = \sqrt{\frac{C_1}{C_0}} \tag{2.2-9}$$

式中：$C_1$——碳化环境的$CO_2$浓度；
　　　$C_0$——标准环境的$CO_2$浓度。

将检测及收集得到的并换算到同一标准环境的数据，按不同构件类型（T梁、箱梁、空心板、盖梁、墩柱）分别对混凝土碳化系数和混凝土抗压强度进行回归分析。参照文献选配公式，见式（2.2-10），利用最小二乘法对换算后的标准数据进行回归分析，见图2.2-6，得到不同构件混凝土碳化系数$k_f$和混凝土抗压强度$f_c$关系表达式，公式见表2.2-14。

$$k_f = \frac{a}{f_c} + b \tag{2.2-10}$$

式中：$a$、$b$——拟合参数。

拟 合 公 式　　　　　　　　　　　　　　　表2.2-14

| 构　件 | 公　式 | 强度等级 | 强度范围（MPa） |
|---|---|---|---|
| T梁 | $k_f = \dfrac{82.27}{f_c} - 1.101$ | C40、C50 | $44.5 \leq f_c \leq 59.8$ |
| 箱梁 | $k_f = \dfrac{37.36}{f_c} - 0.331$ | C50 | $42.5 \leq f_c \leq 60.0$ |
| 空心板 | $k_f = \dfrac{13.41}{f_c} + 0.155$ | C30 | $25.0 \leq f_c \leq 50.5$ |
| 盖梁 | $k_f = \dfrac{12.91}{f_c} + 0.157$ | C30、C40 | $25.1 \leq f_c \leq 41.8$ |
| 墩柱 | $k_f = \dfrac{25.95}{f_c} + 0.077$ | C30、C40 | $22.4 \leq f_c \leq 52.2$ |

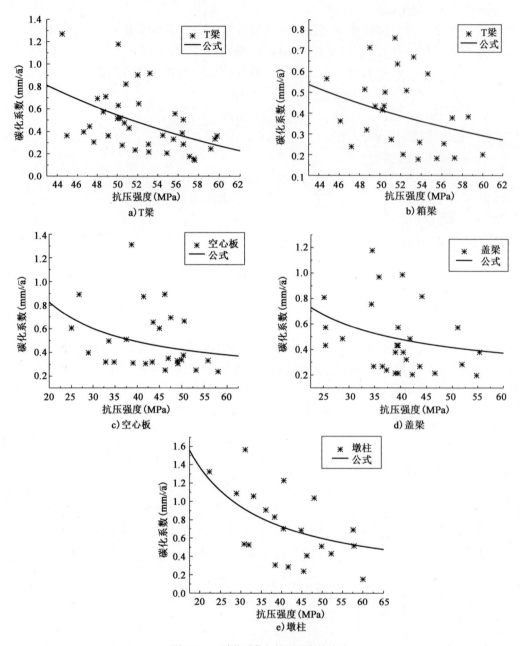

图 2.2-6 碳化系数与抗压强度的关系

2) 其他参数的确定

(1) 环境温湿度影响系数

环境温度和环境相对湿度,二者之间相关性较强,综合考虑为环境因子 $k_e$,根据文献为:

$$k_e = 2.56 \sqrt[4]{T}(1 - RH)RH \tag{2.2-11}$$

式中:$T$——环境年平均温度(℃);

$RH$——环境年平均相对湿度(%)。

(2) 环境二氧化碳浓度影响系数

环境二氧化碳浓度影响系数,根据文献为:

$$k_c = \sqrt{\frac{C_{CO_2}}{0.03}} \quad (2.2\text{-}12)$$

式中:$C_{CO_2}$——大气中二氧化碳浓度(%)。

(3) 干湿交替影响系数

将小磨高速公路沿线多座桥梁相同构件处于干湿交替区及大气区部位所测得的混凝土碳化系数进行对比分析,干湿交替部位测得的混凝土碳化系数与大气部位测得的混凝土碳化系数的比值作为干湿交替影响系数。其中箱梁混凝土强度与T梁接近,参照T梁,盖梁混凝土强度与空心板接近,参照空心板,最终的干湿交替影响系数取值见表2.2-15。T梁、空心板处于干湿交替部位的构件混凝土碳化速率要大于大气区,而墩柱处于干湿交替部位的构件混凝土碳化速率要小于大气区。干湿交替对混凝土碳化的影响不容忽视。

干湿交替影响系数($k_{gs}$)　　　　　　　表2.2-15

| 构　件 | T　梁 | 空　心　板 | 墩　柱 |
| --- | --- | --- | --- |
| 干湿交替影响系数 | 1.20 | 1.15 | 0.95 |

3) 计算模型实用性验证

将实测得到混凝土碳化系数与按式(2.2-6)计算得到混凝土碳化系数的比值定义为计算模型不确定性系数 $k_m$,对包括小磨高速公路桥梁在内近200座桥梁进行计算,经 K-S 检验,$k_m$ 不拒绝服从显著性水平为1%的对数正态分布,见图2.2-7。

按不同构件类型,对实测碳化系数与计算碳化系数的比值进行统计分析,得到T梁、箱梁、空心板、盖梁、墩柱计算模型不确定性系数的均值、标准差、变异系数,见表2.2-16。T梁、箱梁、空心板、盖梁、墩柱的计算模型不确定性系数均值都在1附近,理论模型计算结果与实测结果接近,说明了本研究建立的碳化深度概率模型具有实用性。

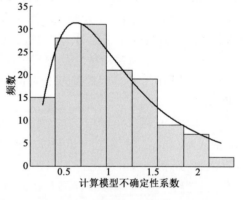

图2.2-7　计算模型不确定性系数

计算模型不确定性系数　　　　　　　表2.2-16

| 构件 | T梁 | 箱梁 | 盖梁 | 空心板 | 墩柱 |
| --- | --- | --- | --- | --- | --- |
| 均值 | 0.931 | 1.053 | 0.767 | 0.976 | 1.157 |
| 标准差 | 0.409 | 0.588 | 0.364 | 0.565 | 0.542 |
| 变异系数 | 0.439 | 0.559 | 0.474 | 0.579 | 0.468 |

## 2.3　干湿交替环境下混凝土碳化及涂层提升效果研究

### 2.3.1　试验概况

小磨高速公路沿线桥梁中下部结构多采用C30和C40强度等级的混凝土,上部结构多采用 C50 强度等级的混凝土,在试验过程中参照小磨高速公路沿线桥梁所用配合比,配合比见表 2.3-1,主要考虑 C30 和 C50 两种强度等级混凝土。试验所用原材料主要有水泥、碎石、河砂、减水剂、水、硅烷和水泥基渗透结晶型防水涂料,见表 2.3-2。

混凝土配合比　　　　　　　　　　　　表 2.3-1

| 强度等级编号 | 编号说明 | 水灰比 | 砂率(%) | 材料用量(kg/m³) | | | | |
|---|---|---|---|---|---|---|---|---|
| | | | | 水 | 水泥 | 砂 | 石 | 减水剂 |
| 3 | C30 | 0.48 | 0.42 | 184 | 385 | 775 | 1050 | 5.775 |
| 4 | C40 | 0.40 | 0.41 | 183 | 460 | 730 | 1065 | 6.750 |
| 5 | C50 | 0.35 | 0.39 | 180 | 515 | 700 | 1080 | 7.725 |

试验材料　　　　　　　　　　　　表 2.3-2

| 试验材料 | 说明 | 试验材料 | 说明 |
|---|---|---|---|
| P.O 42.5 普通硅酸盐水泥 | 北京金隅水泥 | 异辛基三乙氧基硅烷膏体 SP-603 | 泉州思康化学有限公司 |
| 5~20mm 连续级配碎石 | 河北三河 | 赛柏斯(XYPEX)水泥基渗透结晶型防水涂料 | 北京城荣防水材料有限公司 |
| 细度模数 2.9 中粗河砂 | 河北灵寿 | 水 | 北京通州区的自来水 |
| 聚羧酸高效减水剂 | 浙江超力建材科技有限公司 | | |

试件种类编号如下:表面未处理碳化组编号为 G,硅烷处理碳化组编号为 T,水泥基渗透结晶型涂层处理碳化组编号为 S,抗压试验组编号为 f,称重试验组编号为 m,硅烷材料浸渍深度组编号为 J,水泥基渗透结晶型涂层渗透深度组编号为 d,硅烷处理混凝土吸水率试验组编号为 X,水泥基渗透结晶型涂层处理混凝土吸水率试验组编号为 Y,表面未处理混凝土吸水率试验组编号为 Z。

干湿-碳化循环试验中,设置 7 种干湿-碳化循环制度。G、T、S 组的试件尺寸为 100mm×100mm×400mm,每组 3 个试件,G 组 C30、C40、C50 强度等级混凝土各 21 个试件,T、S 组 C30、C50 强度等级混凝土各 21 个试件;f 组的试件尺寸为 100mm×100mm×100mm,每组 3 个试件,在养护 28d 时测其强度,并在循环试验过程中分两次对试件进行抗压强度测试,C30、C50 强度等级混凝土各 45 个试件;m 组的试件尺寸为 100mm×100mm×100mm,每组 3 个试件,C30、C50 强度等级混凝土各 21 个试件。

涂层性能试验中,涂层渗透深度试验中混凝土试件尺寸为 100mm×100m×100mm,J 组中硅烷分三种涂覆厚度,C30、C50 强度等级混凝土各 9 个试件,d 组 C30、C50 强度等级混凝土各 3 个试件;吸水率试验中混凝土试件尺寸为 100mm×100m×100mm,X 组中硅烷分三种涂覆厚度,C30、C50 强度等级混凝土各 9 个试件,Y 组 C30、C50 强度等级混凝土各 3 个试件,Z 组 C30、C50 强度等级混凝土各 3 个试件。

干湿-碳化循环试验及涂层性能试验的试件尺寸见表 2.3-3。

试件编号规则为试件种类编号 + 混凝土强度等级编号(3、4、5) + 干湿-碳化循环制度编号(共 7 种干湿-碳化循环制度,编号见表 2.3-4)或涂层涂刷遍数编号(分为表面涂刷 0、1、2、3 遍),试件编号见表 2.3-5,例如 G3-1 表示表面未处理、混凝土强度等级 C30、采用第 1 种干湿-碳化循环制度的试件;X5-2 表示硅烷吸水率试验、混凝土强度等级 C50、硅烷涂刷 2 遍。试件制作过程见图 2.3-1。

## 试件尺寸  表2.3-3

| 试验说明 | 试件种类编号 | 编号说明 | 试件尺寸 | 试件个数 C30 | 试件个数 C40 | 试件个数 C50 |
|---|---|---|---|---|---|---|
| 干湿-碳化循环试验 | G | 表面未处理碳化组 | 100mm×100mm×400mm | 21 | 21 | 21 |
|  | T | 硅烷处理碳化组 | 100mm×100mm×400mm | 21 | — | 21 |
|  | S | 水泥基涂层处理碳化组 | 100mm×100mm×400mm | 21 | — | 21 |
|  | f | 抗压试验组 | 100mm×100mm×100mm | 45 | 24 | 45 |
|  | m | 称重试验组 | 100mm×100mm×100mm | 21 | — | 21 |
| 涂层性能试验 | J | 硅烷浸渍深度组 | 100mm×100mm×100mm | 9 | — | 9 |
|  | d | 水泥基涂层渗透深度组 | 100mm×100mm×100mm | 3 | — | 3 |
|  | X | 硅烷吸水率试验组 | 100mm×100mm×100mm | 9 | — | 9 |
|  | Y | 水泥基涂层吸水率组 | 100mm×100mm×100mm | 3 | — | 3 |
|  | Z | 表面未处理吸水率试验组 | 100mm×100mm×100mm | 3 | — | 3 |

## 干湿-碳化循环制度  表2.3-4

| 干湿-碳化循环制度编号 | 编号说明 | 浸泡(h) | 烘干(h) | 碳化(h) | 一个周期(d) | 总试验时间(d) | 干湿比 |
|---|---|---|---|---|---|---|---|
| 1 | 快速碳化试验 | 0 | 0 | 12 | 1 | 56 | — |
| 2 | 烘干碳化试验 | 0 | 12 | 12 | 1 | 56 | — |
| 3 | 浸泡碳化试验 | 12 | 0 | 12 | 1 | 56 | — |
| 4 | 干湿碳化试验 | 3 | 9 | 12 | 1 | 56 | 3:1 |
| 5 |  | 6 | 6 | 12 | 1 | 56 | 1:1 |
| 6 |  | 9 | 3 | 12 | 1 | 56 | 1:3 |
| 7 |  | 12 | 12 | 24 | 2 | 56 | 1:1 |

## 试件编号  表2.3-5

| 试验种类编号 | 混凝土强度等级编号 | 干湿-碳化循环制度编号或涂层涂刷遍数编号 |
|---|---|---|
| G(表面未处理碳化)<br>T(硅烷处理碳化)<br>S(水泥基涂层处理碳化)<br>f(抗压试验)<br>m(称重试验) | 3(C30 混凝土)<br>4(C40 混凝土)<br>5(C50 混凝土) | 1(制度1:快速碳化)<br>2(制度2:烘干碳化)<br>3(制度3:浸泡碳化)<br>4(制度4:干湿碳化/干湿比3:1)<br>5(制度5:干湿碳化/干湿比1:1)<br>6(制度6:干湿碳化/干湿比1:3)<br>7(制度7:干湿碳化/干湿比1:1,每个周期时间加倍) |
| J(硅烷浸渍深度)<br>d(水泥基涂层渗透深度)<br>X(硅烷吸水率试验)<br>Y(水泥基涂层吸水率)<br>Z(表面未处理吸水率试验) | 3(C30 混凝土)<br>5(C50 混凝土) | 0(不涂刷涂层)<br>1(涂层涂刷1遍)<br>2(涂层涂刷2遍)<br>3(涂层涂刷3遍) |

相关试验方法、过程均按相关规程实施。

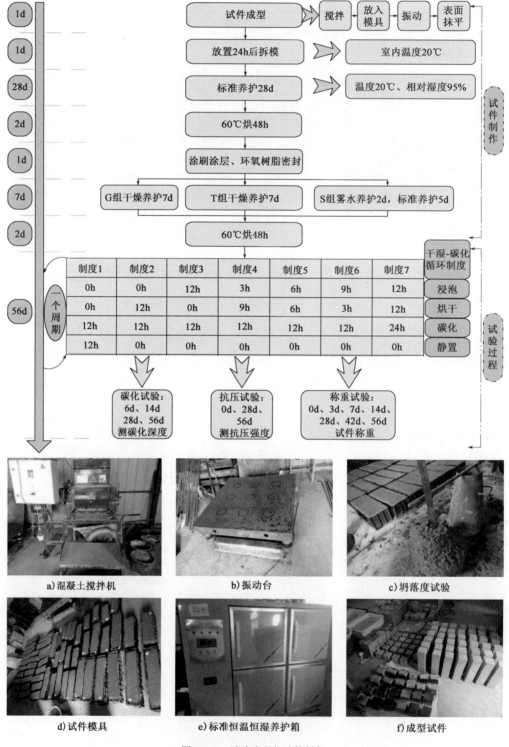

图 2.3-1　试验流程与试件制备

## 2.3.2 干湿交替对碳化的影响

图 2.3-2 为不同干湿-碳化制度下混凝土的碳化深度随时间变化图。由图 2.3-2 可以看出干湿交替对混凝土的碳化具有影响,烘干制度下混凝土的碳化深度最大,比快速碳化提高 63.6%~65.7%;浸泡-碳化制度下的混凝土碳化深度最小,比快速碳化降低 60.9%~76.2%;干湿交替状态的混凝土试件,前期碳化速度较快速碳化制度下混凝土试件快,后期与快速碳化制度下混凝土试件的碳化速度相比有快有慢。干湿比从 3:1、1:1、到 1:3,C30 混凝土碳化深度比快速碳化分别提高 12.9%、7.0%,降低 18.6%,C50 混凝土碳化深度比快速碳化分别提高 10.6%,降低 5.0%、27.4%,随着干湿比的减小,混凝土碳化深度呈降低趋势;干湿比同为 1:1 的试件,在总作用时间相同的情况下,处于干湿频繁状态的混凝土试件,高水灰比混凝土碳化速率快,低水灰比混凝土碳化速率慢。图 2.3-3 为干湿-碳化循环制度下 C30 和 C50 混凝土碳化深度随时间的变化对比图。图 2.3-3 表明,混凝土强度等级越高,其内部结构越致密,其碳化的深度越小。

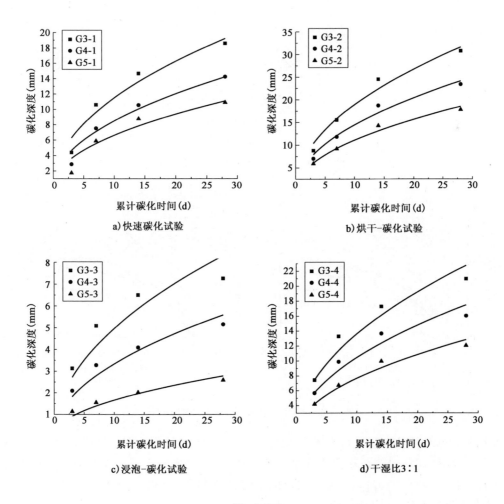

图 2.3-2

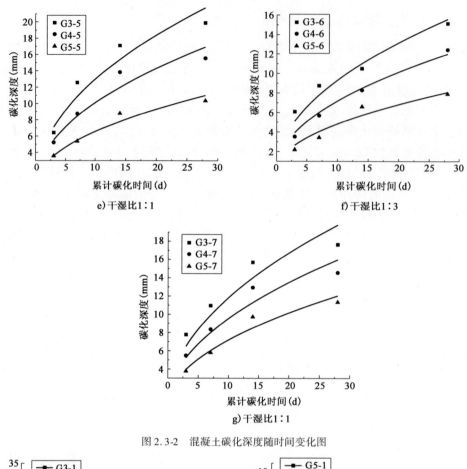

图 2.3-2 混凝土碳化深度随时间变化图

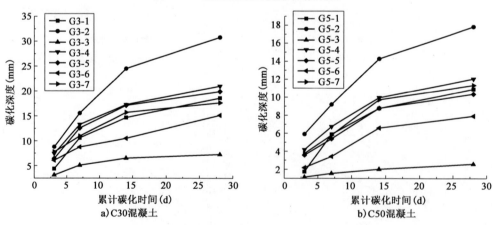

图 2.3-3 不同混凝土强度等级碳化深度对比

通过干湿-碳化循环试验,得出不同干湿-碳化循环制度下混凝土试件的碳化系数,参见表2.3-6。通过实桥现场检测可得出实际结构的碳化系数,将实测所得碳化系数与试验所得碳化系数进行对比分析,如两者接近,其所对应的干湿循环制度,可作为该地区的代表干湿循环制度,可为此类地区桥梁评估时参数取值提供试验依据。

**混凝土试件碳化系数** 表 2.3-6

| 混凝土强度等级 | 制度 1 快速碳化 | 制度 2 烘干-碳化 | 制度 3 浸泡-碳化 | 制度 4 干湿-碳化 干湿比 3∶1 | 制度 5 干湿-碳化 干湿比 1∶1 | 制度 6 干湿-碳化 干湿比 1∶3 | 制度 7 干湿-碳化 干湿比 1∶1 |
|---|---|---|---|---|---|---|---|
| C30 | 3.10 | 5.11 | 1.34 | 3.68 | 3.51 | 2.52 | 3.20 |
| C40 | 2.30 | 3.90 | 0.86 | 2.82 | 2.73 | 1.94 | 2.58 |
| C50 | 1.79 | 3.00 | 0.45 | 2.07 | 1.78 | 1.31 | 1.94 |

注：表中碳化系数单位为 $mm/\sqrt{a}$。

在碳化系数的对比分析中发现，通过试验并经过换算得到的碳化系数偏大，与小磨高速现场实际相差较大，将得到的碳化系数与实测碳化系数（表 2.3-7）进行对比，将快速碳化试验得出的碳化系数折减为实测所得碳化系数，其余碳化系数按同等比例折减，依据得出的碳化系数，建立基于水灰比及抗压强度的碳化预测模型。

**干湿-碳化循环试验碳化系数** 表 2.3-7

| 等级 | 制度 | | | | | | |
|---|---|---|---|---|---|---|---|
| | 1 | 2 | 3 | 4 | 5 | 6 | 7 |
| G3 | 0.85 | 1.40 | 0.37 | 1.01 | 0.96 | 0.69 | 0.88 |
| G4 | 0.76 | 1.29 | 0.28 | 0.93 | 0.90 | 0.64 | 0.85 |
| G5 | 0.53 | 0.89 | 0.13 | 0.61 | 0.53 | 0.39 | 0.57 |

（1）基于水灰比的碳化深度预测模型

国内外为研究水灰比与混凝土碳化速率的关系，开展了大量的快速碳化试验及长期暴露试验，Ho D. W. S.、Skjolsvold、方璟、朱安民、金骏等均认为碳化速度与水灰比呈线性关系，本书采用线性关系对水灰比和碳化系数进行拟合，公式如下：

$$k = a \cdot \frac{W}{C} + b \tag{2.3-1}$$

计算得出的碳化系数见表 2.3-8。

**基于水灰比碳化深度预测碳化系数** 表 2.3-8

| 拟合参数 | 循环制度 | | | | | | |
|---|---|---|---|---|---|---|---|
| | 1 | 2 | 3 | 4 | 5 | 6 | 7 |
| $a$ | 2.34 | 3.69 | 1.78 | 2.88 | 3.07 | 2.15 | 2.20 |
| $b$ | −0.24 | −0.32 | −0.47 | −0.33 | −0.46 | −0.31 | −0.13 |
| 相关系数 $R^2$ | 0.929 | 0.901 | 0.962 | 0.893 | 0.864 | 0.877 | 0.843 |

（2）基于抗压强度的碳化深度预测模型

基于抗压强度的碳化系数拟合采用如下公式：

$$k = \frac{a}{f} + b \tag{2.3-2}$$

计算得出的碳化系数见表 2.3-9。

基于抗压强度碳化深度预测碳化系数　　　　表2.3-9

| 拟合参数 | 循环制度 | | | | | | |
|---|---|---|---|---|---|---|---|
| | 1 | 2 | 3 | 4 | 5 | 6 | 7 |
| $a$ | 52.70 | 43.64 | 20.90 | 55.06 | 53.37 | 45.53 | 44.36 |
| $b$ | −0.32 | 0.30 | −0.20 | −0.26 | −0.40 | 0.50 | −0.22 |
| 相关系数 $R^2$ | 0.922 | 0.915 | 0.927 | 0.950 | 0.913 | 0.905 | 0.927 |

### 2.3.3 涂层对混凝土碳化的影响

(1) 不同涂层处理碳化试验

图2.3-4为不同涂层处理各种碳化制度下混凝土的碳化深度随时间的变化图。由图2.3-4a)可以看出,硅烷处理对混凝土快速碳化试件的碳化速度降低效果良好,28d时C30混凝土试件的碳化深度比对照组混凝土试件的碳化深度降低21.7%,而C50混凝土试件碳化深度降低45.9%,硅烷对低水灰比混凝土的碳化防护效果更显著。对于水泥基渗透结晶型涂层处理后的快速碳化试验,28d时C30混凝土试件的碳化深度比对照组混凝土试件的碳化深度降低5.5%,C50混凝土试件碳化深度降低64.4%,说明水泥基渗透结晶型涂层对高水灰比混凝土的碳化防护效果不明显,对低水灰比混凝土的碳化防护效果明显。因此,对处于一般大气环境的桥梁构件,硅烷及水泥基渗透结晶型涂层表面处理均能降低混凝土碳化,且对低水灰比混凝土碳化防护效果更好。一般大气环境,硅烷由于防水性能良好,降低了进入混凝土内部的水分,使碳化反应所需的水分减少从而降低了碳化速率。水泥基渗透结晶型涂层则阻止了水和$CO_2$气体进入混凝土内部,从而降低了碳化速率。低水灰比的混凝土内部更致密,孔隙相对较小,硅烷在混凝土毛细孔内壁形成的憎水膜层,水泥基渗透结晶型涂料在混凝土孔隙处形成的不溶于水的枝蔓状结晶体,能很好地堵塞混凝土内部小的凝胶孔及毛细孔,达到更好的防护效果。

由图2.3-4b)可以看出,在烘干-碳化制度下,硅烷对混凝土碳化的防护效果较好。28d时,C30混凝土试件的碳化深度比对照组试件的碳化深度降低28.3%,而C50混凝土试件的碳化深度降低21.8%。水泥基渗透结晶型涂层处理对混凝土碳化有减缓效果,28d时,C30混凝土试件的碳化深度比对照组试件的碳化深度降低15.9%,而C50混凝土试件的碳化深度降低6.6%。因此对处于高温日晒区的混凝土桥梁构件,采用硅烷处理碳化防护效果更好。

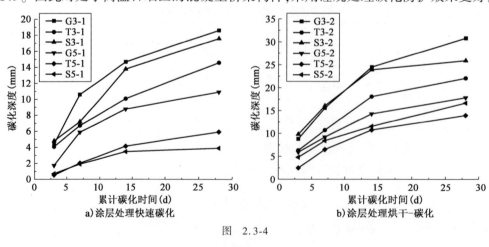

图 2.3-4

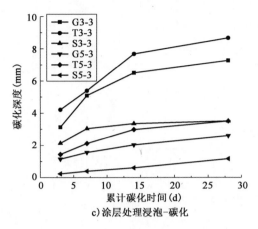

c）涂层处理浸泡-碳化

图 2.3-4 不同涂层处理碳化深度随时间的变化图

高温日晒区混凝土内部较干燥，而硅烷进一步阻止了外界水分进入混凝土内部，使碳化反应缺少必要的水环境而难以进行。而水泥基渗透结晶型涂层需要以水为载体向混凝土内部渗透，缺水的环境中水泥基渗透结晶型涂层向混凝土内部渗透效果差，而且在缺水的环境中水泥基渗透结晶型涂层中的活性化学物质无法被水激活产生填充孔隙的新结晶体，因此防护效果较差。

由图 2.3-4c）可以看出，在浸泡-碳化制度下，硅烷使混凝土的碳化速度提高。28d 时，C30 混凝土试件的碳化深度比对照组试件的碳化深度提高 19.4%，而 C50 混凝土试件碳化深度提高 35.5%。水泥基渗透结晶型涂层处理后混凝土试件的碳化深度小于对照组。28d 时，C30 混凝土试件的碳化深度比对照组试件的碳化深度降低 51.7%，而 C50 混凝土试件碳化深度降低 55.2%。因此，对处于河面水位变动区与水接触频繁的混凝土桥梁构件，硅烷浸渍加速了碳化速度，而水泥基渗透结晶型涂层能显著降低碳化速度。

河面水位变动与水接触频繁区混凝土内部较潮湿，过多的水分阻碍了二氧化碳向混凝土内部扩散，而硅烷阻止了外界水分进入混凝土内部，降低了混凝土内部的相对湿度，但不会阻碍气体的扩散，从而使混凝土内部的湿度环境更适宜碳化。而水泥基渗透结晶型涂层在水分充足环境中，以水为载体强力向混凝土内部渗透，渗透效果更好，活性化学物质会被水激活产生填充孔隙的新结晶体，因此防护效果更好。

图 2.3-5 所示为干湿-碳化制度下硅烷及水泥基渗透结晶型涂层处理后混凝土的碳化深度随时间的变化图。由图 2.3-5 可以看出，硅烷处理后，28d 时 C30 混凝土，干湿比 3∶1、1∶1 和 1∶3 的试件碳化深度较对照组试件的碳化深度分别提高 11.9%、降低 17.1% 和降低 28.0%；28d 时 C50 混凝土，干湿比 3∶1、1∶1 和 1∶3 的试件碳化深度比对照组试件的碳化深度分别提高 17.2%、降低 4.5% 和降低 14.7%。水泥基渗透结晶型涂层处理后，28d 时 C30 混凝土，干湿比 3∶1、1∶1 和 1∶3 的试件碳化深度比对照组试件的碳化深度分别降低 7.0%、31.6% 和 50.7%；28d 时 C50 混凝土，干湿比 3∶1、1∶1 和 3∶1 的试件碳化深度比对照组试件的碳化深度分别降低 23.8%、46.2% 和 52.6%。因此，水泥基渗透结晶型涂层处理后混凝土试件碳化防护效果明显，且随干湿比降低碳化防护效果有所提高；硅烷随干湿比降低碳化防护效果亦有所提高。

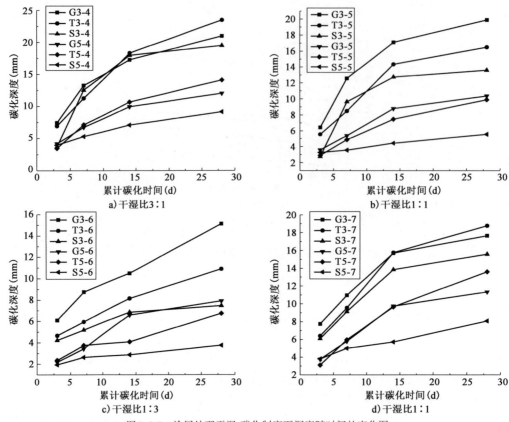

图 2.3-5 涂层处理干湿-碳化制度下深度随时间的变化图

对未经表面处理得出的混凝土碳化系数与涂层表面处理后的混凝土碳化系数进行对比分析,可得出硅烷及水泥基渗透结晶型涂层在不同干湿制度下对混凝土碳化速率的降低效果,将涂层处理后混凝土碳化系数与表面未处理混凝土碳化系数的比值定义为涂层对混凝土碳化速率的降低系数 $\alpha_k$,硅烷及水泥基渗透结晶型涂层对混凝土碳化速率的降低系数分别为 $\alpha_{k_T}$、$\alpha_{k_S}$,降低系数分别见表 2.3-10、表 2.3-11。

硅烷处理对混凝土碳化速率的降低系数　　　　表 2.3-10

| 等　级 | 制度1 | 制度2 | 制度3 | 制度4 | 制度5 | 制度6 |
|---|---|---|---|---|---|---|
| | 快速碳化 | 烘干-碳化 | 浸泡-碳化 | 干湿-碳化 干湿比3:1 | 干湿-碳化 干湿比1:1 | 干湿-碳化 干湿比1:3 |
| C30 | 0.739 | 0.718 | 1.179 | 1.046 | 0.812 | 0.730 |
| C50 | 0.486 | 0.743 | 1.378 | 1.111 | 0.904 | 0.817 |

渗透结晶涂层处理对混凝土碳化速率的降低系数　　　　表 2.3-11

| 等　级 | 制度1 | 制度2 | 制度3 | 制度4 | 制度5 | 制度6 |
|---|---|---|---|---|---|---|
| | 快速碳化 | 烘干-碳化 | 浸泡-碳化 | 干湿-碳化 干湿比3:1 | 干湿-碳化 干湿比1:1 | 干湿-碳化 干湿比1:3 |
| C30 | 0.910 | 0.920 | 0.522 | 0.938 | 0.701 | 0.563 |
| C50 | 0.363 | 0.887 | 0.356 | 0.763 | 0.562 | 0.511 |

通过得到的硅烷及水泥基渗透结晶型涂层对混凝土碳化速率的降低系数,即可确定涂层作用于混凝土后对混凝土的提升效果,并可由此进行涂层处理后混凝土桥梁构件的耐久年限预测和评估。未经表面处理和涂层表面处理后混凝土碳化深度发展示意图见图2.3-6。

(2)涂层量对渗透深度的影响

涂层量对渗透深度的影响见图2.3-7。由图2.3-7可知,水灰比越大,硅烷在混凝土中渗透深度越大,对于涂刷遍数相同的混凝土试件,涂刷3遍时硅烷在C30混凝土中浸渍深度比在C50混凝土中大2.37mm,其中C30混凝土可以达到5.53mm,C50混凝土可以达到3.16mm。涂刷遍数对涂料在混凝土中的渗透深度具有影响,涂刷遍数越多,硅烷在混凝土中渗透深度越大,对C30混凝土,涂刷2遍比1遍渗透深度增加2.05mm,涂刷3遍比2遍渗透深度增加0.75mm。

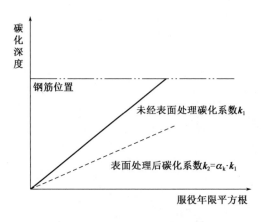

图2.3-6 混凝土碳化深度发展示意图

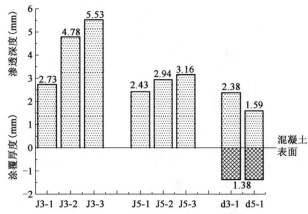

图2.3-7 涂层材料渗透深度

水泥基渗透结晶型涂料在混凝土表面平均涂覆厚度为1.38mm,在强度等级C30混凝土中渗透深度为2.38mm,在强度等级C50混凝土中渗透深度为1.59mm,随着混凝土强度等级的提高,水泥基渗透结晶型涂料在混凝土中的渗透深度随之减小。

(3)涂层量对吸水率的影响

图2.3-8为涂刷不同遍数硅烷的混凝土吸水率试验结果。由图2.3-8可知,水灰比越大,混凝土强度等级越低,硅烷浸渍后混凝土吸水率越大,对于涂刷遍数相同的混凝土试件,涂刷1遍时C30混凝土吸水率比C50混凝土大$0.00057\mathrm{mm}/\sqrt{\min}$,涂刷3遍时C30混凝土吸水率比C50混凝土大$0.00065\mathrm{mm}/\sqrt{\min}$;涂刷遍数会对吸水率产生影响,涂刷遍数越多,吸水率相应减小,但减缓效果并不显著。

图2.3-9为硅烷、水泥基渗透结晶型涂层表面处理组以及表面未处理基准组C30和C50混凝土的吸水率试验结果。由图2.3-9可知,硅烷涂刷2遍处理后C30混凝土的吸水率为$0.0062\mathrm{mm}/\sqrt{\min}$,C50混凝土的吸水率为$0.0057\mathrm{mm}/\sqrt{\min}$;水泥基渗透结晶型涂层处理后C30混凝土的吸水率为$0.0097\mathrm{mm}/\sqrt{\min}$,C50混凝土的吸水率为$0.0078\mathrm{mm}/\sqrt{\min}$。

硅烷及水泥基渗透结晶型涂层处理后C30混凝土的吸水率比基准组分别降低76.2%、62.8%,C50混凝土的吸水率比基准组分别降低69.7%、58.5%。硅烷和水泥基渗透结晶型涂层表面处理能降低混凝土的吸水性,表面涂层对水灰比大的混凝土降低吸水率效果更好,硅烷降低混凝土吸水率的效果要好于水泥基渗透结晶型涂层。

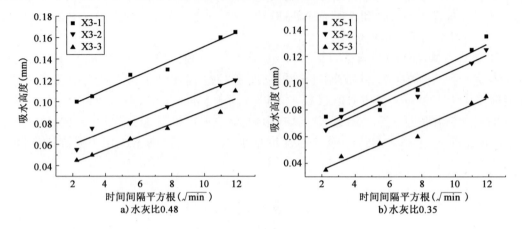

图 2.3-8　硅烷处理后混凝土吸水率

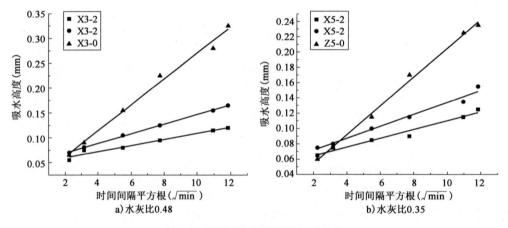

图 2.3-9　不同涂层处理后混凝土吸水率

## 2.3.4　试验总结

通过设置不同的干湿循环制度,模拟桥梁构件处于一般大气环境、高温日晒环境、水位变动环境、不同程度干湿交替环境的耐久性能,研究了各种环境对混凝土碳化的影响,并对比不同涂层材料在减缓混凝土碳化方面起到的效果。通过本章研究得出以下结论:

(1)混凝土中硅烷的渗透深度可达到规范要求,水灰比越大,涂刷遍数越多,渗透深度越深;硅烷和水泥基渗透结晶型涂层表面处理能降低混凝土的吸水性,表面涂层对水灰比大的混凝土降低吸水率效果更好,硅烷降低混凝土吸水率的效果要好于水泥基渗透结晶型涂层,硅烷涂刷遍数越多,吸水率相应减小,但减缓效果并不显著。

(2)干湿交替环境对混凝土的碳化具有影响,烘干-碳化制度下混凝土碳化速度最快,浸泡-碳化制度下混凝土碳化速度最慢;干湿-碳化制度下,随着干湿比的减小,碳化深度呈降低趋势;对于相同干湿比,在总作用时间相同情况下,干湿频繁的高水灰比混凝土碳化速率快,低水灰比混凝土碳化速率慢。

（3）硅烷处理后，快速碳化和烘干-碳化制度下混凝土的碳化深度分别降低21.7%～45.9%和21.8%～28.3%，对应一般大气环境及高温日晒环境采用硅烷处理混凝土碳化防护效果好；浸泡-碳化制度下混凝土的碳化深度增大19.4%～35.5%，水位频繁变动区的混凝土表面硅烷处理后碳化深度反而增加；干湿比3:1混凝土碳化深度增大11.9%～17.2%，干湿比1:1和1:3混凝土的碳化深度降低4.5%～17.1%和14.7%～28.0%，干湿交替环境中随干湿比减小硅烷表面处理对混凝土碳化防护效果有所提高。

（4）水泥基渗透结晶型涂层表面处理对混凝土碳化防护效果显著，快速碳化、烘干-碳化和浸泡-碳化制度下混凝土的碳化深度分别降低5.5%～64.4%、6.6%～15.9%和51.7%～55.2%，干湿比3:1、1:1和1:3干湿-碳化制度下混凝土的碳化深度分别降低7.0%～23.8%、31.6%～46.2%和50.7%～52.6%。水泥基渗透结晶型涂层适用于一般大气、高温日晒、水位频繁变动环境下混凝土的防护，与水频繁接触的混凝土在水泥基渗透结晶型涂层处理后碳化防护效果最好。随干湿比减小，水泥基渗透结晶型涂层处理后混凝土碳化防护效果有所提高。

## 2.4 改扩建工程中新旧桥梁耐久性匹配与提升

在小磨高速公路实际工程中，部分新桥是在旧桥的基础上进行拼宽处理建造的，使新旧桥梁形成一个整体，如何将旧桥的耐久年限提升至与新桥同一水准是本章的主要研究内容。在新旧桥梁的建造时间上存在10年左右的时间差，旧桥已经经受十年的荷载及环境作用，其耐久性存在着一定的劣化，而新桥是在旧桥图纸的基础上进行改进，在设计构造、所用材料、施工质量上要优于旧桥，这些因素均导致了新旧桥梁耐久年限的差距。本节在第2.2节实测、第2.3节试验的基础上，建立新旧桥梁耐久性评估预测方法，依据耐久性提升原则，在分析了新旧桥梁的耐久年限差异后，采用涂层提升技术将新旧桥梁的耐久年限提升至设计使用年限。

### 2.4.1 耐久性概率评估分项系数表达式

直接根据可靠指标进行耐久性评估，虽然从理论上是可行的，但是计算非常复杂，不便于在实际工程中使用，可将其简化为分项系数表达方式，以便于实际应用。

大量的桥梁构件混凝土保护层厚度和碳化系数的统计结果表明，桥梁构件混凝土保护层厚度和碳化系数服从正态分布，因此可靠指标可以表示为：

$$\beta = \frac{\mu_R - \mu_S}{\sqrt{\sigma_R^2 + \sigma_S^2}} = \frac{K-1}{\sqrt{K^2\delta_R^2 + \delta_S^2}} \tag{2.4-1}$$

$$K = \mu_R/\mu_S, \quad \delta_R = \sigma_R/\mu_R, \quad \delta_S = \sigma_S/\mu_S$$

式中： $K$ ——中心安全系数；

$\mu_R$、$\sigma_R$、$\mu_S$、$\sigma_S$ ——抗力和荷载效应的平均值和标准差。

由式（2.4-1）可得到

$$K = \frac{1 + \sqrt{1 - (1-\beta^2\delta_R^2)(1-\beta^2\delta_S^2)}}{1-\beta^2\delta_R^2} \tag{2.4-2}$$

若混凝土保护层厚度的分项系数为 $\gamma_R$、碳化系数的分项系数为 $\gamma_S$,那么达到规定的使用年限时,则有

$$\frac{c}{\gamma_R} = \gamma_S k_i k \sqrt{t} \tag{2.4-3}$$

式中:$k_i$——典型碳化区域系数。

由式(2.4-3)可以得到

$$K = \frac{c}{k\sqrt{t}} = \gamma_R \gamma_S k_i \tag{2.4-4}$$

在确定 $\gamma_R$、$\gamma_S$ 时,取 $k_i = 1.0$。由式(2.4-2)、式(2.4-4)可得到

$$\gamma_R \gamma_S = \frac{1 + \sqrt{1 - (1 - \beta^2 \delta_c^2)(1 - \beta^2 \delta_k^2)}}{1 - \beta^2 \delta_c^2} \tag{2.4-5}$$

$$\delta_c = \sigma_c / \mu_c, \delta_k = \sigma_k / \mu_k$$

式中:$\mu_c$、$\sigma_c$、$\mu_k$、$\sigma_k$——混凝土保护层厚度、碳化系数的均值、标准差。

根据式(2.4-5)即可确定耐久性评估中保护层厚度分项系数和碳化分项系数。根据耐久性评估框架中的可靠指标取值原则,相同材料、相同使用要求的构件,耐久性目标可靠指标保持一致。混凝土桥梁典型构件的目标可靠指标见表2.4-1。不同构件形式的混凝土保护层变异系数见表2.2-8。

**目标可靠指标建议值** 表2.4-1

| 桥梁典型构件 | | 钢筋混凝土构件 | 预应力混凝土构件 |
|---|---|---|---|
| T梁 | | 1.28 | 1.64 |
| 盖梁 | | | |
| 箱梁 | | | |
| 空心板 | | | |
| 墩柱 | 大气区 | 1.64 | 1.64 |
| | 浪溅区 | | |
| | 水变区 | | |

在设计规范中,混凝土保护层厚度一般采用计算值+裕量,安全系数一般为(计算值+裕量)/计算值。通常情况下,混凝土保护层厚度在 30~50mm,混凝土保护层厚度裕量一般为 5mm,即保护层富裕系数一般为 1.10~1.17。取混凝土保护层厚度分项系数为 1.15,按式(2.4-5)计算的碳化系数见表2.4-2。

**典型构件混凝土碳化系数** 表2.4-2

| 构件类型 | 钢筋混凝土 | | 预应力混凝土 | |
|---|---|---|---|---|
| | 可靠指标 | 分项系数 | 可靠指标 | 分项系数 |
| T梁 | 1.28 | 1.62~1.73 | 1.64 | 1.95~2.07 |
| 盖梁 | | 1.72~1.83 | | 2.03~2.16 |
| 箱梁 | | 1.79~1.90 | | 2.23~2.37 |
| 空心板 | | 1.72~1.83 | | 2.04~2.17 |

续上表

| 构件类型 | | 钢筋混凝土 | | 预应力混凝土 | |
|---|---|---|---|---|---|
| | | 可靠指标 | 分项系数 | 可靠指标 | 分项系数 |
| 墩柱 | 大气区 | 1.64 | 1.79~1.91 | 1.64 | 1.79~1.91 |
| | 浪溅区 | | | | |
| | 水变区 | | | | |

### 2.4.2 涂层耐久性提升技术

1) 涂层材料对可靠指标的影响

为分析硅烷及水泥基渗透结晶型涂层处理对混凝土碳化可靠指标的影响,以大气环境、干湿交替环境为例,取各构件实测所得混凝土保护层厚度均值和变异系数,取各构件实测混凝土抗压强度均值和变异系数,硅烷及水泥基渗透结晶型涂层对混凝土碳化速率的降低系数按不同构件对应的混凝土强度等级查表2.3-10、表2.3-11得到,一般大气环境对应干湿循环制度1,小磨高速公路干湿交替环境取干湿循环制度5(干湿比1:1),得到的可靠指标分别见图2.4-1、图2.4-2。根据计算结果和曲线可以发现:

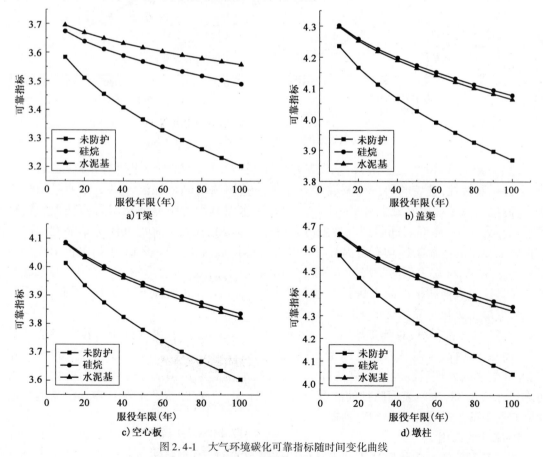

图2.4-1 大气环境碳化可靠指标随时间变化曲线

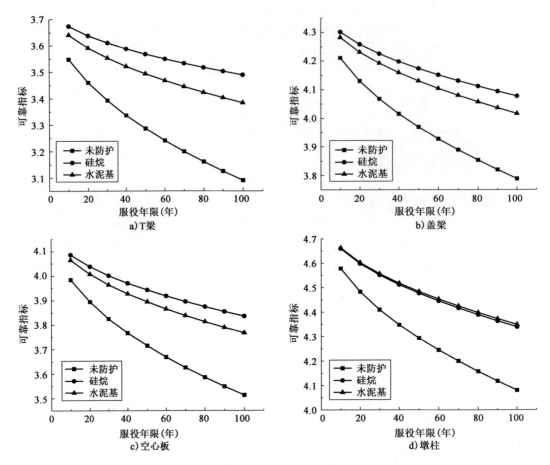

图 2.4-2　干湿环境碳化可靠指标随时间变化曲线

（1）一般大气环境，对于 T 梁，水泥基渗透结晶型涂层的防护效果要好于硅烷，而对于盖梁、空心板和墩柱，硅烷的防护效果要稍好于水泥基渗透结晶型涂层。以 T 梁服役 100 年为例，经硅烷表面处理后混凝土可靠指标为 3.49，经水泥基渗透结晶型涂层表面处理后混凝土可靠指标为 3.56，未经表面防护混凝土可靠指标为 3.20，硅烷及水泥基渗透结晶型涂层表面防护后混凝土的可靠指标均有所提升。未经表面防护混凝土从服役 10 年到服役 100 年可靠指标下降 0.38，硅烷表面防护混凝土从服役 10 年到服役 100 年可靠指标下降 0.19，水泥基渗透结晶型涂层表面防护混凝土从服役 10 年到服役 100 年可靠指标下降 0.14，因此，表面防护处理后混凝土碳化可靠指标的下降速度减慢。

（2）干湿交替环境，对于 T 梁、盖梁和空心板，硅烷的防护效果要好于水泥基渗透结晶型涂层，而对于墩柱，水泥基渗透结晶型涂层的防护效果要稍好于硅烷。以 T 梁服役 100 年为例，经硅烷表面处理后混凝土可靠指标为 3.50，经水泥基渗透结晶型涂层表面处理后混凝土可靠指标为 3.38，未经表面防护的混凝土可靠指标为 3.09，硅烷及水泥基渗透结晶型涂层表面防护后混凝土的可靠指标均得到提升。

2）涂层的选用

若桥梁评估的耐久年限达不到设计使用年限要求时，需要对桥梁进行表面涂层防护处理以提高在役桥梁的耐久年限。根据在役桥梁实测所得碳化系数,与试验所得碳化系数进行对比分析,两者接近所对应的干湿循环制度,作为该地区的代表干湿循环制度,按此干湿循环制度选用合适的涂层防护措施。

处于制度1对应的一般大气环境的桥梁构件,硅烷及水泥基渗透结晶型涂层表面处理均能降低混凝土碳化速率,但对低水灰比混凝土碳化防护效果更好;处于制度2对应的高温日晒区的混凝土桥梁构件,硅烷及水泥基渗透结晶型涂层表面处理均能降低混凝土碳化速率,采用硅烷处理碳化防护效果更好;处于制度3对应的河面水位变动区与水接触频繁的混凝土桥梁构件,硅烷处理后加速了混凝土碳化速度,而水泥基渗透结晶型涂层能显著降低混凝土碳化速率;处于制度4对应的干湿比为3∶1的干湿交替环境,硅烷处理后加速了混凝土碳化速度,水泥基渗透结晶型涂层能降低混凝土碳化速率;处于制度5对应的干湿比为1∶1的干湿交替环境,硅烷和水泥基渗透结晶型涂层均能降低混凝土碳化速率,水泥基渗透结晶型涂层防护效果更好;处于制度6对应的干湿比为1∶3的干湿交替环境,硅烷和水泥基渗透结晶型涂层对混凝土碳化速率的降低效果显著,水泥基渗透结晶型涂层防护效果要好于硅烷。

### 2.4.3 新旧桥梁耐久年限匹配设计方法

1) 新旧桥梁耐久年限匹配原则

依据设计使用年限内新旧桥梁耐久年限一致性原则进行匹配,匹配过程中应考虑技术经济性。在采用合理经济的表面维护情况下,原则上,使新旧桥梁耐久寿命接近一致。由于既有公路桥梁构造物已服役一定时间,存在自然老化与各种损伤,且新建结构多采用新材料新形式且与其紧邻旧桥所处环境相同,其耐久性往往会更高一些,因此一般需要将旧桥年限进行提高。但是,也有旧桥耐久年限高于新桥的情况。当两者均满足设计使用年限时,可不采取额外的维护措施,进行正常养护即可;当两者均不满足设计使用年限要求时,均需要加强观测并采取维护措施,可不对旧桥与新桥匹配。

根据桥梁结构耐久年限在目标可靠指标要求下是否满足设计使用年限作为其匹配的前提,以新桥耐久年限为参照,进行新旧桥的耐久性匹配。匹配年限差距分析原则如下:

(1) $\beta_O > \beta_N > \beta_T$、$\beta_N > \beta_O > \beta_T$

新旧桥达到设计使用年限的可靠指标均达到目标可靠指标要求,则认为旧桥与新桥耐久年限满足要求,新旧桥不进行匹配,进行正常养护即可。

(2) $\beta_N > \beta_T > \beta_O$

新桥耐久性满足要求,而旧桥耐久性不满足要求,若旧桥达到目标可靠指标的年限为 $t_O$,那么旧桥应采取维护措施与新桥匹配,其与新桥按耐久年限 $t = T - t_O$ 采取匹配措施。

(3) $\beta_O > \beta_T > \beta_N$

旧桥耐久性满足要求,而新桥耐久性不满足要求。若新桥达到目标可靠指标的年限为 $t_N$,则新桥应加强观测,及时采取维护措施,旧桥耐久性可不与新桥匹配。

(4) $\beta_T > \beta_O > \beta_N$

新桥与旧桥耐久性均不满足要求,旧桥耐久性好于新桥,那么新桥和旧桥均应加强观测,及时采取维护措施,旧桥耐久性可不与新桥匹配。

(5) $\beta_T > \beta_N > \beta_O$

新桥与旧桥耐久性均不满足要求,新桥耐久性好于旧桥,那么旧桥应采取维护措施与新桥匹配,其与新桥按耐久年限 $t = t_N - t_O$ 采取匹配措施。

$\beta_N$、$\beta_O$ 分别为新桥、旧桥达到设计使用年限的可靠指标,$\beta_T$ 为目标可靠指标。

2)基于可靠度理论的混凝土结构耐久年限

由极限状态方程式(2.2-2),根据现场数据实测分析及国内外大量工程实测数据,表明混凝土保护层厚度和碳化系数均服从正态分布,根据式(2.4-1),当结构的可靠指标达到目标可靠指标时:

$$\beta = \frac{\mu_z}{\sigma_z} = \frac{\mu_c - \mu_k \sqrt{t}}{\sqrt{(\mu_c \cdot \delta_c)^2 + (\mu_k \cdot \delta_k)^2 t}} = \beta_{mf} \qquad (2.4\text{-}6)$$

由式(2.4-7),可解出桥梁结构基于概率评估的耐久年限:

$$t = \frac{\mu_c^2 (1 - \beta_{mf} \sqrt{\delta_c^2 + \delta_k^2 - \beta_{mf}^2 \delta_c^2 \delta_k^2})^2}{\mu_k^2 (1 - \beta_{mf}^2 \delta_k^2)} \qquad (2.4\text{-}7)$$

式中:$t$——从当前继续使用至可靠指标为 $\beta_{mf}$ 时的年限(年);

$\beta_{mf}$——结构耐久性目标可靠指标,对钢筋混凝土构件取1.28,对预应力混凝土构件取1.64;

$\mu_c$——混凝土保护层厚度平均值(mm),通过现场实测确定;

$\delta_c$——混凝土保护层厚度变异系数,通过实测数据计算确定;

$\mu_k$——混凝土碳化系数平均值(mm),旧桥值通过现场实测确定,新桥值通过现场取芯室内试验确定;

$\delta_k$——混凝土碳化系数变异系数,通过实测数据计算确定。

3)涂层提升混凝土旧桥结构耐久年限

对于处于一般大气环境的混凝土桥梁构件,采用硅烷处理;对处于水面线或地面线附近区域的混凝土构件,采用水泥基渗透结晶型涂层。采取表面维护措施后的旧桥结构的耐久年限计算如下:

$$t_p = \frac{\mu_c^2 (1 - \beta_{mf} \sqrt{\delta_c^2 + \delta_{kp}^2 - \beta_{mf}^2 \delta_c^2 \delta_{kp}^2})^2}{\mu_{kp}^2 (1 - \beta_{mf}^2 \delta_{kp}^2)} \qquad (2.4\text{-}8)$$

$$\mu_{kp} = \alpha_p \mu_k \qquad (2.4\text{-}9)$$

式中:$t_p$——旧桥结构采取匹配措施后从当前继续使用至可靠指标为 $\beta_{mf}$ 时的年限(年);

$\beta_{mf}$——结构耐久性目标可靠指标,对钢筋混凝土构件取1.28,对预应力混凝土构件取1.64;

$\mu_{kp}$——采取匹配措施后的混凝土碳化系数平均值(mm);

$\alpha_p$——采取涂层维护措施后混凝土碳化系数的降低系数;

$\delta_{kp}$——采取匹配措施后的混凝土碳化系数变异系数,视为等同于旧桥结构混凝土碳化系数变异系数,通过实测数据计算确定;

$\mu_c$——混凝土保护层厚度平均值(mm),通过现场实测确定;

$\delta_c$——混凝土保护层厚度变异系数,通过实测数据计算确定。

$\alpha_p$ 按下列规定取值:

(1)硅烷处理:C30 混凝土取 0.75~0.8,C50 混凝土取 0.80~0.9;干燥程度高时取小值;C30~C50 之间混凝土可按线性插值;

(2)渗透结晶涂层处理:C30 混凝土取 0.55~0.70,C50 混凝土取 0.50~0.55;潮湿程度高时取小值;C30~C50 之间混凝土可按线性插值。

4)新旧桥耐久性匹配方法

(1)当 $t_0 < t_N < T$ 时,若 $t_p \geq \Delta t(=t_N - t_0)$,则一次匹配处理即可;若 $t_p < \Delta t(=t_N - t_0)$,则需要进行多次维护,维护次数 $n = \Delta t/t_p$,取整;若维护成本超过桥梁建造成本,则旧结构不具有耐久性匹配价值。

(2)当 $t_0 < T < t_N$ 时,若 $t_p \geq \Delta t(=T - t_0)$,则一次匹配处理即可;若 $t_p < \Delta t(=T - t_0)$,则需要进行多次维护,维护次数为 $n = T/t_p$,取整;若维护成本超过桥梁建造成本,则旧结构不具有耐久性匹配价值。

# 第3章 既有利用标准跨径混凝土梁桥安全性评价与提升技术研究

## 3.1 研究对象的确定

根据调研情况,小磨高速既有标准化跨径桥梁结构主要为预应力 T 梁,其病害除耐久性的混凝土碳化外,结构方面主要为开裂。因此对于本章的研究对象,主要针对不同标准化跨径的 T 梁及其开裂病害。对于可用性决策而言,需要研究的主要为 3、4 类技术状态桥梁。这些桥梁是拆除新建还是加固利用,往往难以快速确定。因此本章针对上述对象的描述,通过理论分析确定快速判别的规则。

依据《公路桥梁技术状况评定标准》(JTG/T H21—2011)确定单片 T 梁由于竖向裂缝的长度被评定为 3 类或 4 类构件的裂缝界限长度。

当竖向裂缝的长度≤1/3 截面高度时,标度为 2(最大标度为 5),$DP_{ij} = 35$,按单一裂缝病害处理。$PMCI_i = 100 - DP_{ij} = 65$,依据《公路桥梁技术状况评定标准》(JTG/T H21—2011)中表 4.1.5,裂缝标度为 2 的单片 T 梁,其技术状况为 3 类。

对于 T 梁依据《公路桥梁技术状况评定标准》(JTG/T H21—2011)中表 5.1.1-12,当 1/3 截面高度<竖向裂缝的长度≤1/2 截面高度时,标度为 3(最大标度为 5),$DP_{ij} = 45$,按单一裂缝病害处理。$PMCI_i = 100 - DP_{ij} = 55$,依据表 4.1.5,裂缝标度为 3 的单片 T 梁,其技术状况为 4 类。

## 3.2 T 梁裂缝对极限承载能力影响的理论研究

小磨高速改扩建工程既有桥梁是依据 85 规范体系[1]设计建设的,此处仍以 85 规范体系为依据,对于标准化跨径 20m、30m、40m 的 T 梁桥研究不同裂缝状况对先简支后连续 T 梁(5~6 跨连续)的极限承载能力的影响。荷载组合按规范考虑恒载、汽车、挂车、收缩徐变、均匀温度变化、温度梯度、基础不均匀沉降及预应力束二次效应等。

### 3.2.1 开裂模拟

小磨高速 T 梁的腹板裂缝大多位于马蹄的上方,4 类桥竖向裂缝长度下限按 1/3 梁高计算,上限按梁高的 1/2 计算;3 类桥依据 4 类桥的裂缝下限长度临界值处理。按裂缝技术状况

---

[1] "85 规范体系"指以《公路桥涵设计通用规范》(JTJ 021—89)和《公路钢筋混凝土及预应力混凝土桥涵设计规范》(JTJ 023—85)为核心的桥梁设计规范体系。

计算的开裂后截面的抗弯惯性矩变化列于表 3.2-1 和表 3.2-2。

**跨中开裂截面的抗弯惯性矩变化**　　　　　表 3.2-1

| 开裂后理论截面形式 | 裂缝特征件数 | 开裂抗弯惯性矩/原截面惯性矩 | | |
|---|---|---|---|---|
| | | 跨径 20m | 跨径 30m | 跨径 40m |
| | 按 4 类 T 梁技术状况,竖向裂缝长度为标度 3 的裂缝长度上限(1/2 梁高),裂缝以马蹄上缘为起点向上 | 88.04% | 86.89% | 94.04% |
| | 按 4 类 T 梁技术状况,竖向裂缝长度为标度 3 的裂缝长度下限(1/3 梁高),裂缝以马蹄上缘为起点向上 | 88.50% | 87.51% | 94.22% |
| | 按 4 类 T 梁技术状况,竖向裂缝长度为标度 3 的裂缝长度上限(1/2 梁高),裂缝以马蹄下缘为起点向上 | 8.72% | 8.94% | 8.38% |
| | 按 4 类 T 梁技术状况,竖向裂缝长度为标度 3 的裂缝长度下限(1/3 梁高),裂缝以马蹄下缘为起点向上 | 20.54% | 20.82% | 19.28% |
| | 按 3 类 T 梁技术状况,马蹄开裂到腹板 | 30.25% | 35.27% | 28.01% |
| | 按 3 类 T 梁技术状况,整个马蹄开裂 | 45.28% | 48.07% | 50.64% |

| 开裂后理论截面形式 | 裂缝特征件数 | 开裂抗弯惯性矩/原截面惯性矩 | | |
|---|---|---|---|---|
| | | 跨径20m | 跨径30m | 跨径40m |
| 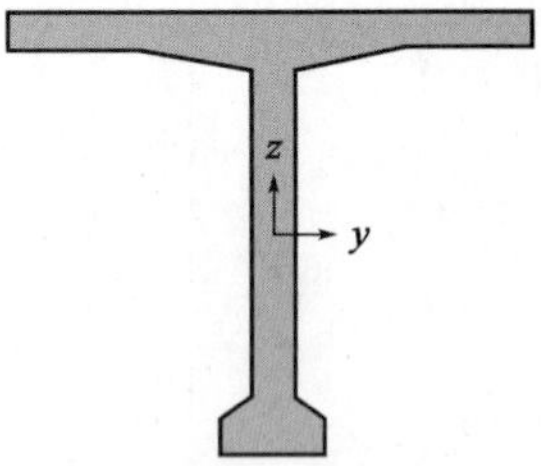 T形截面图示 | 按3类T梁技术状况,马蹄下部1/2开裂 | 71.29% | 73.35% | 75.05% |
| 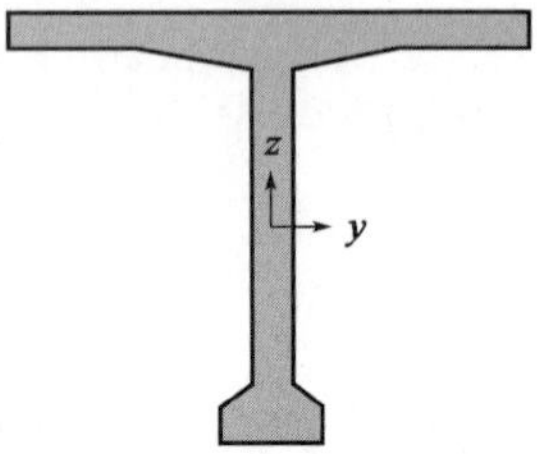 T形截面图示 | 按3类T梁技术状况,马蹄下部1/4开裂 | — | — | 87.42% |

墩顶开裂截面的抗弯惯性矩变化　　　　　　　　表3.2-2

| 开裂后理论截面形式 | 裂缝特征件数 | 开裂抗弯惯性矩/原截面惯性矩 | | |
|---|---|---|---|---|
| | | 跨径20m | 跨径30m | 跨径40m |
| 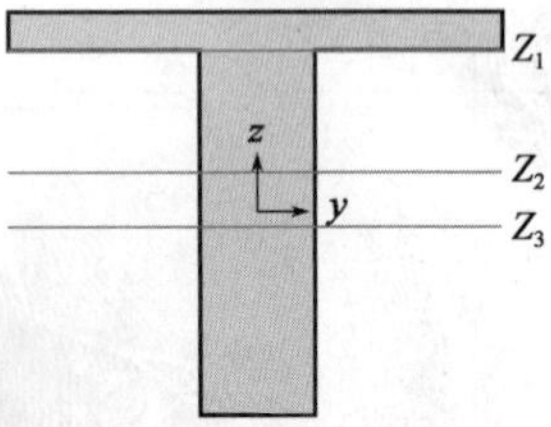 T形截面图示（$Z_1$, $Z_2$, $Z_3$） | 墩顶顶板上部1/2开裂 | 64.62% | 68.53% | 81.09% |
| 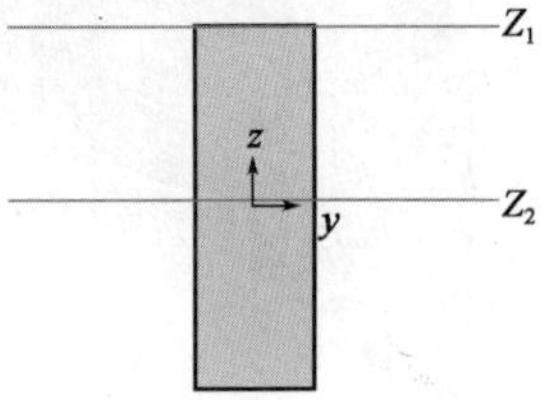 矩形截面图示（$Z_1$, $Z_2$） | 墩顶顶板完全开裂 | 24.55% | 32.51% | 60.65% |
| 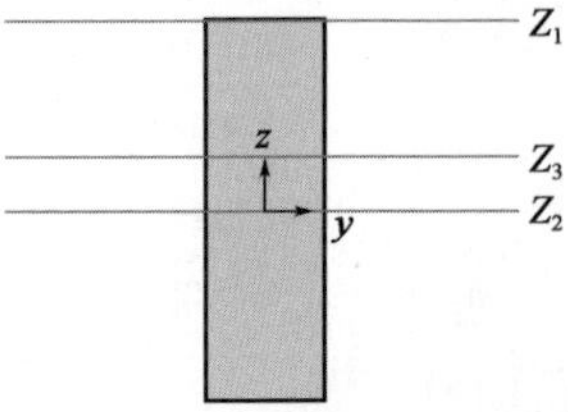 矩形截面图示（$Z_1$, $Z_3$, $Z_2$） | 按4类桥,竖向裂缝长度为4类桥的裂缝长度下限(1/3梁高),裂缝由顶板上缘向下 | 16.14% | 16.98% | 20.89% |

续上表

| 开裂后理论截面形式 | 裂缝特征件数 | 开裂抗弯惯性矩/原截面惯性矩 | | |
|---|---|---|---|---|
| | | 跨径20m | 跨径30m | 跨径40m |
| (图示) | 按4类桥,竖向裂缝长度为4类桥的裂缝长度上限(1/2梁高),裂缝由顶板上缘向下 | 6.82% | 7.22% | 8.81% |

### 3.2.2 主要分析结果

1)5×20m 连续 T 梁

马蹄与腹板裂缝长度达到技术状况4类的下限,边跨跨中开裂后汽车与其他荷载组合的效应如图 3.2-1 所示,挂车与恒载的荷载组合效应如图 3.2-2 所示,典型截面的荷载效应与验算结果列于表 3.2-3 中。

边跨跨中马蹄腹板开裂(裂缝长度1/3梁高,弯曲刚度20.54%)　　表 3.2-3

| 位　　置 | 组合弯矩<br>(kN·m) | 弯矩变化量<br>(kN·m) | 截面抗弯承载力<br>(kN·m) | 效应/抗力 | 是否满足要求 |
|---|---|---|---|---|---|
| 边跨跨中 | 3226 | +26 | 4070 | 79.26% | 满足 |
| 中跨跨中 | 3157 | +215 | 3694 | 85.46% | 满足 |
| 次边墩墩顶 | 4873 | +2514 | 3947 | 123.46% | 不满足 |
| 中墩墩顶 | 2307 | +180 | 3633 | 63.50% | 满足 |

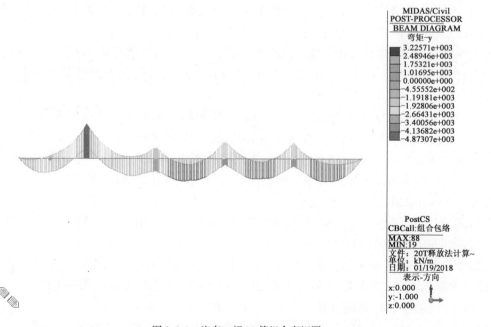

图 3.2-1　汽车—超20等组合弯矩图

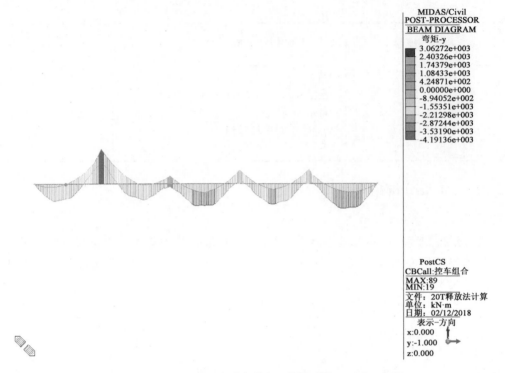

图 3.2-2　恒载与挂车组合弯矩图

主要计算结果为：

(1) 裂缝技术状况为 3 类或 4 类的 20m T 梁，各跨跨中腹板单独开裂后极限承载力满足要求，有足够的承载余量(19.63%)。

(2) 裂缝技术状况为 3 类的 20m T 梁，各跨跨中裂缝由底部贯通开裂到 1/2 马蹄高度后，极限承载力满足要求，有足够的承载余量(16.72%)。

(3) 裂缝技术状况为 3 类的 20m T 梁，中跨跨中开裂后各跨的极限承载力满足要求；当边跨跨中的贯通裂缝由底部开裂长度大于 1/2 马蹄高度时，次边墩顶处的极限承载力不能满足要求。

(4) 裂缝技术状况为 4 类的 20m T 梁，各跨跨中裂缝由马蹄底部开裂到腹板时，各墩顶处不满足承载力要求，中墩顶处欠缺 3.69%，次边墩处欠缺 35.09%。

(5) 对于该 5 跨连续 20m T 梁桥，对于贯通裂缝，按 T 梁裂缝技术状况 4 类的竖向裂缝长度控制，各墩顶裂缝由顶板上缘开裂到腹板中部，各跨满足极限承载力要求。

2) 6×30m 连续 T 梁

(1) 裂缝技术状况为 3 类或 4 类的 30m T 梁，各跨跨中腹板单独开裂后极限承载力满足要求，有足够的承载余量(21.03%)。

(2) 裂缝技术状况为 3 类的 30m T 梁，各跨跨中马蹄单独开裂后，极限承载力满足要求。

(3) 裂缝技术状况为 4 类的 30m T 梁，各跨跨中裂缝由马蹄底部开裂到腹板，只有边跨跨中开裂时，次边墩顶处不满足承载力要求，欠缺 5.40% ~ 16.65%。

(4) 对于该 6 跨连续 30m T 梁桥，对于贯通裂缝，按 T 梁裂缝技术状况 4 类的竖向裂缝长度控制,各墩顶裂缝由顶板上缘开裂到腹板中部,各跨满足极限承载力要求。

3)5×40m 连续 T 梁

(1)裂缝技术状况为 3 类或 4 类的 40m T 梁,各跨跨中腹板单独开裂后极限承载力满足要求,有足够的承载能力余量(11.78%)。

(2)裂缝技术状况为 3 类的 40m T 梁,各跨跨中裂缝由底部贯通开裂到 1/4 马蹄高度后,极限承载力满足要求,承载能力余量较小。

(3)裂缝技术状况为 3 类的 40m T 梁,中跨跨中贯通裂缝由底部开裂长度不大于 1/2 马蹄高度时,各跨的极限承载力满足要求。

(4)裂缝技术状况为 3 类的 40m T 梁,当中跨跨中的贯通裂缝由底部开裂长度大于 1/2 马蹄高度,边跨跨中的贯通裂缝由底部开裂长度大于 1/4 马蹄高度时,相连墩顶处的极限承载力不能满足要求。

(5)对于该 5 跨连续 40m T 梁桥,对于贯通裂缝,按 T 梁裂缝技术状况 4 类的竖向裂缝长度控制,各墩顶裂缝由顶板上缘开裂到腹板中部,各跨满足极限承载力要求。

## 3.3 小磨高速既有 T 梁桥结构可利用性

### 3.3.1 既有跨径 20m 连续 T 梁桥

(1)各跨跨中腹板单独开裂后,贯通裂缝长度达到裂缝技术状况 3 类或 4 类的 20m T 梁,其极限承载力满足可利用性要求。

(2)裂缝技术状况为 3 类的 20m T 梁,各跨跨中裂缝由底部贯通开裂到 1/2 马蹄高度后,其极限承载力满足可利用性要求。

(3)裂缝技术状况为 3 类的 20m T 梁,中跨跨中马蹄及腹板开裂后各跨的极限承载力满足可利用性要求;当边跨跨中的贯通裂缝由底部开裂长度大于 1/2 马蹄高度时,次边墩顶处的极限承载力不能满足可利用性要求。

(4)裂缝技术状况为 4 类的 20m T 梁,各跨跨中裂缝由马蹄底部开裂到腹板时,各墩顶处承载力不能满足可利用性要求。

(5)对于墩顶 T 梁贯通裂缝,裂缝技术状况达到 4 类时各跨极限承载力仍满足可利用性要求。

### 3.3.2 既有跨径 30m 连续 T 梁桥

(1)各跨跨中腹板单独开裂后,贯通裂缝长度达到裂缝技术状况 3 类或 4 类的 30m T 梁,其极限承载力满足可利用性要求。

(2)裂缝技术状况为 3 类的 30m T 梁,各跨跨中马蹄及腹板单独开裂后,其极限承载力满足可利用性要求。

(3)裂缝技术状况为 4 类的 30m T 梁,各跨跨中裂缝由马蹄底部开裂到腹板,只有边跨跨中开裂时,次边墩顶处 T 梁的承载力不能满足可利用性要求。

(4)对于墩顶 T 梁贯通裂缝,裂缝技术状况达到 4 类时,各跨极限承载力仍满足可利用性要求。

### 3.3.3 既有跨径40m连续T梁桥

(1)各跨跨中腹板单独开裂后,贯通裂缝长度达到裂缝技术状况3类或4类的40m T梁,其极限承载力满足可利用性要求。

(2)裂缝技术状况为3类的40m T梁,各跨跨中裂缝由底部贯通开裂到1/4马蹄高度后,其极限承载力满足可利用性要求。

(3)裂缝技术状况为3类的40m T梁,中跨跨中贯通裂缝由底部开裂长度不大于1/2马蹄高度时,各跨的承载力满足可利用性要求。

(4)裂缝技术状况为3类的40m T梁,当中跨跨中的贯通裂缝由底部开裂长度大于1/2马蹄高度,边跨跨中的贯通裂缝由底部开裂长度大于1/4马蹄高度时,相连墩顶处的极限承载力不能满足可利用性要求。

(5)对于墩顶T梁贯通裂缝,裂缝技术状况达到4类时,各跨极限承载力仍满足可利用性要求。

## 3.4 既有T梁提载研究(85规范体系—15规范体系)[1]

多数情况下二次受力并不影响外粘钢板加固梁的抗弯承载力,只有当混凝土强度等级较低且持荷水平较高时需考虑二次受力对加固梁抗弯承载力的不利影响。公路预应力混凝土桥梁采用的混凝土强度等级较高,恒载作用下其持荷水平一般都小于0.8。对于具体公路原桥普通受拉钢筋为Ⅱ级钢筋,抗拉设计强度为340MPa,由已有的研究成果可知,在梁的受拉区底部粘贴Q235钢板进行加固,可以忽略二次受力对提高抗弯承载能力的影响。

由于加固混凝土桥梁粘贴钢板的厚度一般在5~10mm,相对于混凝土T梁的高度小2~3个数量级,因此,为了计算方便,在计算T梁的横截面参数时忽略钢板厚度的影响。

### 3.4.1 粘贴钢板加固

1)20m T梁

对于20m预应力混凝土连续T梁,85规范体系设计跨中承载力与荷载效应及作为适筋梁加固可获得的最大承载力与15规范体系荷载效应列于表3.4-1中,可知:

(1)15规范体系荷载组合效应最大值是85规范体系组合效应的1.28倍,仅超过85规范体系设计抗力的0.71%(边跨中梁),基本满足极限状态抗弯承载力要求。

(2)原T梁有足够的提载空间,能够满足15规范体系设计荷载的极限状态承载力要求。

20m T梁荷载效应组合与跨中截面最大抗弯承载力(单位:kN·m)    表3.4-1

| 位置 | 85规范体系设计 | | 跨中梁底粘钢加固 | |
|---|---|---|---|---|
| | 组合最大弯矩 | 截面抗弯承载力 | 15规范体系公路-Ⅰ级组合最大弯矩 | 适筋梁加固后可获得的最大抗弯承载力 |
| 边跨跨中 | 3200 | 4070 | 4099 | 10376 |
| 中跨跨中 | 2942 | 3694 | 3637 | 10390 |

---

[1] "15规范体系"指以《公路桥涵设计通用规范》(JTG D60—2015)为核心的桥梁设计规范体系。

## 2）30m T 梁

对于 30m 预应力混凝土连续 T 梁,85 规范体系设计跨中承载力与荷载效应及作为适筋梁加固可获得的最大承载力与 15 规范体系荷载效应列于表 3.4-2 中,可知：

(1) 15 规范体系荷载组合效应最大值是 85 规范体系组合效应的 1.29 倍（中跨中梁），但没有超过 85 规范体系设计的抗力弯矩值,满足极限状态抗弯承载力要求。

(2) 原 T 梁有足够的提载空间,能够满足 15 规范体系设计荷载的极限状态承载力要求。

**30m T 梁荷载效应组合与跨中截面最大抗弯承载力**（单位:kN·m） 表 3.4-2

| 位置 | 85 规范体系设计 | | 跨中梁底粘钢加固 | |
|---|---|---|---|---|
| | 组合最大弯矩 | 截面抗弯承载力 | 15 规范体系公路-Ⅰ级组合最大弯矩 | 适筋梁加固后可获得的最大抗弯承载力 |
| 边跨跨中 | 6421 | 8368 | 8091 | 18629 |
| 中跨跨中 | 5509 | 8136 | 7083 | 18647 |

## 3）40m T 梁

对于 40m 预应力混凝土连续 T 梁,85 规范体系设计跨中承载力与荷载效应及作为适筋梁加固可获得的最大承载力与 15 规范体系荷载效应列于表 3.4-3 中,可知：

(1) 15 规范体系荷载组合效应最大值是 85 规范体系组合效应的 1.24 倍（边跨中梁），但没有超过 85 规范体系设计的抗力弯矩值,满足极限状态抗弯承载力要求。

(2) 作为适筋梁原 T 梁有足够的提载空间,能够满足 15 规范体系设计荷载的极限状态承载力要求。

**荷载效应组合与跨中截面最大抗弯承载力**（单位:kN·m） 表 3.4-3

| 位置 | 85 规范体系设计 | | 跨中梁底粘钢加固 | |
|---|---|---|---|---|
| | 组合最大弯矩 | 截面抗弯承载力 | 15 规范体系公路-Ⅰ级组合最大弯矩 | 适筋梁加固后可获得的最大抗弯承载力 |
| 边跨跨中 | 11482 | 15017 | 14222 | 26766 |
| 中跨跨中 | 10218 | 13159 | 12529 | 26859 |

### 3.4.2 体外预应力钢丝加固

考虑到 T 梁采用常规体外预应力加固所需施工空间较大以及施工困难的技术问题。本节提出了一种采用 $\phi 7mm$ 钢丝+锚板的超薄预应力体系进行 T 梁加固的专利,钢丝通过锚板紧贴于马蹄的周边,可有效提高承载能力,参见表 3.4-4,其示意图参见图 3.4-1。

**预应力钢丝加固 T 梁提载估算** 表 3.4-4

| 跨度 | 梁位 | 布置方式 | $\phi 7$ 钢丝根数（根） | 钢丝面积（$mm^2$） | 提载比例 |
|---|---|---|---|---|---|
| 20m T 梁 | 边梁 | T 梁底面 | 8 | 307.9 | 11.6% |
| | | T 梁底面+侧面 | 16 | 615.8 | 23.1% |
| | 中梁 | T 梁底面 | 8 | 307.9 | 12.2% |
| | | T 梁底面+侧面 | 16 | 615.8 | 24.4% |

续上表

| 跨　度 | 梁　位 | 布置方式 | φ7钢丝根数（根） | 钢丝面积（mm²） | 提载比例 |
|---|---|---|---|---|---|
| 30m T梁 | 边梁 | T梁底面 | 10 | 384.8 | 8.6% |
| | | T梁底面+侧面 | 20 | 769.7 | 17.2% |
| | 中梁 | T梁底面 | 10 | 384.8 | 9.2% |
| | | T梁底面+侧面 | 20 | 769.7 | 18.3% |
| 40m T梁 | 边梁 | T梁底面 | 12 | 461.8 | 10.0% |
| | | T梁底面+侧面 | 24 | 923.6 | 20.0% |
| | 中梁 | T梁底面 | 12 | 461.8 | 10.0% |
| | | T梁底面+侧面 | 24 | 923.6 | 20.0% |

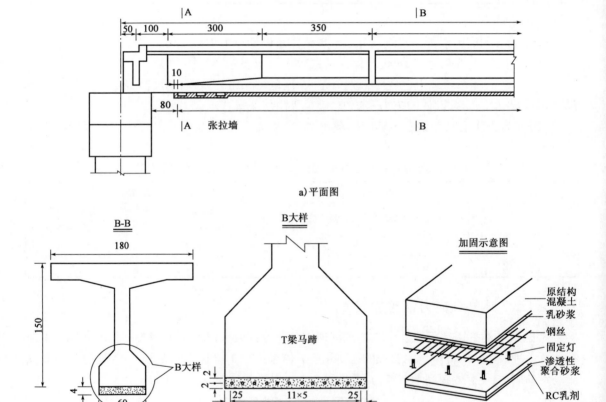

图3.4-1　钢丝加固T梁示意图(尺寸单位：cm)

### 3.4.3　既有T梁提载加固标准图

对于依据85规范体系设计的既有20m、30m、40m连续预应力混凝土T梁桥，经过理论研究及计算分析得出如下结论：

(1) 20m T 梁桥跨中截面抗弯承载力基本满足 15 规范体系的要求，30m 与 40m T 梁桥跨中截面满足现行规范抗弯承载力的要求。

(2) 作为适筋梁对原 T 梁进行粘贴钢板、体外预应力钢丝加固提载，有足够的提载空间能够满足 15 规范体系荷载的极限状态承载力要求。

(3) 根据以上结论和钢丝专利，编制相关加固标准图。

## 3.5 桥梁加固与重建的经济性比较

### 3.5.1 经济比较的准则

效益费用法的理论，其反映的经济关系是总收益与其总费用的关系。用净效益作为分析指标，$B$ 表示效益，$C$ 表示费用，$NB$ 表示净效益，则 $NB = B - C$。显然评价标准 $NB \geq 0$，假定加固后使用 $T$ 年，$T_1$ 年增加的收益包括期望经济效益的增加，用 $\Delta U$ 表示；以及损失期望的减少，用 $-\Delta L$ 表示。这两部分收益的和应大于加固的费用 $C_r$，即：

$$\Delta U - \Delta L > C_r \tag{3.5-1}$$

若用 $B$ 表示加固后每年桥梁的收益，$D$ 为结构失效造成的经济损失，$V_{\varphi 1}$ 为加固后桥梁的可靠概率增量，$C_r(V_{\varphi 1})$ 为相应于 $V_{\varphi 1}$ 的加固费用，一般情况下 $V_{\varphi 1}$ 越大，其加固费用 $C_r$ 越高，上式可表示为

$$(BT_1 + D)V_{\varphi 1} > C_r(V_{\varphi 1}) \tag{3.5-2}$$

当加固带来的经济效益期望值 $U$ 小于加固的投入费用 $C_r$ 时，则认为桥梁已接近或达到其经济使用寿命，应考虑拆除重建桥梁。用数学表达式表示为

$$C_r > U$$

当结构满足加固准则的条件时，就可以进行加固，但是否真正值得，还是一个尚待考虑的问题。假如仅仅考虑使用桥梁的加固能够带来的经济效益，而不管其利润的话，那么只要满足式(3.5-2)就值得加固。但是，人们总是希望在限定的时间利润最大。这样，就要比较加固、重建产生的年净收入的平均值(年值)。由于桥梁加固、重建后每年的纯收入 $B_i$ 带有太大的不稳定因素，难以估计和预测。但是可以认为桥梁加固或重建后为国家和投资者每年带来相同的收入，计算平均年净收入的问题即可转化为平均年费用的问题，而使得问题得到简化，且提高了决策的精度。当加固所需的平均年费用小于重建所需的平均年费用时，才是真正值得加固的。当然如果重建桥梁的投资额极小的话，则在桥梁性能尚未降低时就予以更新，而重建所需的平均年费用也极小。但是，实际上桥梁的重建费用是极大的，包括桥梁设计、施工费、旧桥拆除费及中断交通运输带来的巨额损失等，这样就使得决策者对重建桥梁持慎重的态度，而试图以加固来找到缓解资金紧张，保证安全运营的突破口，但是加固后的桥梁，就像年久的机器，只因其体质总体劣化，每月都要进行检查，每年都要花费较大的维修、养护工作，这又是否值得，这就是近期利益与长远利益的协调问题，即加固与重建的经济比较问题。作为本节的一个任务，就是要找到近期利益与长远利益的平衡点，建立经济分析模型，为决策者提供可靠的决策方法，同时预测桥梁的最佳经济使用寿命。

### 3.5.2 经济分析模型

一般来说,仅仅考虑备选方案的最初投资费用来确定最优方案不是经济有效的方法。最实际可行的方法是考虑桥梁结构在整个生命周期中的所有费用来建立模型,用平均年费用来作为经济评价的指标。在此模型中,桥梁生命周期中发生的重要成本费用都应考虑在内。当备选方案的平均年费用确定下来,就可以进行各个方案的分析与比较,从而确定最优方案,并且为决策者提供最优方案在生命周期中的各项成本费用,使决策者在桥梁管理工作中做到心中有数,避免盲目投资。平均年费用作为经济模型中的重要经济指标,是把生命周期中不同时间内支付和发生的所有费用,考虑时间的价值因素,折合成同一时点的价值,然后累加起来而得,由于投资方案产生的资金流量大多持续时间很长,在评价、比较投资方案的优劣时,必须调整各方案的时间价值之后方能做出正确的评断,同时备选方案中加固方案和重建方案具有不同设计年限,而我们强调所有不同方案的比较必须建立在等同的基础之上。基本假设是所有的工程设计方案在整个工程设计年限具有相同的功能。因此如果备选方案具有不同的设计年限,则必须采取适当的计算方法来解决此问题。由于在役桥梁的改造工程属公共事业项目,其收益难以准确用货币形式直接计算及预测,假定在役桥梁加固、重建方案能够满足相同的需要,则只需比较其投资及运营期间的费用。年值法的基本思路是将各方案在其寿命期内的现金流量按某一给定的折现率折算成等额年值,再按平均年费用进行分析或评价。无论方案重复多少次,其平均年费用是不变的。因此对于设计年限不等的备选方案,使用年值法分析,可以使方案之间具有时间上的可比性,而由此方法得出的平均年费用是真实、可靠的经济性分析指标,是符合桥梁工程项目的具体情况。

平均年费用的计算要计入发生在桥梁寿命周期中的所有费用,否则计算出的平均年费用将与实际情况有很大误差,从而引起选择最优方案的结论缺乏有力的理论根据。组成平均年费用的参数很多,分别描述如下:

#### 3.5.2.1 桥梁的最初投资费用

在经济分析模型中桥梁的最初投资费用对于平均年费用的计算将产生最大的影响,桥梁的最初投资费用在桥梁生命周期中占的费用比重相当大,准确估计和预测桥梁的最初投资费用直接影响到平均年费用的计算。桥梁的最初投资费用主要由5部分组成,即建筑安装工程费(包括直接费:人工费、材料费、施工机械使用费,间接费)、设备购置费、工器具及生产家具购置费(设备包括国产设备与进口设备,两者的购置费包含的子项目不同)、工程建设其他费(包括土地使用费、与项目建设有关的费用和与未来生产经营有关的费用)、建设期贷款利息以及预留费用。在初期投资利用银行贷款时,要计算建设期贷款利息(这也是一笔较大的资金投入)。预留费用中要考虑一个重要的因素:由于施工中断交通或影响交通的正常运行所带来的通行不便和经济损失。因此要修筑临时的便道,以缓解交通阻塞和安全隐患,则施工中修筑便道所涉及的费用应计入预留费用中。

#### 3.5.2.2 桥梁的寿命周期

桥梁的寿命周期是指桥梁建设从开始构思、酝酿、立项、设计、施工、投入使用,直至退役弃置为止的整个过程。在实际中,一般把寿命周期划分成3个时期:投资前期,投资执行时期和投资服务期。投资前期主要是进行公路建设项目的项目建议书、可行性研究和资金筹措活动。投资执行时期是从开始进入项目的实施阶段,一直到竣工投入使用为止。投资服务期就是进入营运时期,公路桥梁发挥作用,服务于社会的时期,期间,公路的维护、养护、修理费会随时间而增加。寿命周期以实际物理性能或经济服务的预期时间为依据。一座桥梁可以由于物理特性恶化、技术变化、需求变化、经济考虑等原因而认为不能使用。

寿命周期对平均年费用的影响程度取决于折现率的大小,高的折现率使遥远未来的利益和成本的影响趋于减小,所以公路桥路的折现率比其他行业的折现小。影响桥梁寿命周期的主要因素包括:桥梁的设计质量;桥梁施工材料的质量以及施工工艺的先进程度;桥梁在运营期间的维修、养护技术水平;桥梁受到气候以及其他因素如水、冰、盐蚀的影响度。

以上主要阐述了新建桥梁的寿命周期问题,而对于一座正在服役的桥梁经加固后,其剩余的寿命期与加固的桥梁可靠度有关。

#### 3.5.2.3 标准折现率

在工程经济分析中,标准折现率是资金的时间价值的体现。在平均年费用的计算中应用基本利息公式可以将发生在桥梁寿命周期中不同时段的费用折算成相同点的费用,以便分析与比较。标准折现率的确定,是由国家统一制定的决策参数,是国家在宏观经济控制方面,激励或抑制投资活动的有力工具。标准折现率太高,有可能使许多经济效益好的项目被否定,造成资金积压;标准折现率太低,可能使许多效益不好的项目被肯定,造成投资规模过大而致使资金短缺。合理的标准折现率应使投资资金基本平衡,使经济效益最大化,保证社会资源的最佳分配。在当前情况下,标准折现率可以按部门或行业统计资料来制定,使其能够反映本行业投资效果的最低可接受的收益率水平,所以也称作最低的可接受的资金收益率,它相当于资金的机会费用。标准折现率不同于贷款利率。通常标准折现率应高于贷款利率。这是因为投资方案带有一定风险和不确定因素,所以,标准折现率不高于贷款利率,就不值得投资。道路交通建设资金来源多种渠道,例如,国外金融机构贷款、国内银行贷款、中央及地方政府专项拨款等,在确定标准折现率时,应充分考虑非贷款资金的机会费用。标准折现率的选择,对经济分析评价的结果有重要的影响。仅根据净现值指标,难以做出选择。因此标准折现率的确定应慎重参考本部门内部收益率的历史资料以及贷款利率综合分析确定。桥梁工程项目属于公共工程,它不是商品,不以营利为目的,其收益是为了偿还建设贷款或作为高等级公路的建设资金。因此,公路建设行业的标准折现率不同于其他行业的标准折现率,一般在贷款利率的基础上综合考虑投资的风险和资金供求平衡等因素后,制定出本行业的标准折现率。

#### 3.5.2.4 桥梁维修养护费用

为了维持桥梁的正常运营条件,尽量保持和延长桥梁的使用寿命,因此对桥梁结构物进行经常性的养护维修是非常必要的,而桥梁每年的维修养护费也是平均年费用的重要组成部分。桥梁的维修养护主要是对危害桥梁正常运营的部分进行预防、修缮工作。例如桥面铺装层、桥面伸缩缝装置、桥面防水设施的修补与更换,这些都属于桥梁的维修养护范围。由此发生的费用计为桥梁每年的维修养护费用。同时,桥梁运营一段时间后还要对其进行一定程度的大修,对存在缺陷的构件、部位进行维修、补强,以保证其后相当长时间内桥梁正常运营。因此,桥梁的维修养护费用划分为三个部分:桥梁的平均年维修费用;由于桥梁结构不断裂化而引起桥梁年维修费用的增长梯度;桥梁运营年时进行桥梁大修的费用。桥梁的维修养护费用的估计是一个复杂的过程。我国主要依据桥梁管理部分提供统计数据,结合桥位的具体情况来确定。不同桥位处的桥梁其维修养护费用可以相差很大。根据有关部门对混凝土桥梁使用寿命周期维修费用的调查,对于沿海地区,以盐害严重的4座混凝土桥梁为例,分别整理了实际所需的初始建设费、养护管理费、拆除费,得出混凝土桥梁养护管理费是初始建设费的0.5~1.2倍,也有超过初始建设费用的;对于非沿海地区,混凝土桥与钢桥的养护管理项目相同,没有确认有显著的损伤,但应注意寒冷地区桥梁的防冻措施,养护维修费用应计入这部分措施所发生的费用。

### 3.5.2.5 桥梁的残余价值

当桥梁结构功能恶化到一定程度、桥梁面临改造时,此时的桥梁仍具有残余价值。桥梁的残余价值可以是正值,也可以是负值,正值表示需要支付的费用,负值表示桥梁的残余价值仍可带来的经济效益。一般认为桥梁的残余价值是桥梁的拆除费用,它与桥梁上部结构的类型、桥梁的长度、孔数、桥梁墩台的类型,以及拆除的深度有关。同时桥梁拆除后瓦砾堆的处理费用也包括在桥梁的拆除费用中。当然桥梁拆除后某些构件(如护栏扶手等)还可以再利用,它一定程度上影响桥梁的残余价值。桥梁拆除费用为负值,桥梁拆除后瓦砾堆的处理费用为负值,桥梁拆除后构件回收利用的价值为正值。

### 3.5.2.6 桥梁的服务等级所引起的费用

"桥梁的服务等级"的概念引入是为了定量一座新桥将会给用户带来多大的经济效益。具有过时的几何外形和低荷载等级的在役桥梁无法与结构完美、高荷载等级的新桥具有相同的经济价值。荷载等级高、结构尺寸合理的桥梁可以降低交通事故的发生率、减少交通阻塞、减少超限重量的车辆的额外运费,以及带来其他一些无形的经济效益。因此建设好一座新桥可认为是具有直接用户利益的投资,只是利益的表现形式不是节省金钱,而是节省了时间、改进了安全性和更好的通过性。如果规定用节省的金额来度量时间、安全性和通过性利益,则总利益可用货币形式确定。而总利益又可认为是一座在役桥梁为保证其具有与新桥相同的服务等级而每年所投入的费用。因此,桥梁的服务等级所引起的费用是用来弥补在役桥梁与新桥在服务等级上的差距,以保证在役桥梁加固与重建方案为用户带来相同的经济效益,使加固与重建方案的经济分析与比较转化为最小成本的计算与比较上,从而可简化加固与重建方案的经济分析模型。桥梁的服务等级所引起的费用包括交通拥挤和交通阻塞及事故发生而导致的经济损失,其费用的估计主要依据有关部门提供的历史数据而定。

1)重建方案的经济分析模型

依据工程经济分析的基本原理与方法,采用年值法,以平均年费用作为分析评价的指标,建立重建方案的经济分析模型,如下式:

$$A_{重建} = \left(\frac{A}{P}, i, N\right)\left[R + \sum_{m=1}^{L} G_m \left(\frac{P}{G}, i, h_m + 1\right)\left(\frac{P}{F}, i, g_m - 1\right) + \sum_{k=1}^{j} F_k \left(\frac{P}{F}, i, n_k\right) - S\left(\frac{P}{F}, 5\%, N\right)\right] + C_R$$

(3.5-3)

式中:$A_{重建}$——重建方案的平均年费用;

$R$——重建方案的最初投资费用;

$P$——在役桥梁废弃时残余价值;
$S$——重建桥梁在寿命周期终点时的残余价值;
$C_R$——桥梁重建后每年的平均养护维修费用;
$G_m$——桥梁重建后每年的养护维修费用增长梯度;
$F_k$——桥梁在第 $n_k$ 年进行大修时的费用;
$n_k$——桥梁进行大修时的时间;
$g_m$——桥梁每年养护维修费用开始增长的时间;
$h_m$——桥梁每年养护维修费用增长持续的时间;
$i$——标准折现率。

2) 加固方案的经济分析模型

既有桥梁重建方案、加固方案有不同的特点,加固方案的初始建设费用(投资费)较少,但每年的维修养护费用较多,且使用年限短;重建方案的资金流动情况正好相反。而且桥梁加固是对现有结构的改造,因此应考虑其在延续时间内与新建桥梁在服务等级上的差距,即为保证与重建新桥具有相同的服务等级而每年所投入的费用。

以平均年费用作为经济分析评价的指标,建立加固方案的经济分析模型为

$$A_{加固} = \left(\frac{A}{P}, i, N\right)\left[D + \sum_{m=1}^{L} G_m\left(\frac{P}{G}, i, h_m + 1\right)\left(\frac{P}{F}, i, g_m - 1\right) + \sum_{k=1}^{j} F_k\left(\frac{P}{F}, i, n'_k\right)\right] + C_S + L_S$$

(3.5-4)

式中:$A_{加固}$——加固方案的平均年费用;
$D$——加固方案的最初投资费用;
$C_S$——桥梁加固后每年的平均养护维修费用;
$G_m$——桥梁加固后每年的养护维修费用增长梯度;
$F_k$——桥梁加固后在第 $n'_k$ 年进行大修时的费用;
$N$——桥梁加固后的剩余使用年限;
$n'_k$——桥梁进行大修时的时间;
$g_m$——桥梁每年养护维修费用开始增长的时间;
$h_m$——桥梁每年养护维修费用增长持续的时间;
$i$——标准折现率;
$L_S$——桥梁的服务等级所引起的费用。

分析采用的桥梁以中华人民共和国交通行业《公路桥梁通用图》(以下简称《通用图》)中20m、30m、40m 预应力混凝土简支 T 形梁桥为对象,《公路工程预算定额》(JTG/T B06-02—2007)为计价基准。汇总预应力混凝土 T 梁桥工程造价,见表 3.5-1。

预应力混凝土 T 梁桥工程造价汇总表　　　　表3.5-1

| 项　目 | 20m | 30m | 40m |
|---|---|---|---|
| 桥梁面积(m²) | 515 | 784 | 1045 |
| 上部造价(元) | 600042 | 1085469 | 1478284 |
| 下部造价(元) | 601952 | 1219027 | 2672824 |

续上表

| 项　目 | 20m | 30m | 40m |
|---|---|---|---|
| 总造价（元） | 1201994 | 2474607 | 4151108 |
| 单位面积造价（元） | 2333 | 3156 | 3971 |

预应力混凝土T梁桥下部结构形式采取摩擦桩基础时，不同跨径的摩擦桩基础柱式墩台预应力混凝土T梁桥单位面积工程造价随跨径的增大呈单调递增趋势，增幅比较大。20m T梁桥单位面积工程造价为2333元，30m T梁桥单位面积工程造价为3156元，40m T梁桥单位面积工程造价为3971元，20m T梁桥单位面积工程造价最低，单位面积工程造价相差较大。

根据《公路桥梁加固设计规范》（JTG/T J22—2008）（以下简称《加固规范》）第5.1.1条和第8.1.1条的规定，增大截面法和体外预应力加固法适用于预应力混凝土构件加固。汇总成本如表3.5-2和表3.5-3所示。

体外预应力加固成本　　　　表3.5-2

| 跨径（m） | 体外索 | 预应力钢束面积（mm²） | 原桥抗弯承载力（kN·m） | 粘钢板后的桥梁抗弯承载力（kN·m） | 承载力增量（kN·m） | 承载力增量/原桥抗弯承载力（%） | 成本（元） |
|---|---|---|---|---|---|---|---|
| 20 | 2束3−7$\phi^s$15.2 | 840 | 3694 | 4638 | 944 | 26 | 2286 |
| | 4束3−7$\phi^s$15.2 | 1680 | | 5387 | 1693 | 46 | 4573 |
| | 2束7−7$\phi^s$15.2 | 1960 | | 5420 | 1726 | 47 | 5335 |
| 30 | 2束3−7$\phi^s$15.2 | 840 | 8136 | 9560 | 1424 | 18 | 3429 |
| | 4束3−7$\phi^s$15.2 | 1680 | | 10991 | 2855 | 35 | 6859 |
| | 2束7−7$\phi^s$15.2 | 1960 | | 11464 | 3328 | 41 | 8002 |
| 40 | 2束3−7$\phi^s$15.2 | 840 | 13159 | 15009 | 1850 | 14 | 4573 |
| | 4束3−7$\phi^s$15.2 | 1680 | | 16844 | 3685 | 28 | 9145 |
| | 2束7−7$\phi^s$15.2 | 1960 | | 17453 | 4294 | 33 | 10669 |

粘贴钢板加固成本　　　　表3.5-3

| 跨径（m） | 钢板用量（m²） | 原桥抗弯承载力（kN·m） | 粘钢板后的桥梁抗弯承载力（kN·m） | 承载力增量（kN·m） | 承载力增量/原桥抗弯承载力（%） | 成本（元） |
|---|---|---|---|---|---|---|
| 20 | 3.90 | 3694 | 4605 | 911 | 24 | 5812 |
| | 5.85 | | 4853 | 1159 | 31 | 8718 |
| | 7.80 | | 5091 | 1397 | 38 | 11624 |
| 30 | 6.64 | 8136 | 9143 | 1007 | 12 | 9895 |
| | 9.96 | | 9517 | 1381 | 17 | 14842 |
| | 13.28 | | 9876 | 1740 | 21 | 19790 |
| 40 | 9.88 | 13159 | 14223 | 1064 | 8 | 14723 |
| | 14.81 | | 14749 | 1590 | 12 | 22070 |
| | 19.75 | | 15364 | 2205 | 17 | 29431 |

公路桥梁建设项目是属于公共项目,不以营利为目的,因此公路桥梁建设行业的标准折现率不同于其他行业的标准折现率。在经济分析时,可采用较低的标准折现率。本工程中采用5%的标准折现率进行经济分析。以20m T梁为例,对采用体外预应力束加固方案和更换新主梁方案的平均年费用进行了对比,由图4.5-1可知,当加固主梁使其承载力提高至33%时,平均年费用将与更换新主梁方案相同,进一步提高承载力对桥梁进行加固的费用将超过更换新梁,加固方案的性价比将低于更换新梁。同样对于30m、40m T梁当加固主梁使其承载力提高至23%、18%时,加固方案的性价比将低于更换新梁。

而对于20m、30m、40m T梁,采用粘贴钢板加固方案的平均年费用均小于更换新主梁方案(图3.5-2)。

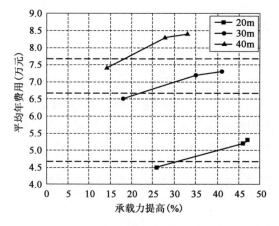
图3.5-1 体外预应力加固方案的承载力与平均年费用关系图
注:图中虚线为更换主梁方案平均年费用线。

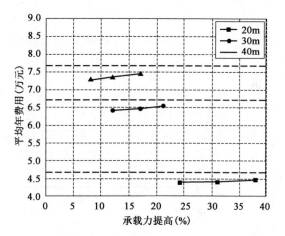
图3.5-2 粘贴钢板加固方案的承载力与平均年费用关系图
注:图中虚线为更换主梁方案平均年费用线。

# 第4章 既有混凝土桥梁不中断交通拼宽技术研究

## 4.1 新旧桥拼宽连接结构振动响应与减振措施研究

### 4.1.1 车辆模型与随机路面谱的建立

(1) 车辆模型

本节构建的车辆模型以重车为研究对象,仿真数据均以实际车辆原型作为研究对象,其具体数据来自车辆生产厂家的数据资料。将车辆分为牵引车、挂车、车轮、悬架。为了简化模型,将悬架刚度用弹簧进行模拟,车辆悬架阻尼通过添加弹簧阻尼来实现,整车采用实体单元进行建模,车辆结构尺寸及有限元简化模型参数如表4.1-1、表4.1-2所示,模型如图4.1-1所示。

结构尺寸参数    表4.1-1

| 符号 | 数值(m) | 符号 | 数值(m) |
|---|---|---|---|
| $a$ | 0.88 | $a'$ | 4.77 |
| $b$ | 3.01 | $b'$ | 2.60 |
| $c$ | 2.08 | $d_1$ | 2.14 |
| $h$ | 1.93 | $d_2$ | 1.82 |
| $h'$ | 2.70 | $d_3$ | 2.16 |

注:$d_1$、$d_2$、$d_3$ 为牵引车前轴、后轴以及半挂车车轴轮距。

车辆有限元简化模型参数    表4.1-2

| 计算参数 | 符号 | 单位 | 数值 |
|---|---|---|---|
| 悬架黏滞阻尼系数 | $c$ | N·s/m | $2 \times 10^4$ |
| 牵引车前轴悬架刚度系数 | $k_1$ | N/m | $2 \times 10^6$ |
| 牵引车后轴悬架刚度系数 | $k_2$ | N/m | $2.15 \times 10^6$ |
| 半挂车悬架刚度系数 | $k_3$ | N/m | $1.5 \times 10^6$ |
| 轮胎刚度系数 | $k'$ | N/m | $9 \times 10^7$ |
| 轮胎重量 | $m''$ | kN | 0.65 |

质心及惯性元的参考位置由相应文献的公式算出。牵引车及半挂车的转动惯量为:

$$I_Z \approx \frac{TW \cdot TB}{P} M \qquad (4.1-1)$$

式中:TW——轮距(m);

WB——轴距(m);
　M——汽车重量(kN);
　P——近似值常数。

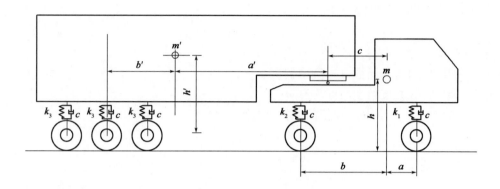

图 4.1-1　车辆模型示意图

质量及转动惯量参数见表 4.1-3。

**质量和转动惯量参数**　　　　　　　　　　　　　表 4.1-3

| 名　　称 | 符　　号 | 单　　位 | 数　　值 |
| --- | --- | --- | --- |
| 牵引车质量 | $m$ | kg | 6870 |
| 半挂车质量 | $M'$ | kg | 28265 |
| 牵引车质心绕横轴转动惯量 | $I_Z$ | kg·m² | 20441 |
| 牵引车质心绕横轴转动惯量 | $I'_Z$ | kg·m² | 222243 |

（2）随机路面谱

车辆行驶的过程中，路面不平度会对车辆产生一定的影响，这种振动会同时影响桥梁与车辆之间的动力响应，振动幅度过大，会影响新旧桥之间横向连接构造的整体性，导致裂缝的出现并影响桥梁的承载力和车辆的通行能力。为了研究移动荷载以及其对路面的动力响应，首先要对路面不平度有精确的模拟和研究。

路面不平度可以表示为地球表面坑洼不平的现象在公路桥梁中的体现。公路桥梁路面的坑洼不平是由于多方面原因造成的，比如施工的质量、施工中材料的选用以及施工时的天气气候。实际上，从空间上来说，路面不平度的归属范围很大，任何不规则的外形，小至颗粒，大至地表的起伏都可称为路面不平度。

通过国内外大量关于路面不平度研究的文献可以得知，路面不平度是随机变量，它是符合正态分布的一种随机变量数值。本节将依据频域模型，对路面不平度进行分析研究。

当前国内外主要依据功率谱密度函数（PSD）模拟路面不平度，PSD 是模拟平稳随机过程路面不平度的最常用和最重要的统计函数。目前主要针对车辆行驶的纵向对公路路面不平度进行一维模拟。路面不平度为随机过程，其数值如前所述，都属于符合正态分布的随机变量，若将此过程建立为时域模型，此时域模型就称为平稳随机过程。

根据 Wiener-Khintchine 公式，下面两式构成一组傅立叶变换公式。

$$S_q(\Omega) = \int_{-\infty}^{\infty} R_q(X) e^{-2i\pi\Omega X} dX \qquad (4.1\text{-}2)$$

$$R_q(X) = \int_{-\infty}^{\infty} S_q(\Omega) e^{2i\pi\Omega X} d\Omega \qquad (4.1\text{-}3)$$

其中,$R_q(X)$ 为空间自协方差函数,定义为:

$$R_q(X) = E[q(x)q(x+X)] \qquad (4.1\text{-}4)$$

式中:$x$——车辆行驶方向;

$X$——距离,相当于函数 $R_q(\tau)$ 中的 $\tau$;

$\Omega$——频率,是波长的倒数。

假设车辆车速 $v$ 沿 $x$ 方向在桥面上行驶,则:

$$x = v\tau \qquad (4.1\text{-}5)$$

而波数

$$\Omega = \lambda^{-1} = (vT)^{-1} = \frac{f}{v} \qquad (4.1\text{-}6)$$

式中:$T$——周期。

则:

$$S_q(\Omega) = \int_{-\infty}^{\infty} R_q(v\tau) e^{-2i\pi(f/v)(v\tau)} d(v\tau) = v\int_{-\infty}^{\infty} R_q(\tau) e^{-2\pi f\tau} d\tau = vS_q(f) \qquad (4.1\text{-}7)$$

(3)路面等级

依据大量的研究以及参考大量文献可知,功率谱密度函数可以较为合理地表征路面不平度。我国参考英国汽车工业协会的标准 ISO 8608:1995(E),制定了我国路面等级标准《机械振动道路路面谱测量数据报告》(GB/T 7031—2005),如表 4.1-4 所示,表中列举了不同路面等级的路面不平度系数,$S_q(\Omega_0)$ 为路面不平整度系数的几何平均值,$\sigma_q$ 为路面不平整度的均方根的几何平均值,频率范围为 $0.011\text{m}^{-1} < \Omega < 2.83\text{m}^{-1}$。

我国制定的路面不平度等级分类    表 4.1-4

| 路面等级 | $S_q(\Omega_0)$ ($10^{-6}\text{m}^2/\text{m}^{-1}$) | $\sigma_q$ ($10^{-6}\text{m}^2/\text{m}^{-1}$) |
|---|---|---|
| A | 16 | 3.81 |
| B | 64 | 7.61 |
| C | 256 | 15.23 |
| D | 1024 | 30.45 |
| E | 4096 | 60.90 |

依据大量数据统计可以得出我国公路等级大致分布在 A、B、C、D 四个等级范围内。

### 4.1.2 T 梁桥的车桥耦合振动响应分析

(1)车桥耦合模型与计算工况

本节针对钢筋混凝土 T 梁桥进行了 ABAQUS 有限元建模和分析,分析重车作用下的桥梁振动响应。重车模型按4.1.1节所述尺寸进行有限元建模，其中牵引车和挂车采用ABAQUS实体进行建模；轮胎采用弹性材料，刚度按4.1.1节所述经验公式计算的结果进行输入；重车的悬架刚度和悬架阻尼运用ABAQUS软件中Interaction模块的Springs\Dashpots进行输入；轮胎质量采用质量点的方法输入，运用Interaction模块下的Point mass；挂车与牵引车之间采用耦合单元(Coupling)进行连接模拟，挂车和牵引车分别具有四个自由度，同时挂车与牵引车之间还具有水平和垂直相对转动自由度；路面不平度的激励作用采用ABAQUS中的特种连接单元Axial进行实现，该连接单元允许两点连线方向的相对位移，其余方向自由度进行约束，因此可以较为真实地模拟路面不平度对车轮的垂直激励，该单元建立在车轮和车轮对应车身的垂直位置处。

桥梁主梁模型按施工图数据进行ABAQUS实体建模，旧桥的横隔板同样采用实体进行建模并赋予混凝土的材料特性；支座运用ABAQUS的超弹性单元(Hypoelastic)进行模拟。

T梁桥结构图和车辆行驶位置如图4.1-2、图4.1-3所示。车桥耦合振动分析模型如图4.1-4~图4.1-6所示。

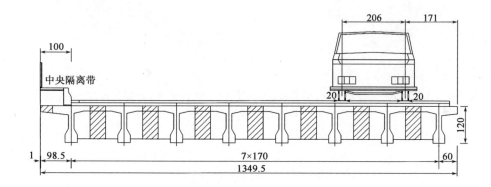

图4.1-2　20m T梁桥加宽前单车行车横断面图(尺寸单位:cm)

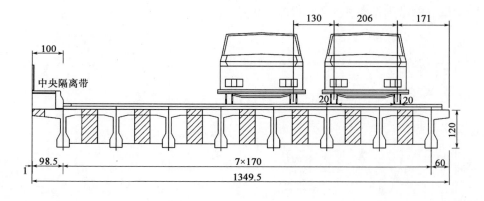

图4.1-3　20m T梁桥加宽前双车行车横断面图(尺寸单位:cm)

图 4.1-4 双车非并行有限元分析计算模型

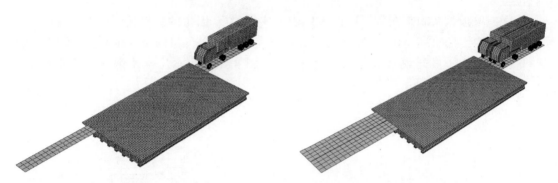

图 4.1-5 单车有限元分析计算模型　　　　图 4.1-6 双车并行有限元分析计算模型

运用 ABAQUS 有限元软件进行分析时,本节考虑的具体工况如表 4.1-5 所示。

有限元分析工况组合　　　　表 4.1-5

| 跨径(m) | 路面等级 | 车速(m/s) | 车列数 |
| --- | --- | --- | --- |
| 20 | A、B、C、D | 10、15、20 | 单列 |
| 25 | | | 双列(并行、错行) |
| 30 | | | |

(2)车速对桥梁接缝振动的影响

取 10m/s、15m/s、20m/s 三种车速,研究不同车速下移动荷载对不同跨径(20m、25m、30m)新旧桥横向连接旧桥处的挠度影响。不同车速下移动荷载对 20m 跨径新旧桥横向连接旧桥处的挠度影响结果见图 4.1-7 ~ 图 4.1-10。

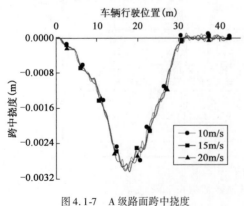

图 4.1-7 A 级路面跨中挠度

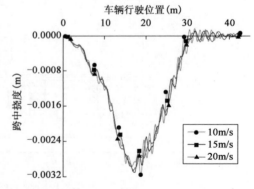

图 4.1-8 B 级路面跨中挠度

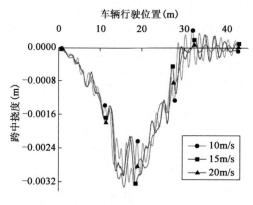

图 4.1-9　C 级路面跨中挠度

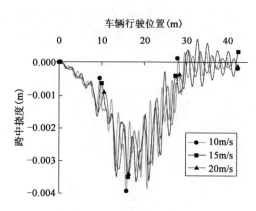

图 4.1-10　D 级路面跨中挠度

结果表明,不同车速车辆行驶所引起的桥梁振动基本上是相同的,车速对桥梁振动的影响并没有较大的差异,即车速对桥梁振动的影响较小。另外随着跨径的增大,桥梁振动作用有所削弱。

(3) 路面不平整度对桥梁接缝振动的影响

跨径 20m T 梁桥在不同车速作用下桥梁拓宽处主梁跨中振动响应如图 4.1-11 ~ 图 4.1-13 所示。

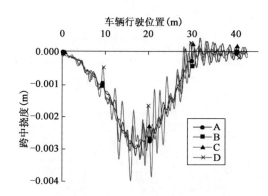

图 4.1-11　10m/s 车速桥梁跨中挠度

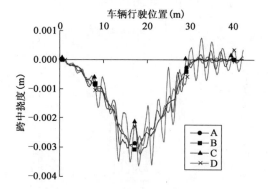

图 4.1-12　15m/s 车速桥梁跨中挠度

由图可见,桥梁跨中挠度振幅随着路面等级降低而增大,在 A 级路面状况下,桥梁跨中动挠度以静挠度为主,桥梁振幅相对于静挠度较小。在 B、C 级路面状况下,桥梁振幅略有增加。而当路面等级为 D 级时,桥梁振动十分明显,振幅较大,说明路面等级对车辆行驶所引起的桥梁振动的影响是较大的。另外随着跨径的增大,波动的频率略有减低,桥梁振动作用有所削弱。

(4) 车道数对桥梁振动的影响

就跨径 25m T 梁桥,列举以下几种工况的计算结果。

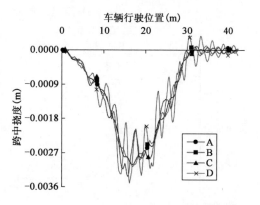

图 4.1-13　20m/s 车速桥梁跨中挠度

工况一：车速 15m/s、双车并行，路面等级对桥梁振动影响情况的计算结果如图 4.1-14 所示。

工况二：B 级路面等级、双车并行，车速对桥梁振动影响情况的计算结果如图 4.1-15 所示。

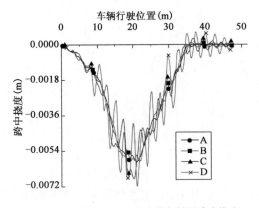

图 4.1-14　车速 15m/s、双车并行桥梁跨中挠度　　　图 4.1-15　B 级路面、双车并行桥梁跨中挠度

工况三：车速 15m/s、双车错行，后车前轴与前车后轴距离为 2.38m，路面等级对桥梁振动影响情况的计算结果如图 4.1-16 所示。

工况四：B 级路面等级、双车错行，后车前轴与前车后轴距离为 2.38m，车速对桥梁振动影响情况的计算结果如图 4.1-17 所示。

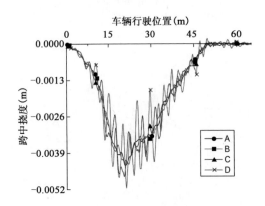
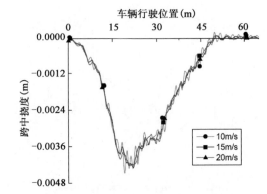

图 4.1-16　车速 15m/s、双车错行桥梁跨中挠度　　　图 4.1-17　B 级路面、双车错行桥梁跨中挠度

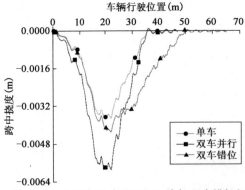

图 4.1-18　B 级路面、车速 15m/s、单车、双车错行和双车并行桥梁跨中挠度

工况五：B 级路面等级、车速 15m/s，单车、双车错行和双车并行，车速对桥梁振动影响情况，计算结果如图 4.1-18 所示。

由图 4.1-14 ~ 图 4.1-17 可见，在双列车作用下，无论车辆并行还是错行，在同一车速的情况下，随着路面等级降低，桥梁跨中挠度振幅增大；在同一等级路面条件下，随着车速的变化，桥梁跨中挠度振幅无明显波动变化。双车作用下桥梁结构跨中振动挠度和波动情况，除数值大小有变化之外，波动情况无明显不同。说明在同一车速下，路面等级对车辆行驶所引起的桥梁振动影响较大;在同一路面等级下,车速对桥梁振动影响较小。

由图4.1-18可见,在同一工况下,在双车并行和单车单行作用下,产生的桥梁结构振动波动形状大致相同,只是所引起的振幅幅值大小不同;双车错行与单车单行相比,振动周期和振动幅值有所增大。

### 4.1.3 不中断交通T梁桥接缝减振措施研究

通过4.1.2节对T梁桥扩宽桥梁旧桥振动响应分析的研究,掌握了在车辆荷载作用下振动响应的变化趋势和程度,振动响应会导致新旧桥连接部位处新旧桥间产生挠度差,挠度差势必对新旧桥连接处现浇混凝土性能产生一定的影响,可能导致新旧桥连接处产生纵向裂缝,影响桥梁的使用性和耐久性,严重影响车辆通过的安全性和舒适性。新旧桥连接施工时,采用不同的连接形式会对移动荷载作用时桥梁的振动响应产生一定的影响,减少振动对新旧桥连接处混凝土的影响。因此,本小节主要对采用不同横向连接形式时,新旧桥连接处的各种内力、位移响应进行分析研究,为今后的桥梁扩宽施工提供技术措施支持。

本节主要通过以下几个方面进行扩宽施工过程中减振措施的研究:

(1)新旧桥横向不同连接形式对桥梁振动的影响。主要针对车辆不同行驶速度和路面不平整度等级对桥梁振动的影响进行分析。

(2)车行位置对桥梁振动的影响。

(3)不同连接对变形和连接构件应力的影响。

新旧桥之间拟采取3种临时或永久横向连接结构,对扩宽桥梁结构的振动响应进行分析。车辆采用单车模式,3种横向连接结构形式为:

(1)新旧T梁桥混凝土横隔板连接,连接结构形式见图4.1-19。

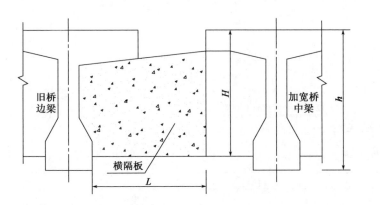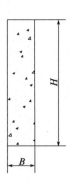

图4.1-19 新旧T梁桥混凝土横隔板连接结构示意图

(2)新旧T梁桥工字钢横隔板连接,连接结构形式见图4.1-20。

(3)新旧T梁桥钢桁架连接,连接结构形式见图4.1-21。

T梁桥车桥耦合分析建模见4.1.1节有关内容。T梁桥结构和车辆行驶位置如图4.1-22~图4.1-24所示。车桥耦合振动分析整体模型和局部模型如图4.1-25~图4.1-28所示。

(1)新旧桥横向不同连接形式下车速和路面等级对桥梁接缝振动的影响

以30m T梁桥为例,对以下几种工况进行了振动响应分析。

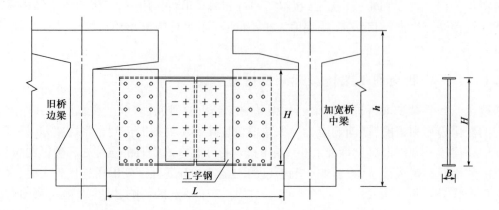

图 4.1-20　新旧 T 梁桥工字钢横隔板连接结构示意图

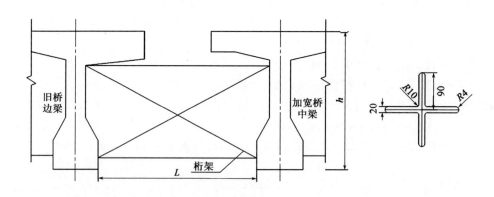

图 4.1-21　新旧 T 梁桥钢桁架连接结构示意图(尺寸单位:mm)

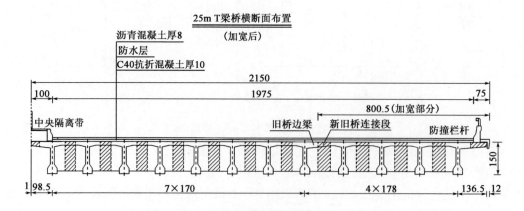

图 4.1-22　25m T 梁桥横断面图(尺寸单位:cm)

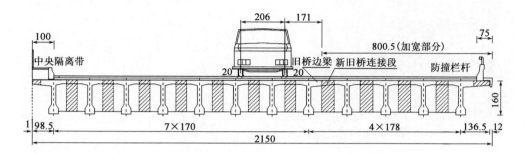

图 4.1-23　30m T 梁桥加宽后内侧车道单车行驶横断面图（尺寸单位：cm）

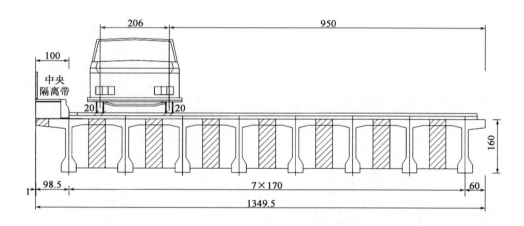

图 4.1-24　30m T 梁桥加宽前桥梁拼宽时外侧车道单车行驶横断面图（尺寸单位：cm）

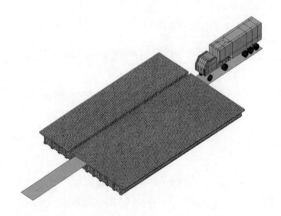

图 4.1-25　单车有限元分析计算模型

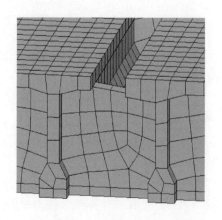

图 4.1-26　工字钢连接局部计算模型

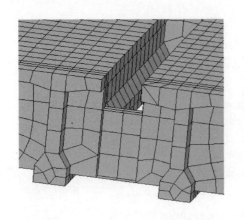

图4.1-27 混凝土横隔板连接计算模型

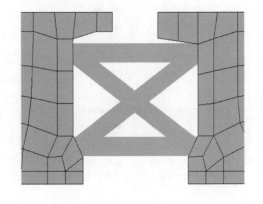

图4.1-28 钢桁架连接计算模型

工况一：路面等级为B级，桁架连接方式下，不同车速对旧桥边梁振动响应的影响，如图4.1-29所示。

工况二：车速15m/s，桁架连接方式下，不同路面等级对旧桥边梁振动响应的影响，如图4.1-30所示。

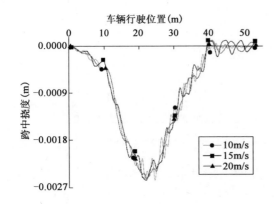

图4.1-29 桁架连接B级路面桥梁跨中挠度

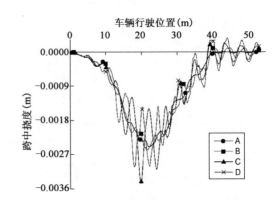

图4.1-30 桁架连接车速15m/s桥梁跨中挠度

工况三：路面等级为B级，混凝土横隔板连接方式下，不同车速对旧桥边梁振动响应的影响，如图4.1-31所示。

工况四：车速15m/s，混凝土横隔板连接方式下，不同路面等级对旧桥边梁振动响应的影响，如图4.1-32所示。

工况五：路面等级为B级，工字钢横隔板连接方式下，不同车速对旧桥边梁振动响应的影响，如图4.1-33所示。

工况六：车速15m/s，工字钢横隔板连接方式下，不同路面等级对旧桥边梁振动响应的影响，如图4.1-34所示。对各种减振方式做如下简称：新旧桥无连接，简称旧桥；混凝土横隔板连接，简称横隔板；工字钢连接，简称工字钢；钢桁架连接，简称桁架；新旧桥无连接车道位置距扩宽梁边缘的距离，简称车辆位置。

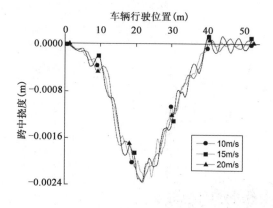
图 4.1-31　混凝土横隔板连接 B 级路面跨中挠度

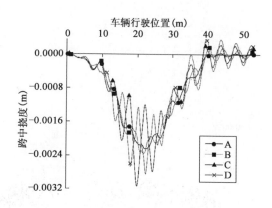
图 4.1-32　混凝土横隔板连接车速 15m/s 跨中挠度

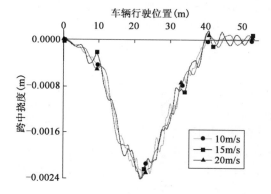
图 4.1-33　工字钢横隔板连接 B 级路面跨中挠度

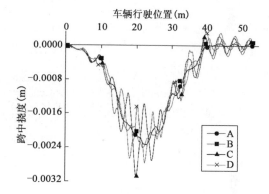
图 4.1-34　工字钢横隔板连接车速 15m/s 跨中挠度

由图 4.1-29～图 4.1-34 可见，在单车作用下，无论新旧桥连接方式如何，在同一车速的情况下，随着路面等级降低，旧桥边梁跨中挠度振幅增大；而在同一路面等级条件下，随着车速的变化，除数值大小有变化之外，旧桥边梁跨中挠度和振幅波动变化较小，而且波动形状基本雷同。说明在同一车速下，路面等级对车辆行驶所引起的桥梁振动影响较大；在同一路面等级下，车速对桥梁振动影响较小。

（2）新旧桥横向不同连接形式下车辆行驶位置对桥梁接缝振动的影响

跨径 30m、车速 15m/s、路面等级为 B 级、车辆位置 9.5m 的简支 T 梁桥施加几种减振措施后桥梁结构振动响应结果如图 4.1-35 所示。

由上图可以看出，无论采取何种减振措施，同一种桥梁结构形式下，在车辆荷载作用下，桥梁结构振动波动形式几近相同，但振动幅值相差很大。

就 T 梁桥而言，采用横向连接方式可大幅度减少桥梁振动幅值，约减少 60%，而选取合适的车辆行驶位置更能有效减少桥梁振动幅值，新旧桥边缘处振动幅值约减少 90%。

（3）新旧桥之间的挠度差

跨径 30m、车速 15m/s、路面等级为 B 级的简支 T 梁桥施加几种减振措施后，新旧桥跨中挠度差的结果如图 4.1-36 所示。

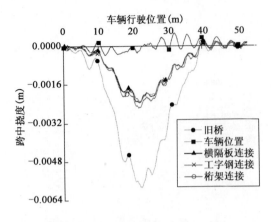

图 4.1-35　T 梁桥不同减振方式跨中挠度　　图 4.1-36　T 梁桥新旧桥跨中挠度差

由上图可以看出,针对所选用的桥梁结构,无论采取哪种减振措施,在车辆荷载作用下,新旧桥梁结构之间的振动位移差很小,可以认为新旧桥振动同步。结合 4.2 节振动对连接段混凝土性能影响的试验结果,采取横向连接措施后,可避免振动降低钢筋握裹力,保证钢筋与混凝土之间有足够的握裹力。

(4)连接结构应力

跨径 30m、车速 15m/s、路面等级为 D 级 T 梁桥施加几种减振措施后,连接结构拉应力振动响应结果如图 4.1-37 所示。

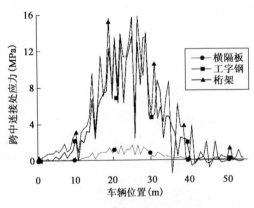

由上图可以看出,新旧桥之间采用不同形式的横向连接结构对其应力影响较大。采用钢筋混凝土连接结构,在车辆荷载作用下混凝土的拉应力未达到混凝土的抗拉强度,说明连接结构满足结构的安全和使用要求;而对于工字钢和桁架连接结构,虽然在车辆荷载作用下产生的拉应力较大,但远远小于钢材的抗拉强度。

综上所述,采用钢筋混凝土横隔板连接时,能够有效削减桥梁的振动响应,起到较好的减振效果,桥梁结构受力较为合理,整体性更强,车辆通行能力最佳。

图 4.1-37　T 梁桥连接结构的拉应力

## 4.2　拼宽接缝混凝土材料性能试验研究

利用三维振动试验台对室内模拟的新旧桥加宽连接混凝土接缝施加实测的振动参数,研究接缝混凝土的物理力学性能、钢筋与混凝土黏结性能的变化情况。

### 4.2.1　试验方案

(1)振动参数的实桥采集与试验振动基准选取

为指导和支撑小磨高速公路桥梁接缝的施工,选取龙茵 1 号桥和南哈河 4 号桥,采用光电式挠度仪对桥梁接缝的沿程振动进行了采集。现场采集连续采集24h为1组,共采集3组,现场工作情况见图4.2-1。其中,龙茵1号桥的平曲半径$R=1260m$,考虑到曲线桥梁受力变形的特点,采用动态变形三维采集技术,以获得竖向和水平向的振动时程曲线。经数据分析,选取竖向振动最大的30s双向时程作为试验用基准振动水平,如图4.2-2所示。

图4.2-1 行程条件下旧桥接缝处的振动采集

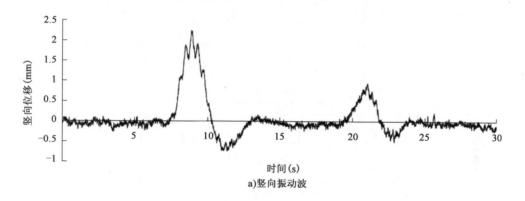
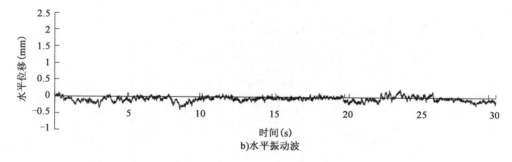

图4.2-2 现场实测旧桥边板行车振动位移-时程

(2)试件设计与制作

根据云南小磨高速公路改扩建工程桥梁的设计和施工方案,采用预制混凝土强度分别是C50和C60的8块378cm×80cm×22.5cm的钢筋混凝土板,用来模拟新桥和旧桥桥面板节段;预制4块266.6cm×100cm×22.5cm的钢筋混凝土T梁,用来模拟新桥和旧桥T梁节段。预制试件设计见表4.2-1。预制板节段和预制T梁节段的具体尺寸见图4.2-3~图4.2-6。

预制试件设计表                                  表 4.2-1

| 组　号 | 节段类型 | 混凝土强度等级 | 凝结硬化速度 | 振动工况 |
|---|---|---|---|---|
| YB-1 | 翼板节段 | C50 | 常规 | 正常行车(基准振动水平) |
| YB-2 | | | | 正常行车3倍 |
| YB-3 | | C60 | | 正常行车 |
| YB-4 | | | | 正常行车3倍 |
| THG-1 | T梁节段 | C50 | | 正常行车 |
| THG-2 | | | | 正常行车3倍 |

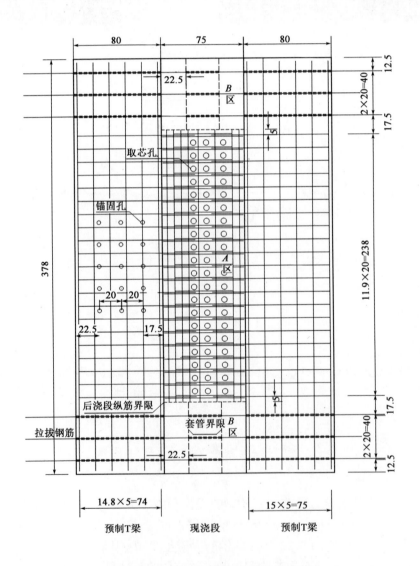

图 4.2-3　预制板节段平面尺寸和安装图(尺寸单位:cm)

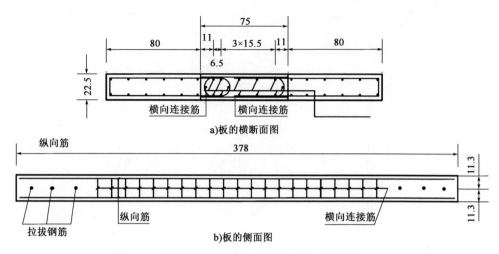

图 4.2-4 预制板节段横断面和侧面尺寸图(尺寸单位:cm)

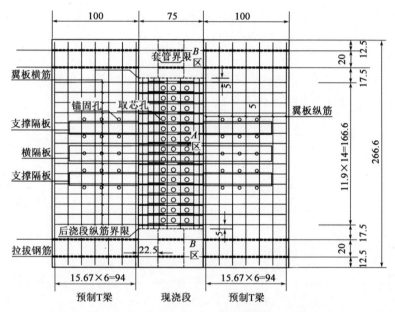

图 4.2-5 预制 T 梁节段平面尺寸和安装图(尺寸单位:cm)

选用两个 100cm×100cm 振动台,固定在试验室的地锚上,两个振动台间距为 100cm。选取两块预制板,安置在振动台上,并用螺栓锚固。安置时,要求两块板一侧悬出振动台 12.5cm。将两块混凝土板侧面预留出的箍筋和纵向钢筋焊接在一起,通过钢筋连接形成两块板之间浇筑混凝土中的钢筋网。在混凝土板连接处的底面安置底模,用铁管将其吊装并固定。在底模两侧用木模板将两个侧面封堵起来,形成两块混凝土板中间 75cm×378cm 的连接带,见图 4.2-3。

将现浇段分成两个区域 $A$ 和 $B$ 区。其中 $238×75cm^2$ 区域在浇筑混凝土后用来取芯(图 4.2-3 中 $A$ 区)。余下两个的 70cm×75cm 区域(图 4.2-3 中 $B$ 区),用来制作钢筋与混凝土拉拔试验试件。在浇筑连接桥面板混凝土前,用拉拔钢筋穿过预制板中预留管道,在浇筑 75cm 宽度的中间 30cm 范围内采用套管的方式隔绝混凝土与穿筋黏结。试验时将混凝土浇筑在试模内。

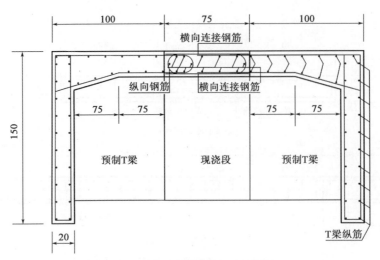

图 4.2-6 预制 T 梁横断面图(尺寸单位:cm)

T 梁节段的预制和安装同桥面板节段的预制和安装相同。为了保证 T 梁安装时稳定,T 梁横隔板的近处预制 2 道形状相同的隔板。

(3)试验设备

为了能够从结构上模拟行车荷载引起桥梁振动,本次试验选用的振动设备为三维振动模拟试验台。该试验台的具体参数见表 4.2-2。

三维振动模拟试验台参数一览表　　表 4.2-2

| 项　目 | 参　数 | 项　目 | 参　数 |
| --- | --- | --- | --- |
| 台阵数量 | 9 套 | 作动器行程 | ±7.5cm |
| 台面尺寸 | 1m×1m | 最大速度 | ≤60cm/s |
| 台面质量 | 689kg | 峰值加速度 | 满载 2.0g,空载 1.0g |
| 作动器数量 | 16 套 | 频率范围 | 0.5~50Hz |
| 单作动器额定出力 | 50kN | 控制方式 | 加速度控制、位移控制 |
| 油源压力 | ≤28MPa | | |

桥面板节段、T 梁节段的制作如图 4.2-7~图 4.2-10 所示。

图 4.2-7　连接混凝土浇筑前桥面板节段

图 4.2-8　连接混凝土浇筑后桥面板节段

图4.2-9 连接混凝土浇筑前T梁节段

图4.2-10 连接混凝土浇筑后T梁节段

(4)试验装置

试验前,将其中混凝土板或T梁节段用螺栓锚固在振动台上,立模和绑扎或焊接钢筋,然后架立模板。调整好两个振动台的初始状态,使一套振动台能在竖直和水平方向施加位移,另一振动台保持静止状态,如图4.2-11a)、b)所示。钢筋混凝土试验梁通过螺栓等连接构件与预制矩形钢筋混凝土板连在一起进行模拟振动试验,如图4.2-11c)所示。

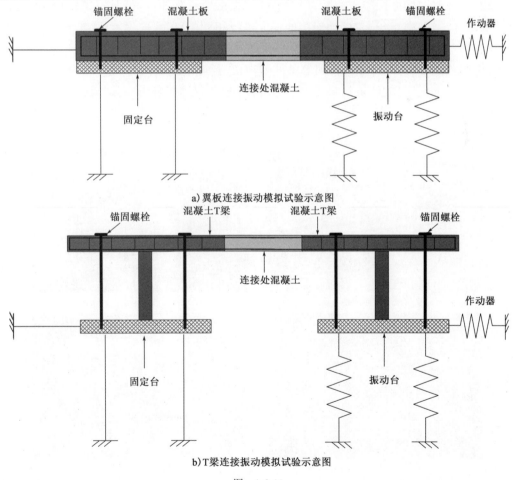

a) 翼板连接振动模拟试验示意图

b) T梁连接振动模拟试验示意图

图 4.2-11

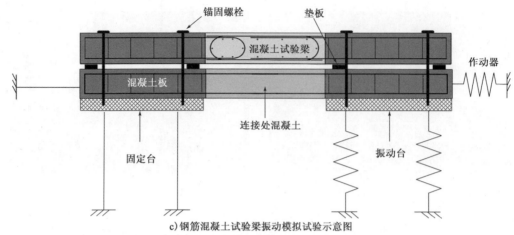

c) 钢筋混凝土试验梁振动模拟试验示意图

图 4.2-11 室内模拟新旧桥连接试验示意图

试验时,开启振动台,使其以实测的振动波振动,向模板中浇筑混凝土并振捣成形。振动台的振动带动模板中连接混凝土的振动及模板中钢筋的振动。振动 24h 后,将整个结构从振动台上取下,并对连接处混凝土取芯。与此同时,在试验室其他位置制作与振动连接混凝土同样尺寸的构件。试验时浇筑与振动连接处强度等级相同的混凝土,作为没有受到振动的对比混凝土构件。达到规定的测试龄期后,在两种试件的连接处一同钻取混凝土芯样(芯样为尺寸 $\phi 6.5 \times 22.5 cm$ 圆柱体),并进行同等条件养护,达到规定的测试时间后,依据国家或行业相关规范,对混凝土抗压强度、抗拉强度、钢筋及混凝土之间的握裹力、与耐久性相关的氯离子的扩散系数和孔隙率进行测试,通过受振动与未受振动混凝土性能变化情况,评价受到振动混凝土性能的变化。部分试验过程见图 4.2-12。

a) 浇筑成形的连接处混凝土

b) 预制T梁节段的原钢筋

c) 横隔板连接后T梁节段连接

d) 试验中的振动台

图 4.2-12 试验过程

## 4.2.2 接缝混凝土材料性能

1)抗压强度

在本次试验设定的振动参数和混凝土的坍落度的范围内,振动与未振动混凝土的抗压强度的比值变化有增加也有减少,且量值都不大,变化幅度在10%以内。但从整体变化规律上讲,有以下3个规律:

(1)振动组强度偏低,低于未振动组的情况更多;
(2)接缝边缘部分比中间部分强度降低得更多;
(3)振动水平越高对强度的影响也越大。

抗压强度对比见表4.2-3。

**抗压强度对比表** 表4.2-3

| 组号 | 位置 | 抗压强度 | | | | | | | | |
|------|------|---------|---------|---------|---------|---------|---------|---------|---------|---------|
| | | 第一列 | | | 第二列 | | | 第三列 | | |
| | | 振动(MPa) | 未振动(MPa) | 强度变化(%) | 振动(MPa) | 未振动(MPa) | 强度变化(%) | 振动(MPa) | 未振动(MPa) | 强度变化(%) |
| YB-1 | 上 | 35.08 | 33.49 | 4.7 | 34.8 | 36.36 | -4.3 | 32.26 | 32.1 | 0.5 |
| | 下 | 35.03 | 35.64 | -1.7 | 36.72 | 37.59 | -2.3 | 35.07 | 36.33 | -3.5 |
| YB-2 | 上 | 34.33 | 32.02 | 7.2 | 32.97 | 32.43 | 1.7 | 32.39 | 32.55 | -0.5 |
| | 下 | 33.13 | 31.68 | 4.6 | 32.95 | 33.86 | -2.7 | 31.9 | 34.93 | -8.7 |
| YB-3 | 上 | 35.93 | 34.35 | 4.6 | 34.56 | 35.32 | -2.2 | 33.93 | 33.37 | 1.7 |
| | 下 | 33.33 | 34.2 | -2.5 | 35.88 | 33.5 | 7.1 | 32.8 | 32.64 | 0.5 |
| YB-4 | 上 | 34.41 | 32.57 | 5.6 | 33.2 | 32.37 | 2.6 | 33.59 | 32.16 | 4.4 |
| | 下 | 34.45 | 34.2 | 0.7 | 33.14 | 34.5 | -3.9 | 32.26 | 34.54 | -6.6 |
| THG-1 | 上 | 32.9 | 31.27 | 5.2 | 34.82 | 32.4 | 7.5 | 31.73 | 34.62 | -8.3 |
| | 下 | 33.92 | 34.82 | -2.6 | 34.55 | 35.3 | -2.1 | 32.73 | 34.69 | -5.7 |
| THG-2 | 上 | 31.25 | 30.2 | 3.5 | 31.33 | 30.55 | 2.6 | 31.5 | 31.85 | -1.1 |
| | 下 | 32.02 | 34.27 | -6.6 | 32.81 | 33.41 | -1.8 | 32.97 | 33.97 | -2.9 |

注:强度对比变化率正数为增大,负数为减小。

2)抗拉强度

抗拉强度对比具体见表4.2-4。

**抗拉强度对比表** 表4.2-4

| 组号 | 抗拉强度 | | | | | | | | |
|------|---------|---------|---------|---------|---------|---------|---------|---------|---------|
| | 第一列 | | | 第二列 | | | 第三列 | | |
| | 振动(MPa) | 未振动(MPa) | 强度变化(%) | 振动(MPa) | 未振动(MPa) | 强度变化(%) | 振动(MPa) | 未振动(MPa) | 强度变化(%) |
| YB-1 | 2.49 | 2.39 | 4.2 | 2.54 | 2.52 | 0.8 | 2.41 | 2.38 | 1.3 |
| YB-2 | 2.58 | 2.75 | -6.2 | 2.68 | 2.63 | 1.9 | 2.78 | 2.61 | 6.5 |
| YB-3 | 2.42 | 2.58 | -6.2 | 2.54 | 2.6 | -2.3 | 2.44 | 2.45 | -0.4 |

续上表

| 组号 | 抗 拉 强 度 ||||||||
|---|---|---|---|---|---|---|---|---|
| | 第一列 ||| 第二列 ||| 第三列 |||
| | 振动(MPa) | 未振动(MPa) | 强度变化(%) | 振动(MPa) | 未振动(MPa) | 强度变化(%) | 振动(MPa) | 未振动(MPa) | 强度变化(%) |
| YB-4 | 2.3 | 2.35 | -2.1 | 2.44 | 2.58 | -5.4 | 2.42 | 2.48 | -2.4 |
| THG-1 | 2.46 | 2.53 | -2.8 | 2.63 | 2.62 | 0.4 | 2.53 | 2.62 | -3.4 |
| THG-2 | 2.56 | 2.46 | 4.1 | 2.45 | 2.46 | -0.4 | 2.55 | 2.48 | 2.8 |

注：强度对比变化率正数为增大，负数为减小。

3) 钢筋与混凝土之间握裹力

连接钢筋与混凝土之间握裹力见表4.2-5。

**连接钢筋与混凝土之间握裹力**　　　　　　　　　　表4.2-5

| 组　号 | 未　振 || 振　动 || 试　验　现　象 |
|---|---|---|---|---|---|
| | 拉拔力(kN) | 位移(mm) | 拉拔力(kN) | 位移(mm) | |
| YB-1 | 65.87 | 0.0 | 66.85 | 0.0 | 钢筋拉断 |
| YB-2 | 63.54 | 0.0 | 64.93 | 0.0 | |
| YB-3 | 64.16 | 0.0 | 64.12 | 0.0 | |
| YB-4 | 62.69 | 0.0 | 64.36 | 0.0 | |
| THG-1 | 65.02 | 0.0 | 63.91 | 0.0 | |
| THG-2 | 66.23 | 0.0 | 66.42 | 0.0 | |

在本试验的影响因素作用下，无论采用正常波还是放大波，试验结果均为钢筋拉断，说明受振动或未受振动的钢筋与混凝土之间握裹力完全满足钢筋与混凝土之间握裹力要求。其主要原因：一是在振动作用下钢筋周围混凝土水泥胶结体的密实度、钢筋与混凝土之间的黏结受振动的影响较小；二是钢筋的截面面积较小，钢筋的抗拉力不足以克服钢筋与混凝土之间的握裹力。

4) 氯离子扩散系数

振动与未振动氯离子扩散系数试验结果见表4.2-6。

**振动与未振动氯离子扩散系数试验结果**　　　　　　表4.2-6

| 组　号 | 振动工况 || 氯离子扩散系数($10^{-12}m^2/s$) || 对比未振动变化(%) | 抗渗透性能变化 |
|---|---|---|---|---|---|---|
| | | | 振动 | 未振动 | | |
| YB-1 | C50 | 正常波 | 8.50 | 9.16 | -7.9 | 减少 |
| YB-2 | | 放大波 | 8.21 | 9.16 | -11.5 | 减少 |
| YB-3 | C60 | 正常波 | 6.87 | 7.43 | -8.1 | 减少 |
| YB-4 | | 放大波 | 7.71 | 8.88 | -15.3 | 减少 |

在选取的振动条件下，受到振动连接混凝土的氯离子抗渗性能与未振动的相比有小幅增大。说明受到振动后的连接混凝土，其孔隙结构、大小及连通程度与未振动相比要好，抗渗性能有所提高。

5) 孔隙率和分布

混凝土孔结构参数见表4.2-7。

混凝土孔结构参数　　　　　　　　　表 4.2-7

| 组号 | 振动工况 | | 总孔隙量（mL/g） | 总孔面积（m²/g） | 中值孔径（体积）（nm） | 中值孔径（面积）（nm） | 平均孔径（nm） | 孔隙率（%） |
|---|---|---|---|---|---|---|---|---|
| YB-1 | C50 | 正常波 振动 | 0.0826 | 28.075 | 10.4 | 2.7 | 5.9 | 15.3231 |
| | | 未振动 | 0.0849 | 27.187 | 11.3 | 2.7 | 6.2 | 15.4926 |
| YB-2 | | 放大波 振动 | 0.1031 | 32.834 | 11.1 | 2.9 | 6.3 | 19.5023 |
| | | 未振动 | 0.1027 | 31.581 | 11.6 | 2.9 | 6.5 | 19.4246 |
| YB-3 | C60 | 正常波 振动 | 0.0811 | 21.056 | 14.5 | 3.4 | 7.7 | 15.1201 |
| | | 未振动 | 0.0790 | 20.509 | 14.1 | 3.5 | 7.7 | 14.8124 |
| YB-4 | | 放大波 振动 | 0.0744 | 19.515 | 14.6 | 3.3 | 7.6 | 14.3725 |
| | | 未振动 | 0.0693 | 17.212 | 15.2 | 3.4 | 8.1 | 13.3171 |

从表4.2-7中也可以看出,平均孔径、中值孔径和孔隙率在振动作用下均有所降低,总孔隙量和总孔面积有所增大。

以上分析均说明,在振动作用下混凝土内部较大孔径的孔隙减少,从而使孔结构得以细化。

**6）接缝混凝土界面裂缝**

试验中,对施加不同振动波拼接混凝土界面处裂缝出现情况进行了观察。观察内容包括:拼接混凝土浇筑、抹面处理后的裂缝情况、振动后裂缝情况及无振动混凝土拼接界面的裂缝情况,观察结果如图4.2-13所示。从图片中可以看出连接混凝土发生结构裂缝的位置均在新老混凝土黏结位置,随着振幅的增加,裂缝开裂的宽度逐渐增大[图4.2-13a）、b）]。而在振幅较大情况下,受振动连接混凝土界面附近区域出现大量的微细裂缝[图4.2-13c）],其主要原因是振动会导致混凝土材料的泌水而出现塑性裂缝和纵横向振动作用下界面局部受力不均,在混凝土强度未达到足以抵抗受力所产生的局部应力而过早出现开裂。未施加振动的拼接混凝土界面也出现微细裂缝[图4.2-13d）],尽管在混凝土浇筑之前,对旧混凝土表面进行了处理（凿毛、涂刷界面剂）,且采用了微膨胀混凝土。

a) 连接混凝土浇筑后界面裂缝

b) 正常波振动后混凝土界面裂缝

图 4.2-13

c)放大波振动后混凝土界面裂缝　　　　d)未振动混凝土界面裂缝

图 4.2-13　试验中连接混凝土出现裂缝情况

## 4.3　拼宽接缝混凝土结构性能试验研究

### 4.3.1　试验方案

(1)试件构件尺寸和构造

本次试验研究中,根据实际工程桥面板的尺寸和配筋情况,拟定构件尺寸均为235cm×18cm×22.5cm,底部钢筋保护层厚度为3cm。试验工况主要分为3种工况:整体浇筑不振动、浇筑拼接不振动和浇筑拼接振动。浇筑拼接段长度为75cm。构件的具体参数如表4.3-1所列,钢筋混凝土构件几何尺寸如图4.3-1所示。

构件的具体参数　　　　表 4.3-1

| 组号 | 振动工况 | | 混凝土强度等级 | 梁根数 | 受拉钢筋 | | 配筋率(%) | | 现浇段长度(cm) |
|---|---|---|---|---|---|---|---|---|---|
| | | | | | 预制段 | 现浇段 | 预制段 | 现浇段 | |
| JL-1 | 实测波 | 无振动 | C50 | 2 | 2φ12 | 2φ16 2φ12 | 0.56 | 1.55 | 0 |
| | | 无振动 | | 2 | | | | | 75 |
| | | 正常波 | | 2 | | | | | 75 |
| JL-2 | 放大实测波 | 无振动 | | 2 | | | | | 0 |
| | | 无振动 | | 2 | | | | | 75 |
| | | 放大波 | | 2 | | | | | 75 |

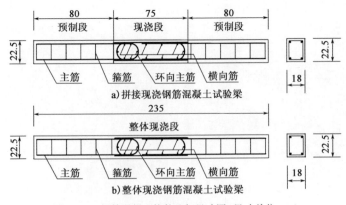

图 4.3-1　钢筋混凝土构件几何尺寸图(尺寸单位:cm)

试验梁节段的制作如图 4.3-2 和图 4.3-3 所示。

图 4.3-2　连接混凝土浇筑前试验梁节段　　　图 4.3-3　连接混凝土浇筑试验梁节段

(2) 应变片布置

本试验分为实测波振动和放大实测波振动下的 2 组试验梁。对于预制段加现浇段的每组试验梁构件均布置钢筋和混凝土应变片。在预制段与现浇段界面处、现浇段跨中处的受拉压钢筋布置钢筋应变片,应变片型号为 BX20-2AA。在预制段的内截面处沿梁高度布置 1 组 5 行混凝土应变片,而在现浇段中截面和端截面处沿梁高度分别布置 2 组 5 行混凝土应变片。用于测试预制段和现浇段混凝土应力变化规律的应变片型号为 SZ120-60AA。整体现浇段的试验梁应变片的布置同预制段加现浇段应变片的布置。应变片的具体布置位置见图 4.3-4。

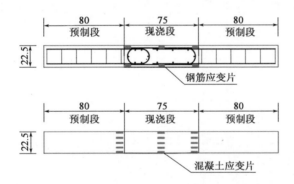

图 4.3-4　钢筋和混凝土应变片布置图(尺寸单位:cm)

(3) 试验过程

本试验分为实测波振动(组号为 JL-1)和放大实测波振动(组号为 JL-2)下的两组试验梁,每组试验梁又分为整体浇筑不振动(2 根)、浇筑拼接不振动(2 根)和浇筑拼接振动(2 根),浇筑段的长度均为 75cm,详见表 4.3-1。浇筑振动试验梁首先预制预制段,在进行 YB-1 和 YB-2 桥面板翼缘板振动试验时,把预制段放在翼缘板上,在预制段和翼缘板之间放置垫块;再用螺杆和钢板把预制段锚固在翼板上,使其牢固固定后,进行钢筋绑扎、模板支设,再施加振动,并与翼缘板试件一起浇筑混凝土,形成整体试验梁。振动试验完成后,与试验板相同,进行 28d 养生之后,开展试验梁试验工作。同时,制作了两次浇筑混凝土试块(3 个 150mm×150mm×300mm、3 个 150mm×150mm×150mm),与梁同条件下养护。

试验梁加载装置如图 4.3-5 所示。

图 4.3-5　试验梁加载装置图

## 4.3.2　试验结果分析

开展在正常实测波和放大实测波振动作用下整体浇筑和拼接浇筑钢筋混凝土试验梁研究,试验结果汇总如表 4.3-2 所示。

试验结果汇总表　　　　　　　　　　　　　　　　　　表 4.3-2

| 组别 | 振动工况 | 试件编号 | 开裂 | | 钢筋屈服 | | | 破坏荷载(kN) | 破坏状态 |
|---|---|---|---|---|---|---|---|---|---|
| | | | 荷载(kN) | 挠度(mm) | 荷载(kN) | 挠度(mm) | 裂缝宽度(mm) | | |
| JL-1 | 整体浇筑未振动 | 1 | 20 | 0.97 | 53.2 | 7.49 | 0.4 | 56.2 | 钢筋屈服,混凝土压溃,属于适筋破坏 |
| | | 2 | 20 | 0.95 | 51.1 | 7.4 | 0.5 | 61.9 | |
| | 拼接现浇未振动 | 3 | 10 | 0.53 | 53.7 | 7.58 | 0.8 | 65.3 | |
| | | 4 | 10 | 0.56 | 55.7 | 7.43 | 0.4 | 68.6 | |
| | 拼接现浇正常波 | 5 | 10 | 0.54 | 55.6 | 7.87 | 0.4 | 64.2 | |
| | | 6 | 11 | 0.59 | 54.57 | 7.45 | 0.6 | 64.25 | |
| JL-2 | 整体浇筑未振动 | 7 | 15 | 1.67 | 51 | 9.73 | 0.5 | — | |
| | | 8 | 15 | 1.51 | 54 | 9.38 | 0.45 | — | |
| | 拼接现浇未振动 | 9 | 5 | 0.39 | 53.02 | 9.34 | 0.8 | 64.05 | |
| | | 10 | 5 | 0.4 | 52.36 | 9.57 | 0.68 | 64.72 | |
| | 拼接现浇放大波 | 11 | 5 | 0.36 | 50.53 | 7.71 | 0.8 | 64.44 | |
| | | 12 | 5 | 0.38 | 51.4 | 9.09 | 0.6 | 66.55 | |

从表 4.3-2 可以看出,无论是在正常实测波,还是在放大实测波振动作用下,尽管在拼接浇筑的钢筋混凝土梁浇筑时界面连接采取了凿毛和涂刷界面剂措施,但整体浇筑钢筋混凝土梁的开裂荷载大于拼接浇筑钢筋混凝土梁的开裂荷载,说明拼接浇筑的钢筋混凝土梁界面强度相对较小,极易形成开裂;两组钢筋混凝土试验梁在配筋相同、混凝土抗拉强度略有差别的情况下,拼接现浇未振动与拼接现浇振动的开裂荷载几乎相同,主要原因是尽管在试验中施加

了一定的水平位移,但对截面强度的影响相对较小,二者区别不大。另外,在施加试验荷载时是以0.1P荷载等级施加的,造成在裂缝开裂时的荷载大小难以准确获取;而两组试件在开裂荷载时略有区别的主要原因是在试件制作过程中截面连接好坏程度不同(图4.3-2)。在钢筋屈服时,屈服荷载和挠度基本相同,说明该试验中采用的实测波和放大实测波振动作用,对钢筋混凝土的力学性能影响较小。

(1)荷载-挠度曲线

在实测波振动作用下荷载与挠度的关系曲线如图4.3-6所示,在放大实测波振动作用下荷载与挠度的关系曲线如图4.3-7所示。由图4.3-6、图4.3-7可得,各试件荷载-挠度曲线均经历了上升、屈服阶段。其中,上升段可分为未开裂和开裂两个阶段。对于在实测波作用下的受力构件:浇筑拼接构件在0~10kN荷载阶段,整体浇筑构件在0~20kN荷载阶段,混凝土连接截面尚未开裂,混凝土承受一定拉应力,梁刚度较大,挠度值增加缓慢,但整体浇筑构件开裂荷载比拼接浇筑的要大,说明拼接浇筑构件连接截面虽然施加了界面剂,但其抗拉能力还是弱于整体浇筑混凝土的抗拉能力,说明该截面为薄弱截面。从振动情况来看,放大实测波振动下开裂荷载要小于正常实测波振动作用和未振动作用下构件的开裂荷载,说明振动作用越大对于拼接段混凝土界面的黏结越不利。

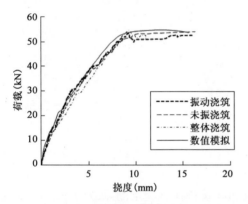 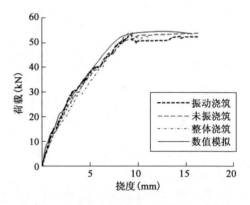

图4.3-6　实测波作用下荷载与挠度曲线　　　　图4.3-7　放大实测波作用下荷载与挠度曲线

在10~55.7kN荷载阶段,混凝土开裂,混凝土承担的拉应力减小,梁刚度减小,当荷载增大时,挠度和钢筋应力值增加较快;荷载超过50.53kN后,钢筋进入屈服状态(应力值达到436MPa),承载力基本无增加,但挠度和钢筋应力值增长较快,梁连接界面上缘混凝土被压碎(图4.3-8、图4.3-9),符合钢筋混凝土梁受力性能原理。两组梁的荷载-挠度曲线基本无区别,由此可知两组梁受力性能和破坏状态基本没变化。总体来说,未振动和振动大小对于结构的极限承载力并没有多大影响,但对开裂荷载有明确影响。

(2)荷载-钢筋应力曲线

正常实测波和放大实测波振动作用下受拉钢筋的应力变化曲线如图4.3-10、图4.3-11所示。从图中可以看出,在钢筋屈服之前,在界面处的钢筋应变经历了混凝土未开裂和开裂两个变化阶段,在混凝土未开裂之前,钢筋应变的增加比较缓慢,而当混凝土开裂后,钢筋应变的增加有所加快,其主要原因是随着荷载的增加,受拉区混凝土逐渐退出工作,拉力由钢筋来承担所致。当荷载达到50kN以上时,钢筋进入到屈服阶段,试验梁承载力基本无增加,但钢筋应力值增长较快。在钢筋应变达到一定值后,试验梁的承载力又有所提高,说明钢筋进入到强化阶段,最终承载力有所下降,拼接界面上部混凝土被压碎。其变化规律同荷载与挠度的变化,并完全符合钢筋混凝土梁受力特性。

图 4.3-8　未振动整体浇筑试验梁破坏图

图 4.3-9　现浇拼接试验梁破坏图

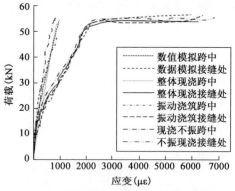

图 4.3-10　实测波作用下荷载与钢筋应变曲线

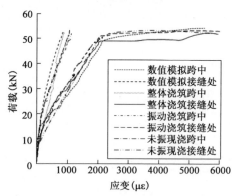

图 4.3-11　放大实测波作用下荷载与钢筋应变曲线

(3) 承载力比对

正常实测波和放大实测波振动作用下整体浇筑和浇筑拼接试验梁的承载力试验值、理论计算值和数值模拟值对比如表 4.3-3 所示。试验值为各构件承载力的平均值。

承 载 力 比 对 表　　表 4.3-3

| 组　别 | 构件类别 | 承 载 力 | | | | |
|---|---|---|---|---|---|---|
| | | 屈服承载力(kN) | | | 极限承载力(kN) | |
| | | 试验值 | 理论值 | 数值模拟值 | 试验值 | 理论值 |
| JL-1 | 整体浇筑梁未振动 | 52.15 | 47.65 | 51.30 | 59.05 | 62.43 |
| | 浇筑拼接未振动 | 54.70 | | | 66.95 | |
| | 浇筑拼接振动 | 55.09 | | | 64.23 | |
| JL-2 | 整体浇筑梁未振动 | 52.5 | 47.46 | 51.04 | — | 62.10 |
| | 浇筑拼接未振动 | 52.69 | | | 64.39 | |
| | 浇筑拼接振动 | 50.87 | | | 65.50 | |

从表 4.3-3 中所列数据来看,试验、理论和数值模拟所得到的结果比较接近。整体上振动放大组的试验结果比正常组低。

## 4.4 不中断交通钢梁与混凝土梁混合拼宽技术研究

对于混凝土 T 梁结构,在某片 T 梁出现问题不可继续使用时,应更换新梁。对于传统更换新梁的方法多采用与原结构相同的预制或现浇 T 梁。但对工期要求较高时,采用预制或者现浇上部结构无法满足设计、施工和使用要求。高速公路由于交通量大、车速快,板梁长时间占道维修造成的高速公路拥堵对人们的日常交通造成较大的影响,无法满足社会对高速公路"安全、高效、畅通"的要求。为此,有必要研究如何最大限度减少现场施工环节、缩短各节点施工工期,实现快速换梁的目标。钢混组合梁具有良好的力学性能和施工性能,是替代传统桥梁改造技术的一种新方法。

### 4.4.1 设计原则

对于传统更换新梁的方法多采用与原结构相同的预制或现浇 T 梁。对于钢混组合梁替换原 T 梁进行拼宽,考虑结构安全性及协调性一致的情况,应遵循以下标准:
(1)截面特性等效原则进行主梁更换。
(2)在保证截面特性相近的前提下,尽量节省造价,节约材料。
(3)换梁过程中,应尽量做到对交通的影响最小。
(4)换梁后结构要达到受力协调。
(5)保证结构安全的情况下,可适当提高钢混组合梁的刚度,起到对相近主梁的卸载作用。

### 4.4.2 截面选择

(1)20m 桥边梁更换

依据换梁原则,20m 桥边跨边梁采用换梁加固法进行加固时,边跨边梁跨中及支点截面特性对比如表 4.4-1 及表 4.4-2 所示。

**20m 跨中截面特性对比** 表 4.4-1

| 类别 | 原桥边梁跨中截面 | 钢混组合梁跨中 |
|---|---|---|
| 主梁截面形式 | | |
| 主梁抗弯刚度（kN·m²） | $6.74 \times 10^6$ | $6.79 \times 10^6$ |

20m 支点截面特性对比　　　　　　表4.4-2

| 类　别 | 原桥边梁跨中截面 | 钢混组合梁跨中 |
|---|---|---|
| 主梁截面形式 | | |
| 主梁抗弯刚度（kN·m²） | $7.83 \times 10^6$ | $8.05 \times 10^6$ |

(2)30m 桥边梁更换

依据换梁原则,30m 桥边跨边梁采用换梁加固法进行加固时,边跨边梁跨中及支点截面特性对比如表4.4-3及表4.4-4所示。

30m 跨中截面特性对比　　　　　　表4.4-3

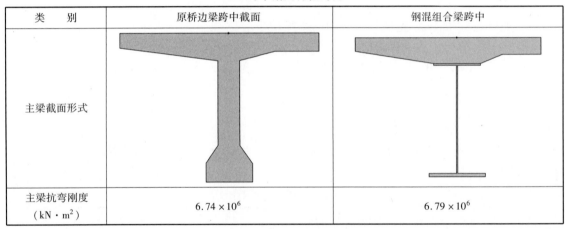

| 类　别 | 原桥边梁跨中截面 | 钢混组合梁跨中 |
|---|---|---|
| 主梁截面形式 | | |
| 主梁抗弯刚度（kN·m²） | $6.74 \times 10^6$ | $6.79 \times 10^6$ |

30m 支点截面特性对比　　　　　　表4.4-4

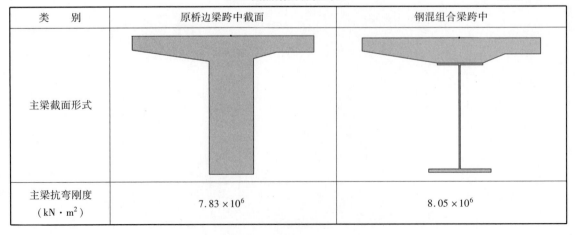

| 类　别 | 原桥边梁跨中截面 | 钢混组合梁跨中 |
|---|---|---|
| 主梁截面形式 | | |
| 主梁抗弯刚度（kN·m²） | $7.83 \times 10^6$ | $8.05 \times 10^6$ |

### 4.4.3 新结构连续钢混组合梁负弯矩区处理措施

除了由混凝土材料自身特点或施工原因引起的裂缝外,钢混组合结构梁桥开裂主要有两种原因:一是由支座不均匀沉降、温度梯度或混凝土收缩等内因所引起;二是外荷载作用下负弯矩区的混凝土桥面板在高拉应力作用下开裂。其负弯矩区会出现混凝土桥面板受拉、钢梁受压的情况,负弯矩区混凝土桥面板开裂后,将导致组合梁刚度降低,有害气体、污水或其他腐蚀性液体可能会渗入这些裂缝,从而腐蚀混凝土板内的钢筋、栓钉以及钢梁,降低了桥梁的耐久性,增加了维修养护工作的困难。因此,采取有效的设计、施工方法和处理措施,有效控制和防止负弯矩区混凝土开裂,就成为连续组合梁设计中的一个关键性的问题。

连续结构的桥梁会在桥墩支座处产生负弯矩,钢混组合梁桥的负弯矩区,由混凝土板承受拉力,极易导致混凝土板的开裂,所以组合梁的负弯矩区必须特别处理。目前常用的处理方法有:预加荷载法、支座预顶升法、施加预应力法、配筋限制混凝土裂缝宽度法、后结合预应力混凝土桥面板法、钢梁底板浇筑混凝土法、增强钢混结合强度法等。

工程实践中工字钢组合梁多采用配筋限制混凝土裂缝宽度法、体内预应力法和预顶升支座法。3 种方法的比较如表 4.4-5 所示。

3 种方法比较  表 4.4-5

| 名称 | 体内预应力法 | 预顶升支座法 | 配筋限制混凝土裂缝宽度法 |
|---|---|---|---|
| 施工工期 | 要求存梁达到 28d,现浇混凝土强度达到待张拉设计强度,至少 3d | 现浇混凝土强度达到待张拉设计强度,至少 3d | 即浇即用 |
| 施工难度 | 难 | 较难 | 一般 |
| 施工成本 | 高 | 较高 | 一般 |
| 设计成本 | 较高 | 较高 | 一般 |

可见,不管从施工难易程度还是技术经济比较出发,强配筋法作为一种经济可行同时又简单的方法,现在越来越频繁地运用于结合梁的设计中。同时,强配筋法中的配筋率对截面刚度和裂缝大小及发展程度的影响较大,根据相关资料及分析成果发现,采用 4%~5% 的配筋率对控制支点负弯矩区截面裂缝较好。

### 4.4.4 依托工程桥梁与模型

桥跨布置采用 4×20m 预应力混凝土 T 梁,用工字形钢板梁替换该桥第一跨一片边梁。钢主梁采用工厂分节段预制,节段间采用高强度螺栓工地现场连接;桥面板为现浇混凝土结构,然后浇混凝土湿接缝。桥梁具体概况如下所述:

(1)上部构造形式采用 5 梁式。
(2)梁宽 $B=2.45$m,板梁预制高度为 1.5m。10cm 现浇混凝土铺装不参与受力。
(3)混凝土强度等级:C50。
(4)边梁悬臂长度 110cm。

(5) T形梁结构连续4孔一联。
(6) 结构：后张法预应力混凝土连续T梁。
(7) 计算跨径：20m。
(8) 车道数：双向四车道。
(9) 汽车荷载：公路—Ⅰ级。

采用桥梁结构计算分析通用系统 Midas Civil 进行计算，采用梁格体系进行建模，全桥共836个单元，505个节点，整体模型如图4.4-1所示。

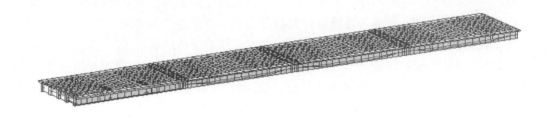

图4.4-1 整体模型图

### 4.4.5 收缩徐变对拼接时机的影响

通过提取桥面铺装完成阶段及10年后收缩徐变对结构应力及变形的影响，并进行对比分析，如图4.4-2～图4.4-5所示。

由图4.4-2和图4.4-3可见，对于钢混组合梁桥面板，桥面板预制存放期越长，收缩徐变影响越小。桥面铺装完成后，现浇桥面板收缩徐变对结构应力影响最显著，预制90d、180d和360d后收缩徐变对结构应力影响较小，且规律一致，差异较小；10年后，采用现浇桥面板浇筑收缩徐变对结构应力影响较大，预制90d、180d和360d后收缩徐变对结构应力影响较小，差异较小。

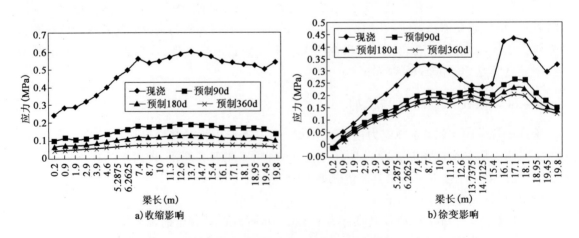

图4.4-2 桥面铺装完成后收缩徐变应力影响

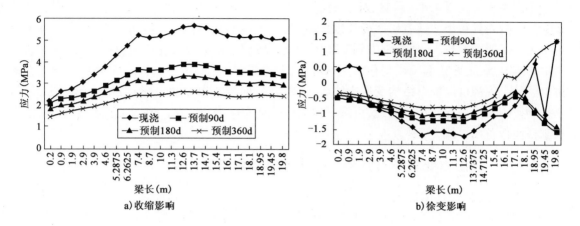

图 4.4-3 10 年后收缩徐变应力影响

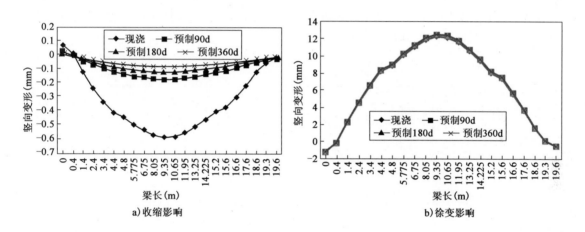

图 4.4-4 桥面铺装完成后收缩徐变变形影响

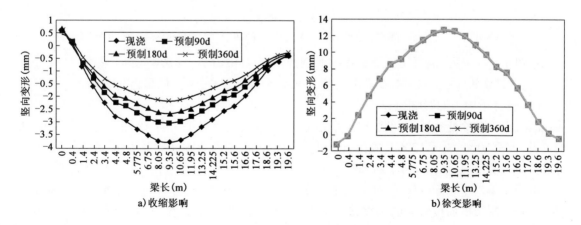

图 4.4-5 10 年后收缩徐变变形影响

由图4.4-4和图4.4-5可见,对于钢混组合梁桥面板,桥面板预制存放期越长,徐变对结构变形影响差异很小。随着桥面板存放期的增长,收缩引起结构变形越小。收缩徐变对主梁跨中竖向变形影响较大,随着跨中到支点影响逐渐减弱。桥面铺装完成后,现浇桥面板对结构变形影响显著,随着桥面板预制存放期的增加,变形越小,且预制桥面板的变形差异较小。成桥10年后,现浇桥面板对结构变形影响较大,随着桥面板预制存放期的增加,变形越小,且预制桥面板的变形差异较小。因此,可选择预制桥面板90d进行安装。在计划更换主梁时,就应预制桥面板备用更换。

### 4.4.6 收缩徐变差异对其余混凝土梁肋的影响

(1)主梁纵向位移的比较

由于混凝土收缩、徐变不同步,使得新旧桥梁在变形方面产生显著的差异。由于旧梁收缩徐变已经基本完成,因此拼接后钢混桥面板的纵向伸缩将受到旧梁的约束,从而使旧梁沿纵向也将产生一定的位移。

选取桥面板预制90d后进行换梁加固模型为研究对象,换梁加固10年后的收缩徐变差异引起的各梁纵向位移比较,如图4.4-6所示。

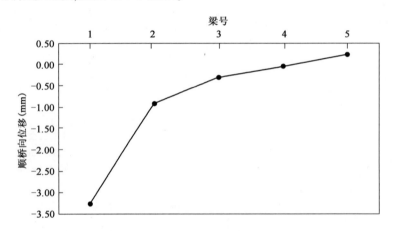

图4.4-6 纵向位移比较

注:坐标轴横向1~5表示钢混组合梁和原梁2~5;位移为各T梁轴向收缩相对值;负值表示压缩变形。

由图4.4-6可见,混凝土桥面板收缩对钢混组合梁顺桥向位移影响较大,顺桥向位移达到-3.2mm,收缩效应引起2~4号梁主梁发生收缩,5号梁伸长,伸长位移为0.23mm。

(2)各片梁内力的影响比较

混凝土收缩徐变差异引起的拓宽桥梁受力的差异,主要体现在T梁轴向受力差异中,拼接完成、成桥500d、成桥1000d、成桥2000d、成桥2500d、成桥3000d以及成桥3650d引起各梁跨中轴向力的情况,如图4.4-7所示。

由图4.4-7可见,新旧桥间湿接缝施工完成时,即$t=0$时刻,各梁受力几乎相同。随着时间的推移混凝土桥面板引起的收缩徐变差异不断发展,各片T梁受力的不均匀性在加剧,在2500d以后,收缩徐变逐渐趋于稳定。收缩徐变差异对钢混组合梁及2号梁影响较大,而对远离钢混组合梁的其他梁影响较小。

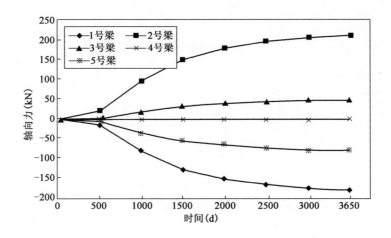

图 4.4-7 轴向力的影响

(3) 相邻跨梁内力的影响比较

钢混组合梁桥面板收缩徐变对相邻跨也有一定影响。收缩徐变 10 年后,选取中跨关键位置轴向力进行分析,如图 4.4-8 所示。

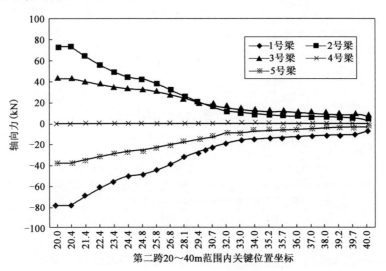

图 4.4-8 收缩徐变对中跨影响

由图 4.4-8 可见,成桥 10 年后,收缩徐变差异对 1 号梁和 2 号梁影响很大,对 4 号梁影响最小。远离第一跨越远,收缩徐变越小。远离第一跨 13m 后,收缩徐变差异影响趋于稳定,远离第一跨 20m,差异影响值非常小,最大值达 7.5kN。

### 4.4.7 对结构内力与变形的影响

(1) 主梁弯矩

换梁前后自重及活载下的弯矩比较如图 4.4-9、图 4.4-10 所示。

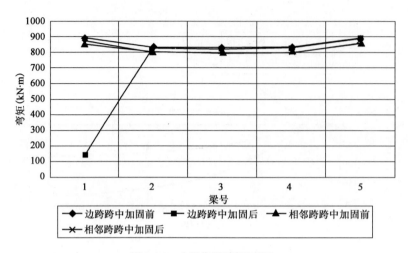

图 4.4-9　自重作用下弯矩情况

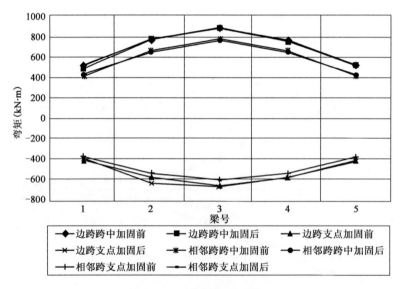

图 4.4-10　活载作用下弯矩情况

由图 4.4-9 可见,换梁采用了钢混组合梁,自重较小,自重作用下的弯矩减少较多,对其他梁自重作用下的弯矩加固前后基本无影响。所选桥梁为装配式梁桥,加固前后自重作用下弯矩影响较小。

由图 4.4-10 可见,边跨边梁更换为钢混组合梁后,边跨跨中加固前后活载弯矩变化较大,影响较大;对边跨支点也有一定影响;对相邻跨影响逐渐减弱。距离所更换钢混组合梁越远,加固前后活载作用下弯矩影响越小;活载作用下,边跨和相邻跨的 2 号梁弯矩比加固前增加较多,1 号梁弯矩比加固前影响较大。

换梁加固前后边跨跨中、支点及相邻跨跨中、支点在荷载组合下的弯矩如图 4.4-11 所示。由图 4.4-11 可见,荷载组合下换梁跨(边跨)跨中弯矩距离被换梁越远,影响越小,加固前后 1 号、2 号梁弯矩变化较大,3 号梁弯矩变化较小,4 号、5 号梁弯矩几乎无影响。荷载组合下换梁跨（边跨）支点弯矩距离被换梁越远，影响越小，加固前后 1 号、2 号梁弯矩变化较大，3～5 号梁弯矩几乎无影响。对于换梁跨的相邻跨，荷载组合下跨中和支点弯矩加固前后几乎无影响。

（2）主梁剪力

换梁前后边跨跨中、支点及相邻跨跨中、支点在荷载组合下的剪力如图 4.4-12 所示。

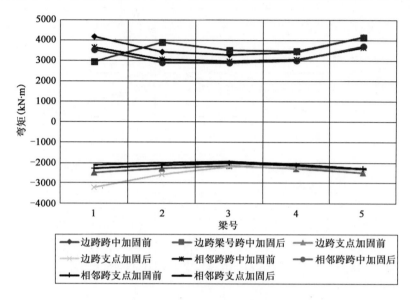

图 4.4-11　荷载组合下弯矩情况

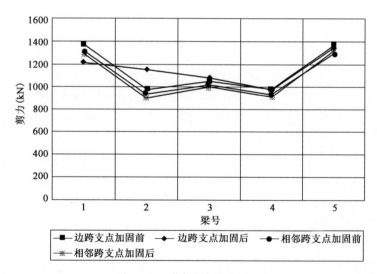

图 4.4-12　荷载组合下剪力情况

由图 4.4-12 可见，荷载组合下换梁跨（边跨）支点剪力距离被换梁越远，影响越小，加固前后 1 号、2 号梁剪力变化较大，3 号梁剪力变化较小，4 号、5 号梁剪力几乎无影响。对于换梁跨的相邻跨，荷载组合下支点剪力加固前后几乎无影响。

(3)主梁挠度

换梁前后正常使用极限状态下主梁挠度的对比如图4.4-13所示。由图可知,边跨1号梁换梁加固后主梁挠度值比加固前大,二者差值较小;主梁距离换梁越远,挠度影响越小。加固前后相邻跨的挠度差异较小。

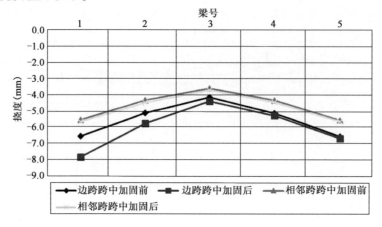

图4.4-13　主梁挠度对比值

## 4.5　不中断交通T梁桥拼宽技术措施

从上述减振措施效果的比对分析结果,可推断出在新旧桥横向连接施工时,为了减少桥梁通行振动对连接结构的影响,特别是对现浇混凝土横隔板或桥面板的振动影响,可采取如下措施:

(1)在通行车辆较少的情况下,应优先选择通行车辆的行驶位置(远离接缝),以减少振动对混凝土接缝连接结的影响。

(2)而在通行车辆较多的情况下,进行通行车辆的行驶位置的优化还应考虑限制车道数量;当实测接缝振动幅度大于2mm或振动频率大于2Hz时还应考虑增设永久或临时横向连接;采用连接构造时,应先通过连接构造将新旧桥梁进行连接,再开展桥面板接缝施工,以减少振动对后续混凝土结构施工的影响。

(3)考虑接缝减振时横向连接,一般应结合T梁的结构横隔板,优先采用永久的混凝土横隔板,并待混凝土横隔板先行连接并达到一定强度后(抗拉强度≥1.0MPa),方可进行接缝施工。

(4)对通车桥面受损严重或存在坑洼、凸起部位应提前进行局部或整体修复,以降低桥面平整度对振动的影响。

(5)新旧桥拼接段混凝土浇筑时点应避开交通高峰期,宜选择在交通流量较小的时间段进行。在新旧桥拼接段混凝土浇筑时起至混凝土终凝前,限制一定重量的载重货车通行。

(6)行车振动对拼接段混凝土施工质量有影响时,现浇混凝土宜使用低坍落度、微膨胀混凝土和快硬性混凝土,普通混凝土宜加入适当的速凝剂,缩短混凝土的终凝时间。

（7）可采取增加纤维和适度提高现浇混凝土的设计强度等级的方式,增强接缝混凝土抗裂能力。

（8）T梁桥不中段交通条件下采取减振措施的优先顺序分别为:限制车道道数和位置、进行永久或临时横隔板连接、提高桥面平整度、改善材料性能。

# 第5章 山区公路改扩建隧道横通道设置标准研究

## 5.1 改扩建公路不等高程隧道设计概况

小磨高速公路藤篾山隧道所在路段隧道前130m在既有公路右下方改穿过（平面交叉点约在既有公路正下方50m），剩余段落在既有公路左下侧扩建。既有公路与新建隧道所在路段邻近的构筑物主要为边坡、桥梁和老藤篾山隧道。其中，起点段从边坡下方穿过，剩余大段与隧道邻近，最近距离位置位于止点端，距离约为32m；新藤篾山隧道比老藤篾山隧道在止点位置高约2m。新隧道与既有公路的老藤篾山隧道路段邻近，设计考虑在新、老藤篾山隧道间打设横通道作为逃生救援通道，综合考虑各相关因素，全隧道共布设了4处人行横通道和3处车行横通道，横通道的长度合计约1626m。藤蒚山隧道横通道间距大部分为450～490m，人行横通道、车行横通道纵坡较大，车行横通道最大纵坡9.8%，人行横通道最大纵坡25.7%；通道长度大，车行横通道最大长度372m，人行横通道最长334m。虽然符合《公路隧道设计规范》（JTG D70—2004）中的4.4.6条以及《公路隧道设计规范 第二册 交通工程与附属设施》（JTG D70/2—2014）中的10.3.5条和10.3.6条的规定，但已基本达到上限，对人员疏散逃生有一定影响。隧道及横通道相关参数如下：

(1)隧道建筑限界。

净宽：(0.75+0.5+2×3.75+0.75+0.75)m=10.25m；净高：5.0m。

(2)隧道紧急停车带建筑限界。

净宽：(0.75+0.5+2×3.75+3.75+0.75)m=13.25m；净高：5.0m。

(3)车行横通道及救援导洞建筑限界：净宽4.5m，净高5.0m。

(4)人行横通道建筑限界：净宽2.0m、净高2.5m。

(5)藤篾山隧道各段横通道参数见表5.1-1。

藤篾山隧道各段横通道参数　　　表5.1-1

| 序号 | 左幅（新建隧道） | | | 起止点或横通道 | 右幅（既有隧道） | | | 通道纵坡 | |
|---|---|---|---|---|---|---|---|---|---|
| | 里程桩号 | 横通道间距（m） | 高程（m） | | 里程桩号 | 横通道间距（m） | 高程（m） | 高差（m） | 纵坡（%） |
| 1 | K68+010 | — | — | 小勐养端 | K68+440 | — | — | | |
| 2 | K68+425 | 415 | 957.610 | 1号人行 $L=105m$ | K68+360 | 80 | 984.627 | 27.017 | 25.730 |
| 3 | K68+900 | 475 | 967.770 | 1号车行 $L=371.859m$ | K68+660 | 300 | 998.500 | 30.730 | 8.264 |

续上表

| 序号 | 左幅（新建隧道） | | | 起止点或横通道 | 右幅（既有隧道） | | | 通道纵坡 | |
|---|---|---|---|---|---|---|---|---|---|
| | 里程桩号 | 横通道间距（m） | 高程（m） | | 里程桩号 | 横通道间距（m） | 高程（m） | 高差（m） | 纵坡（%） |
| 4 | K68+275 | 375 | 975.763 | 2号人行 $L=334.045m$ | K69+150 | 490 | 1005.850 | 30.088 | 9.007 |
| 5 | K68+705 | 430 | 984.918 | 2号车行 $L=281.689m$ | K69+600 | 450 | 1012.520 | 27.603 | 9.799 |
| 6 | K68+125 | 420 | 993.865 | 3号人行 $L=224.258m$ | K70+050 | 450 | 1016.830 | 22.965 | 10.240 |
| 7 | K68+555 | 430 | 1003.023 | 3号车行 $L=172.411m$ | K70+500 | 450 | 1017.770 | 14.747 | 8.554 |
| 8 | K68+975 | 420 | 1011.973 | 4号人行 $L=102.396m$ | K70+970 | 470 | 1015.750 | 3.778 | 3.689 |
| 9 | K68+395 | 420 | — | 磨憨端 | K71+970 | 470 | — | — | — |

新旧隧道总平面如图5.1-1所示。

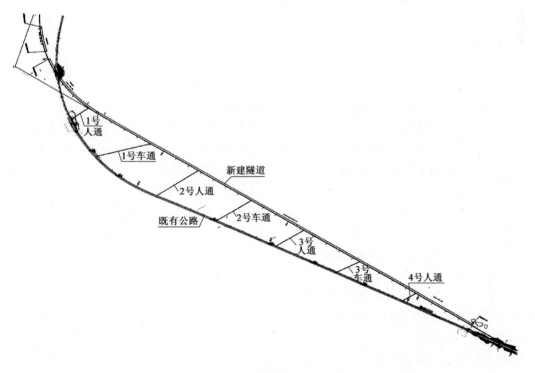

图5.1-1 新旧隧道总平面图

其主要防火设计要点如下：

(1) 隧道防火

作为人员疏散的横向联络通道两端设置防火门,阻挡烟气和火灾蔓延到联络通道内;作为车通行的横向通道设置有防火卷帘门,阻挡烟气和火灾蔓延。

(2) 疏散设计

隧道每间隔一段距离设置有人员疏散的联络通道和车行通道,紧急情况下人员可经横向联络通道到达安全侧隧道进行疏散,车辆由车行联络通道疏散到安全侧隧道。

(3) 防排烟设计

隧道顶部设置有射流风机,用于火灾时烟气控制和正常运行工况下的通风换气。通风控制策略是在人员疏散阶段关闭火源点附近 200m 的射流风机,控制隧道内风速在 1.5m/s 左右,保持烟气分层,为人员逃生提供便利。

## 5.2 设计隧道消防安全评估方案

### 5.2.1 公路隧道火灾的特点与危害

与其他构筑物的火灾相比,隧道火灾又具有自身的特点:

(1) 受隧道净空限制,火焰向水平方向延伸,炽热气流可顺风传播很远,可燃的能量最多 10% 传给烟气,大部分传给衬砌和围岩,故烟气温度随距离的增加而迅速下降,但由于洞壁被加热后的辐射热可使温度保持很长一段时间。

(2) 隧道火灾多半是缺氧燃烧,产生高毒性 CO 气体,曾观察到火灾时洞内 CO 浓度达 7% (0.2% 的浓度几分钟即可置人于死命)。

(3) 由于火灾产生炽热气流可顺风传播很远,一旦遇到易燃物即很快燃烧,这样火点即可从一辆车跳跃到另一辆车,试验中观察到最远的引燃点距起火点有 50 倍洞径。

(4) 洞内火灾产生的热烟,首先集中在隧道顶部,而很长一段隧道的下部仍是新鲜空气。当洞内有较大的纵向风流时,才会使隧道全断面弥漫烟气,使人迷失方向并可能中毒死亡。

(5) 隧道内火场引起的局部热气流可逆风移动,当洞内纵向风速小时,热气流甚至可以到达上风方向洞口,从而使消防人员难以从上风方向到达火场救火。

隧道火灾的危害包括:

(1) 隧道火灾排烟与散热条件差、烟气浓度大、能见度低、人员疏散困难;温度高而且上升速度快、消防救火难度大,损害程度严重。

(2) 火灾时产生的大量有毒有害烟气,降低了隧道能见度,影响人员和车辆的逃生以及救援工作的开展。

(3) 火灾产生的高温,不仅烧毁隧道内部的装修物,对衬砌产生巨大的损害,致使结构的承载力降低或完全丧失,而且破坏隧道防水体系,使隧道发生不同程度的渗漏水,以致影响隧道内车辆的正常运营。

(4) 火灾烧毁隧道内的各种电气设备和通信设备,导致动力、照明用电失控,通信、通风和给排水设备无法运营,致使救援难度加大。

(5)火灾时产生的火风压会极大地影响整个通风系统的正常运行,致使灾害扩大,在火风压的作用下,可能使火灾烟气仍继续向各个区域蔓延,引起人身伤亡事故。

### 5.2.2 隧道火灾安全分析方案

由5.2.1节可知,隧道内一旦发生火灾,洞内烟气大,温度高,疏散和扑救十分困难。火灾产生的高温和有毒气体对人员的生命安全构成了严重的威胁,同时又会使人员在疏散过程中极易恐慌,特别是受困人员在特长隧道内逃生又很难在短时间内撤至洞外,身处险境的焦虑情绪对他们的生理和心理都造成了极大的伤害,但强烈的求生欲望会迫使他们在隧道内寻找脱险的途径。人行横通道就成为隧道内受困人员的"救命稻草",特别是合理间距的横通道对人员的自救起到了至关重要的作用。

研究隧道的火灾时,将保护人员的生命安全作为首要目标,从人员安全疏散的观点出发,并根据人员的疏散特性,计算出人员所需的必要安全疏散时间。以火灾危险时间作为人员安全疏散的基准,从而确定出横通道的合理间距,以便人员在火灾突发事件中能有效利用横通道这一有效途径,安全疏散至另一条安全隧道内。

1) 安全评估目标

为降低隧道建筑内火灾风险,确保达到其应有的消防安全水平。本次评估提出以下安全目标。

(1) 保证人员生命安全

应当根据烟气的流动特点和人员的行为特点,做好疏散通道、避难场所的设计,选用合适的火灾报警系统和疏散诱导系统,保证所有人员能在有限的时间内疏散到安全场所。当发生火灾时,隧道内防火设施及消防排烟系统应保证人员能够及时安全撤离火灾影响的危险区域。主要考虑:①火灾上游的人员能够顺利通过联络通道疏散到安全区域;②考虑火灾下游发生车辆阻滞情况下人员能够通过横通道安全疏散到另一侧隧道。

(2) 防止火灾蔓延,保护财产安全

主要考虑起火车辆的火灾对相邻区域造成的危害,避免火灾大面积的在车辆之间蔓延。对于本项目,应结合通风策略设置来控制火灾规模(隧道火灾一般为燃料控制型火灾),防止火灾在隧道内车辆之间的蔓延。同时控制火灾烟气蔓延,有效排除烟气热量,防止有害烟气威胁区域内疏散人员安全。

(3) 满足疏散条件

隧道联络通道之间的距离和防排烟系统应能满足人员在有限时间内安全疏散,避免联络通道间距过长,导致人员无法在可用疏散时间内到达安全区域。

2) 安全指标

人员安全疏散即隧道内发生火灾时整个建筑系统(包括消防系统)能够为隧道中的所有人员提供足够的时间疏散到安全地点,整个疏散过程中人员不受到火灾的危害。疏散时间(RSET)与危险来临时间(ASET)是判断疏散安全性的主要参数,如果危险来临时间(ASET)大于疏散时间(RSET),则疏散是安全的,疏散设计合理;反之,则不安全,需要修改设计方案或设计参数。

火灾发展对人员安全疏散影响的时间轴线如图5.2-1所示。上述关系可用数学表达式描述,具体见式(5.2-1)。

$$\text{RSET} \leqslant \text{ASET} \tag{5.2-1}$$

式中：RSET——疏散时间，用 $t_{escape}$ 表示，为从火灾发生开始至全部人员疏散到安全区域所需要的时间；

ASET——危险来临时间，用 $t_{risk}$ 表示，为从火灾发生开始到疏散人员开始出现生理或心理不可忍受情况的时间。

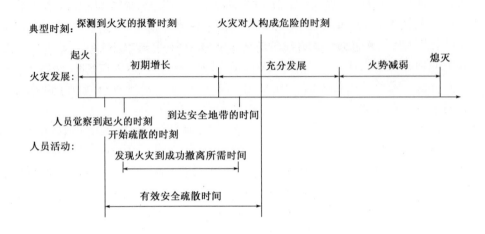

图 5.2-1　火灾发展对人员安全疏散影响的时间轴线

火灾对人员的危害主要来源于火灾产生的烟气，表现为烟气的热作用和毒性。另外对于疏散而言，烟气的能见度也是一个重要的影响因素，所以在分析火灾对疏散的影响时，一般从烟层高度、温度、毒性气体的浓度、能见度等方面进行讨论。通常情况下人员疏散安全性能指标如下：

（1）当烟层位于有人活动的地面 2m 以上时，烟气层主要通过热辐射对人产生影响，辐射强度不应超过 $2.5 kW/m^2$，或烟气层温度小于 200℃。

（2）当烟气层下降到有人活动的地面 2m 高度以下时，烟气主要通过直接热作用对人产生影响，如果烟气层温度小于 60℃ 时，则人可以在此环境中坚持约 30min；如果烟气层温度小于 80℃ 时，则人可以在此环境中坚持约 15min；对于疏散距离较短的房间内或走道内可选择较高的温度值，这里选择 60℃ 作为人员安全疏散的极限温度。

（3）疏散路径中的烟气能见度不小于 10m。

（4）对于烟气的毒性，以 CO 的浓度作为判据，认为超过 100ppm 会对人员会造成不可接受的危害，但是一般认为在可接受的能见度范围内，毒性都很低，不会对人员疏散造成影响。

## 5.3　设计隧道火灾烟气蔓延的特性研究

本节以依托工程为对象，分析火灾场景并选择最具代表性的火灾场景；设定火灾场景参数，采用数值模拟软件进行建模处理，研究不同火灾位置和火源增长速率条件下的火灾烟气蔓延特性，分析了不同高差隧道内出现的烟囱效应现象。

## 5.3.1 火灾场景参数

(1) 火灾的增长速率模式

大量试验表明,多数火灾从点燃发展到充分燃烧阶段,火灾产生的热释放速率大体上呈现时间平方的增长关系,只是增长的速度有快有慢。火灾的增长规律可用下面的方程描述:

$$\dot{Q} = \alpha t^2 \quad (5.3\text{-}1)$$

式中:$\dot{Q}$——热释放速率(kW);
  $\alpha$——火灾增长系数(kW/s²);
  $t$——时间(s)。

火的增长速度一般分为慢速、中速、快速、超快速 4 种类型,其火灾增长系数如表 5.3-1 所示。

4 种类型下的火灾增长系数及典型可燃材料    表 5.3-1

| 增长类型 | 火灾增长系数(kW/s²) | 达到 1MW 的时间(s) | 典型可燃材料 |
|---|---|---|---|
| 超快速 | 0.1876 | 75 | 油池火、易燃的装饰家具、轻的窗帘 |
| 快速 | 0.0469 | 150 | 塑料泡沫、叠放的木架、展台或装有衬垫的工作台分割物体 |
| 中速 | 0.0117 | 300 | 棉与聚酯纤维弹簧床垫、木制办公桌 |
| 慢速 | 0.0029 | 600 | 厚重的木制品 |

隧道起火原因主要考虑为车辆着火,关于车辆的热释放速率仅有很少的公开数据,且在不同的条件下,车辆起火的热释放速率变化也是不一样的,它不仅随燃烧的汽车类型变化,而且与车辆所装载的货物、隧道内的行车密度等相关。根据瑞典 Runehamar 隧道火灾试验实测,发现隧道车辆火灾的规律接近线性增长速率模式,火源功率线性增长曲线如图 5.3-1 所示,火灾热释放率指标如表 5.3-2 所示。

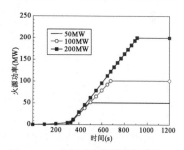

图 5.3-1 火源功率线性增长曲线

火灾热释放率指标(MW)    表 5.3-2

| 火源 | 热释放率(MW) | 火源 | 热释放率(MW) |
|---|---|---|---|
| 汽车(小客车) | 3~5 | 卡车或公共汽车 | 20~25 |
| 运货汽车 | 10~12 | 汽油油罐车 | 50~100 |

(2) 隧道火灾场景设置

藤篾山隧道为山路隧道,通行车辆中大客车、货运车、油罐车等大型重载车较多,根据大客车的全尺寸火灾热释放速率的试验结果,设置大客车的火源功率 20MW 为典型火源功率。火灾条件中最危险的情况是货车和油罐车火灾,火源功率分别设置为 50MW 和 100MW。

火灾功率增长率分析设定在5MW以前为快速火,5MW以后对于峰值为50MW、100MW的火灾分别按照16.9MW/min、16.4MW/min的变化速率呈近似线性增长(图5.3-1)。在分析火灾过程中,着火面积均设置为2m×2m。

为了分析联络通道间距设置的合理性,根据相邻横通道间距最不利工况,在联络通道间距较大的区域考虑着火位置,选取1号车行通道(长度371.859m)左幅(新建隧道)横通道间距475m,与2号人行通道(长度334.045m)右幅(既有公路)横通道间距490m,将此区间作为模拟区域。共设置3种着火的情况,每种情况为单独着火,不考虑两处及两处以上的位置同时着火的情况,分别称其为火源位置1、火源位置2和火源位置3,具体火源位置如图5.3-2所示。

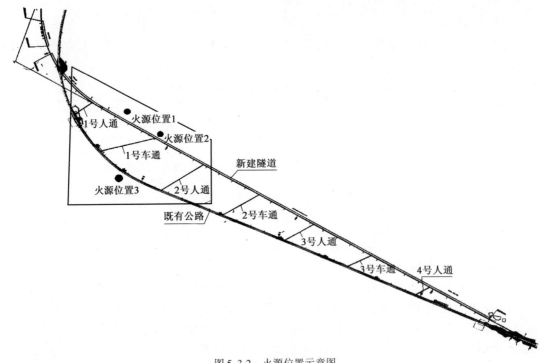

图5.3-2 火源位置示意图

火源位置1:位于左幅(新建隧道)最长横通道间距中心位置。疏散路径为1号人行通道和1号车行通道。

火源位置2:位于最长联络通道1号车行通道口处,作为最不利工况,1号车行通道不具备疏散条件。疏散路径为1号人行通道和2号人行通道。

火源位置3:位于右幅(既有公路)最长横通道间距中心位置,疏散路径为1号车行通道和2号人行通道。

为了方便分析和表示火源位置与隧道的距离关系,绘制了火源位置简图,如图5.3-3所示。

每个火源位置均考虑三种火源功率情况,并且在火源位置1处,考虑火源功率为20MW时按照火灾增长曲线发展,其他情况考虑火源功率一开始即达到最大值,火灾场景设置见表5.3-3。由于风速对火焰烟气蔓延、热量蓄积以及燃烧供氧有影响,通常情况隧道火灾临界风速在2.0~3.0m/s之间。

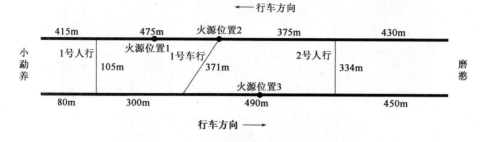

图 5.3-3　火源位置简图

火源位置及风速　　　　　　　　　　　　　　　　表 5.3-3

| 序　号 | 火源位置 | 火源功率(MW) | 风速(m/s) |
| --- | --- | --- | --- |
| 1 | 火源位置 1 | 20 | 1.5*,2.0,2.5,3.0 |
| 2 | 火源位置 2 | 20 | 1.5*,2.0,2.5,3.0 |
| 3 | 火源位置 3 | 20 | 1.5*,2.0,2.5,3.0 |
| 4 | 火源位置 1 | 50 | 1.5*,2.0,2.5,3.0 |
| 5 | 火源位置 2 | 50 | 1.5*,2.0,2.5,3.0 |
| 6 | 火源位置 3 | 50 | 1.5*,2.0,2.5,3.0 |
| 7 | 火源位置 1 | 100 | 1.5*,2.0,2.5,3.0 |
| 8 | 火源位置 2 | 100 | 1.5*,2.0,2.5,3.0 |
| 9 | 火源位置 3 | 100 | 1.5*,2.0,2.5,3.0 |

注：*对于线性增长火源，计算火源上游来流风速1.5m/s，稳态火源取2~3m/s。

### 5.3.2　火灾烟气 FDS 模型

既有隧道和新建隧道均为弧形拱顶，因此 FDS(Fire Dynamics Simulator)建模按照全尺寸建立弧形隧道拱顶，隧道物理模型见图 5.3-4。

由于研究对象是狭长半封闭空间着火过程，烟气运动为湍流状态，计算空间大，因此采用大涡模拟方法计算烟气流动。模拟区域具有 2 条主隧道和 3 条联络通道，模拟的主要目的是分析烟气到达各联络通道出入口的情况。计算区域限制在两条横通道之间的隧道区域，主要原因如下：①由于整个隧道模型全部分析导致计算区域过大，划分网格粗糙，对计算结果的精度产生影响；②火灾烟气蔓延过程中非着火隧道对火灾的发展影响不大，同时有防排烟系统通过正压送风阻止火灾烟气向非着火隧道进行蔓延。为了使分析结果更加精确，对每个火源位置进行单独建立模型进行模拟，模拟过程中不考虑行车方向相反隧道的模型。

由于火源位置 1 和火源位置 2 所在的左幅(新建隧道)海拔低，火灾烟气受浮升力影响向上蔓延，因此火灾烟气进入横向联络通道蔓延到右幅隧道(既有隧道，海拔高)可能性较大，因此考虑联络通道的风速。火源位置 3 位于右幅(既有公路隧道)处在海拔较高处，烟气通过联络通道向左幅隧道蔓延的可能性小，因此不考虑联络通道在右幅的风速。

火源位置如图 5.3-5 所示。

a) 整体模型

b) 左幅隧道横截面

图 5.3-4　FDS 建模隧道物理模型

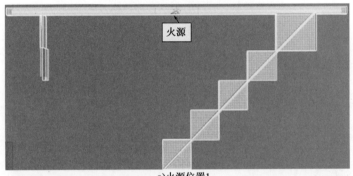

a) 火源位置1

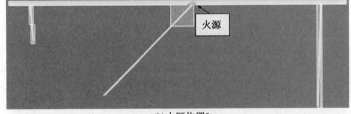

b) 火源位置2

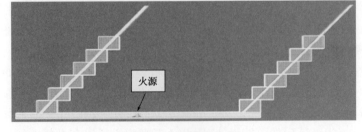

c) 火源位置3

图 5.3-5　火源位置示意图

### 5.3.3 FDS模拟计算主要结果

1)线性增长火源的FDS模拟计算结果

设置风速为1.5m/s,120s时启动风机(风机逆转运行)。线性火源各场景的危险来临时间计算结果统计见表5.3-4。1-100-1.5工况的图形结果如图5.3-6所示。

线性火源模拟场景危险来临时间  表5.3-4

| 工况序号 | 监测位置 | 能见度危险来临时间(s) | | 烟气温度危险来临时间(s) | CO浓度危险来临时间(s) | 可用安全疏散时间(ASET)(s) |
|---|---|---|---|---|---|---|
| | | 10m | 5m | | | |
| 1-20-1.5 | 1号人行 | 206.5 | 210 | 468 | 402 | 206.5 |
| | 1号车行 | — | — | — | — | — |
| 1-50-1.5 | 1号人行 | 205 | 209 | 456 | 394 | 205 |
| | 1号车行 | — | — | — | — | — |
| 1-100-1.5 | 1号人行 | 198 | 204 | 452 | 392 | 198 |
| | 1号车行 | — | — | — | — | — |
| 2-20-1.5 | 1号人行 | 371 | 392 | — | 498 | 371 |
| | 2号人行 | — | — | — | — | — |
| 2-50-1.5 | 1号人行 | 368 | 383 | — | 513 | 368 |
| | 2号人行 | — | — | — | — | — |
| 2-100-1.5 | 1号人行 | 355 | 367 | — | 506 | 355 |
| | 2号人行 | — | — | — | — | — |
| 3-20-1.5 | 1号车行 | — | — | — | — | — |
| | 2号人行 | 288 | 406 | — | — | 288 |
| 3-50-1.5 | 1号车行 | — | — | — | — | — |
| | 2号人行 | 281 | 398 | — | 506 | 281 |
| 3-100-1.5 | 1号车行 | — | — | — | — | — |
| | 2号人行 | 278 | 396 | — | — | 278 |

注:1."—"表示上游的疏散横通道始终处于安全状态,由于通风作用,烟气没有向火源上游回流。
2.工况序号含义为火源点-火源功率-风速。

1-100-1.5工况,火源位置1发生100MW火灾时,120s后启动1.5m/s的纵向风速,火灾模拟结果展示如下。

(1)烟气蔓延情况[图5.3-6a)]。

(2)温度变化情况[图5.3-6b)]。

(3)能见度变化情况[图5.3-6c)]。

(4)CO浓度变化情况[图5.3-6d)]。

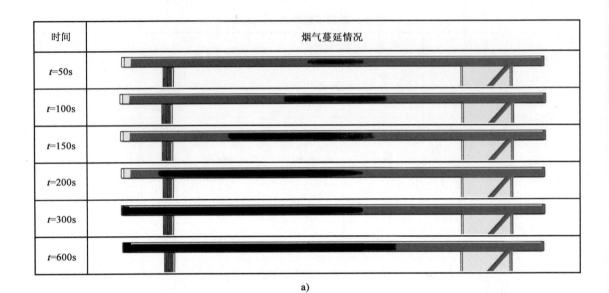

图 5.3-6

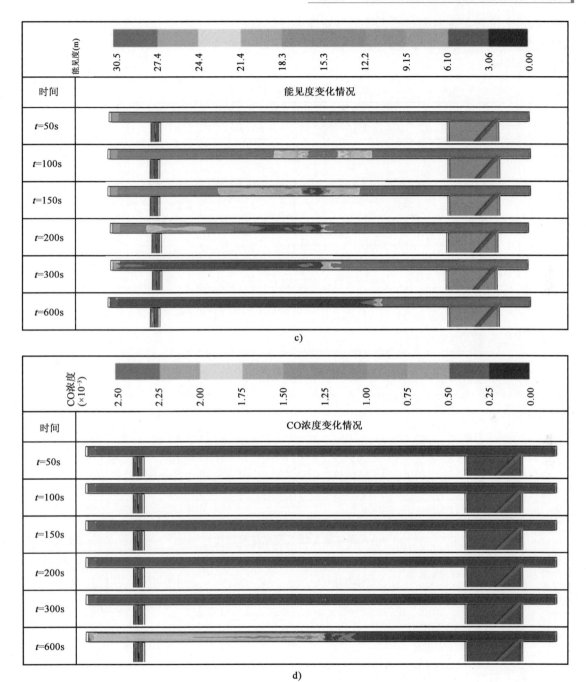

图 5.3-6　工况 1-100-1.5 主要结果

2）稳态火源的 FDS 计算结果

隧道通风设计方案中如果着火侧隧道火源点下游交通顺畅,在人员疏散阶段,关闭火源点附近 200m 的射流风机,采用临界风速控制洞内烟雾扩散,保证烟气不发生逆流。为了与线性增长火源进行对比分析,对不同位置火源进行了极端情况计算,即设定火源功率为稳态火。本书所确定的危险来临时间是指火灾烟气特性参数达到着火点上下游最近联络通道2m高处的时间,危险来临时间统计如表5.3-5～表5.3-7所示。稳态火源的FDS计算结果可以用于保守情况对比分析。

火源位置1烟气模拟结果统计　　　　　　　　　　　　　　　　　　　表5.3-5

| 工况序号 | 监测位置 | 能见度危险来临时间(s) | 烟气温度危险来临时间(s) | CO浓度危险来临时间(s) | 可用安全疏散时间ASET(s) |
|---|---|---|---|---|---|
| 1-20-2.0 | 1号人行 | 301 | — | — | 301 |
| | 1号车行 | — | — | — | — |
| 1-20-2.5 | 1号人行 | 288 | — | — | 288 |
| | 1号车行 | — | — | — | — |
| 1-20-3.0 | 1号人行 | 282 | — | — | 282 |
| | 1号车行 | — | — | — | — |
| 1-50-2.0 | 1号人行 | 108 | — | 521 | 108 |
| | 1号车行 | — | — | — | — |
| 1-50-2.5 | 1号人行 | 105 | — | 437 | 105 |
| | 1号车行 | — | — | — | — |
| 1-50-3.0 | 1号人行 | 109 | — | 424 | 109 |
| | 1号车行 | — | — | — | — |
| 1-100-2.0 | 1号人行 | 123 | — | 456 | 123 |
| | 1号车行 | — | — | — | — |
| 1-100-2.5 | 1号人行 | 87.3 | 727 | 485 | 87.3 |
| | 1号车行 | — | — | — | — |
| 1-100-3.0 | 1号人行 | 77 | 708 | 536 | — |
| | 1号车行 | — | — | — | — |

火源位置2烟气模拟结果统计　　　　　　　　　　　　　　　　　　　表5.3-6

| 工况序号 | 监测位置 | 能见度危险来临时间(s) | 烟气温度危险来临时间(s) | CO浓度危险来临时间(s) | 可用安全疏散时间ASET(s) |
|---|---|---|---|---|---|
| 2-20-2.0 | 1号人行 | 143 | — | 170 | 143 |
| | 2号人行 | — | — | — | — |
| 2-20-2.5 | 1号人行 | 125 | — | 148 | 125 |
| | 2号人行 | — | — | — | — |
| 2-20-3.0 | 1号人行 | 109 | — | 131 | 109 |
| | 2号人行 | — | — | — | — |
| 2-50-2.0 | 1号人行 | 119 | 501 | 126 | 119 |
| | 2号人行 | — | — | — | — |
| 2-50-2.5 | 1号人行 | 102 | 312 | 107 | 102 |
| | 2号人行 | — | — | — | — |

续上表

| 工况序号 | 监测位置 | 能见度危险来临时间(s) | 烟气温度危险来临时间(s) | CO浓度危险来临时间(s) | 可用安全疏散时间ASET(s) |
|---|---|---|---|---|---|
| 2-50-3.0 | 1号人行 | 89 | 208 | 95 | 89 |
|  | 2号人行 | — | — | — | — |
| 2-100-2.0 | 1号人行 | 97 | 212 | 99 | 97 |
|  | 2号人行 | — | — | — | — |
| 2-100-2.5 | 1号人行 | 82 | 139 | 90 | 82 |
|  | 2号人行 | — | — | — | — |
| 2-100-3.0 | 1号人行 | 76 | 106 | 78 | 76 |
|  | 2号人行 | — | — | — | — |

火源位置3烟气模拟结果统计　　　　　表5.3-7

| 工况序号 | 监测位置 | 能见度危险来临时间(s) | 烟气温度危险来临时间(s) | CO浓度危险来临时间(s) | 可用安全疏散时间ASET(s) |
|---|---|---|---|---|---|
| 3-20-2.0 | 1号车行 | — | — | — | — |
|  | 2号人行 | 67.2 | — | — | 67.2 |
| 3-20-2.5 | 1号车行 | — | — | — | — |
|  | 2号人行 | 60 | — | — | 60 |
| 3-20-3.0 | 1号车行 | — | — | — | — |
|  | 2号人行 | 54 | — | — | 54 |
| 3-50-2.0 | 1号车行 | — | — | — | — |
|  | 2号人行 | 54 | — | — | 54 |
| 3-50-2.5 | 1号车行 | — | — | — | — |
|  | 2号人行 | 52 | 125 | 77 | 52 |
| 3-50-3.0 | 1号车行 | — | — | — | — |
|  | 2号人行 | 45 | 85 | 71 | 45 |
| 3-100-2.0 | 1号车行 | — | — | — | — |
|  | 2号人行 | 46 | 84 | 52 | 46 |
| 3-100-2.5 | 1号车行 | — | — | — | — |
|  | 2号人行 | 42 | 79 | 49 | 42 |
| 3-100-3.0 | 1号车行 | — | — | — | — |
|  | 2号人行 | 36 |  | 47 | 36 |

从表5.3-5～表5.3-7中可以看出：对于同样的火源功率，上游风速加大会导致烟气快速向下游扩散，导致横通道烟气的能见度降低，达到临界危险状态时间缩短。但是由于风速加大有助于稀释烟气，使温度、CO浓度降低速度更快，CO浓度危险来临时间变得更长。

### 5.3.4 不等高隧道横通道的烟囱效应研究

当发生火灾后隧道纵向因坡度而存在的高差、新建隧道与既有隧道的高差将导致烟囱效应,高度较低一侧(左幅新建隧道)隧道发生火灾,火灾烟气会通过联络通道扩散到高度较高一侧(右幅既有隧道)的隧道内,影响该着火隧道内的人员安全。明确坡度对长横通道烟气扩散规律的影响,对于采取正确的烟气控制策略具有重要意义。由于藤蔑山隧道左幅新建隧道高度低,分别模拟车行横通道和人行横通道最大纵坡情况时,火灾烟气在横通道内的烟囱效应。

(1)横通道烟囱效应研究工况建模

工况1:火源处于2号人行道(坡度9.007%)和1号车行横通道(坡度8.264%)中间位置,模拟最大火源功率为100MW,火源功率按照线性曲线增长,火灾上游设置风速为1.5m/s,120s时启动风机。上游来流风导致烟气向1号车行横通道(坡度8.264%)蔓延。考察车行通道内由于烟囱效应烟气向既有隧道扩散情况。

工况2:火源处于1号人行道(坡度25.73%)和1号车行横通道(坡度8.264%)中间位置,模拟最大火源功率为100MW,火源功率按照线性曲线增长。火灾上游设置风速为1.5m/s,120s时启动风机,人行横通道内无任何防排烟设施,火灾烟气蔓延到1号人行通道口处,进入人行通道。该工况考察1号人行通道内由于烟囱效应烟气向既有隧道扩散情况。

如图5.3-7所示为烟囱效应模拟模型。

(2)1号车行横通道烟囱效应计算结果

对于工况1,主隧道内着火,由于上游风机作用,不考虑烟气向火源上游蔓延扩散到2号人行通道,只考虑烟气向下游蔓延,部分烟气会进入1号车行横通道,导致烟气向具有坡度的横通道内蔓延。

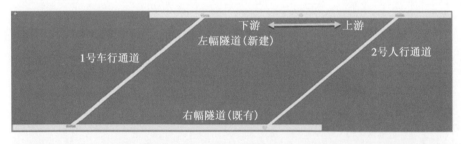

a)车行横通道烟囱效应模拟

图 5.3-7

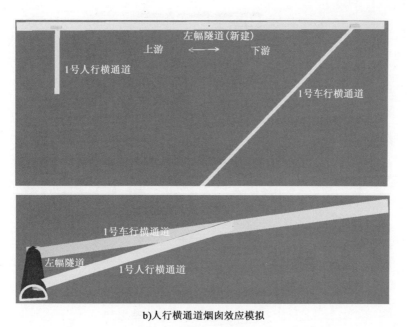

b) 人行横通道烟囱效应模拟

图 5.3-7 烟囱效应模拟模型

由图 5.3-8 模拟结果可知,火灾烟气在下游区域的横通道形成明显的烟囱效应,烟气沿横通道蔓延,但是烟气在横通道的蔓延速度较低,在 900s 模拟时间内,烟气没有蔓延到右幅(既有隧道),然而火灾发生后规定 10min 内消防员能够到达火灾现场控制火灾,因此 900s 时消防员已经到达现场对火灾进行控制,火灾烟气在横通道内的烟囱效应也会得到抑制,火灾烟气通过烟囱效应对右幅隧道的危害较小,不会对对面隧道造成威胁。

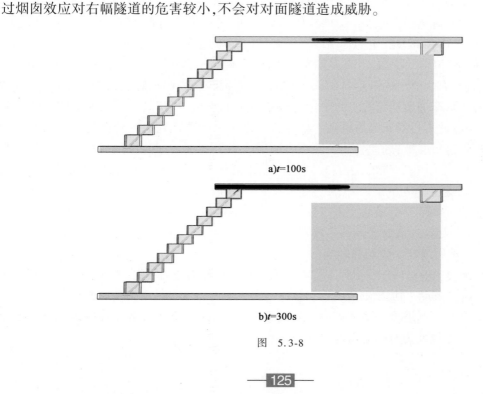

a) $t$=100s

b) $t$=300s

图 5.3-8

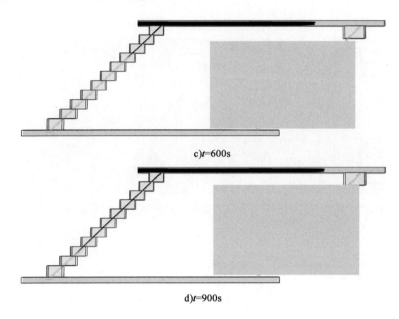

c) $t=600s$

d) $t=900s$

图 5.3-8　烟囱效应烟气蔓延情况

综合以上分析,由于左幅新建隧道高程较低,火灾发生在该隧道内会发生烟囱效应,但是横通道内烟囱效应导致的烟气蔓延到右幅隧道的时间较长,对右幅隧道不会造成威胁。而且烟气在扩散中受到隧道壁面冷却,温度降低会出现回流现象,但是回流时间较晚,晚于人员完全疏散到上游横通道的时间,因此烟气回流对人员疏散影响较小。

(3) 1 号人行横通道(坡度为 25.7%)烟囱效应计算结果

研究取左幅隧道以及 1 号人行横通道(长度为 105m)烟气扩散情况分析。研究状况设定主隧道火源上游设置风速为 1.5m/s,120s 时启动风机,人行横通道内没有采取任何防烟设施,烟气进入横通道,由于高差产生的烟囱效应使烟气向右幅隧道蔓延。

由图 5.3-9 模拟结果可知,当火灾发生后 420s,左幅隧道内火灾烟气通过人行横通道到达右幅隧道,并且在右幅隧道内开始蔓延,由于人行横通道较短,并且坡度大,烟囱效应明显,火灾烟气比 1 号车行横通道蔓延快。为了保护右幅隧道的安全,当该处发生火灾时需要采取措施,限制烟气通过此人行横通道蔓延到右幅隧道。由于烟气蔓延到此人行横通道后人员不可继续使用该通道进行疏散,因此必须在人行横通道入口处加装常闭防火门、设置前室,而且横通道内设置加压送风(设置风机,由右幅隧道向左幅隧道方向纵向送风),在此人行横通道内阻挡烟气向右幅隧道蔓延。

同样对于右幅隧道人行横通道入口处,虽然处于高海拔隧道侧,但为了防止烟气进入横通道仍需要采取防烟措施,来保证人员疏散安全。

(4)坡度对横通道烟气蔓延的影响

本部分以藤篾山隧道改扩建工程 1 号人行横通道为工程背景,模拟分析不同坡度对横通道烟气蔓延的影响,分析不同坡度形成的烟囱效应。图 5.3-10 为 3 种坡度的横通道模型示意图。

将火灾烟气在不同坡度的横通道内蔓延的模拟结果列表(表 5.3-8),其中以烟气蔓延至对面隧道横通道连接处为时间节点进行统计分析。

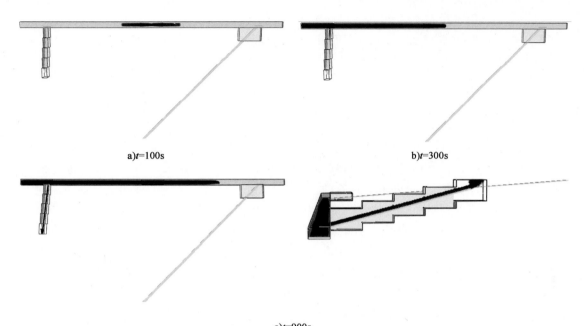

a) $t$=100s

b) $t$=300s

c) $t$=900s

图 5.3-9 烟囱效应烟气蔓延情况

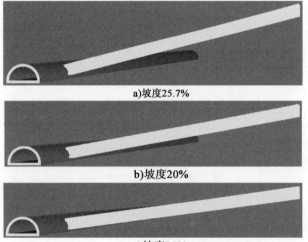

a) 坡度25.7%

b) 坡度20%

c) 坡度15%

图 5.3-10 3种坡度的横通道模拟模型示意图

**不同坡度横通道烟气蔓延模拟结果统计** 表 5.3-8

| 序号 | 隧道位置 | 火源位置 | 横通道坡度(%)/长度(m) | 烟气到达对面隧道时间(s) |
|---|---|---|---|---|
| 1 | 1号车行横通道 | 火源处于2号人行横通道和1号车行横通道中间位置 | 8.264/371.859 | — |
| 2 | 1号人行横通道 | 火源处于1号人行横通道和1号车行横通道中间位置 | 25.73/105 | 420 |
| 3 |  |  | 20/105 | 405 |
| 4 |  |  | 15/105 | 398 |

续上表

| 序号 | 隧道位置 | 火源位置 | 横通道坡度(%)/长度(m) | 烟气到达对面隧道时间(s) |
|---|---|---|---|---|
| 5 | 1号人行横通道 | 火源处于1号人行横通道入口附近 | 25.73/105 | 94 |
| 6 | | | 20/105 | 117 |
| 7 | | | 15/105 | 155 |

注："—"表示900s内未到达对面隧道。

将火源设置在人行横通道和车行横通道之间的主隧道,主隧道火源上游设置强制通风设备,所有横通道内(车行横通道以及人行横通道)无通风设施且两端未设置防火门。通过模拟分析发现,强制通风使烟气向火源下游流动,并且部分烟气会进入下游的横通道。通过对火灾发生开始到烟气蔓延到对面隧道的时间进行统计,发现以下规律:

(1)对于1号车行横道(坡度8.264%),由于上游的强制通风,主隧道火灾烟气向下游蔓延,部分烟气进入1号车行横道道车行通道。但由于其距离长(371.859m),且坡度小,烟囱效应不明显,而且沿途烟气受到隧道壁面冷却,所以蔓延到车行横通道烟气会逐渐沉降。根据烟气浓度以及温度的计算结果,该工况下烟气不能蔓延到右幅既有隧道。

(2)对于1号人行横道(选择3种不同坡度),当火源位于主隧道中1号人行横通道和1号车行横通道中间位置时(表5.3-8中第2~4号),经过较长距离蔓延到横通道。对坡度较小的横通道,烟气进入横通道后,由于较小坡度的横通道与主隧道的夹角较小,并且主隧道来流的烟气动量方向与主隧道平行。因此横通道坡度越小,来流烟气在垂直方向改变动量方向所损失的能量更少,受到阻力更小,烟气的流速衰减更慢。在较小坡度条件下,能够进入横通道的烟气动量反而更占优势。通过横通道坡度越小,烟气从主隧道蔓延到对面隧道的整体时间反而越短。烟气扩散机理见图5.3-11。

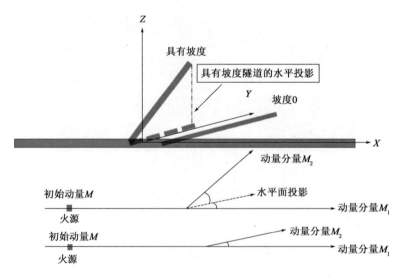

图5.3-11 烟气扩散机理示意图

相同火源功率情况下,横通道坡度大时动量分量 $M_2$ 比横通道坡度小时动量分量 $M_2$ 更小,并且初始动量的方向沿水平面,因为横通道较大的坡度使隧道连接处的局部阻力损失更大,进入横通道的烟气动量更小。由于强制通风,水平动量对烟气蔓延起主导作用。

(3) 如果火源位于 1 号人行横通道入口处(表 5.3-8 中第 5~7 号),火源产生烟气会大量进入横通道,则因横通道坡度导致的烟囱效应对烟气蔓延起主导作用,会导致烟气扩散随着坡度的增加而加快,坡度越高,蔓延到对面时间越短。

总之,主隧道火灾烟气在进入具有坡度的横通道时,会受到上游强制通风和横通道烟囱效应的双重影响,烟气由主隧道向下游蔓延,在蔓延过程中受上游强制通风的影响,烟气具有一定的向下游方向的动量。在蔓延至横通道位置时,烟气进入横通道,横通道坡度的改变,会影响热烟气在横通道内蔓延的烟囱效应,对面隧道内人员可用的疏散时间会受到影响,因此在进行长距离的横通道设计时需要考虑横通道的坡度因素。对于火源远离横通道的情况(表 5.3-8 中的 1~4 号),主隧道控烟风速的影响占优,对于火源接近横通道的情况,横通道坡度的因素占优。

### 5.3.5 本节小结

通过对三个火源位置、两种增长方式火源以及不同的火源上游来流风速进行模拟分析,得到结论如下:

(1) 对于线性增长火源,火灾发生后 120s 风机开始逆转,风速为 1.5m/s 的工况,火灾烟气开始阶段蔓延到隧道顶后对称向着火位置上游和下游蔓延,风机逆转后烟气主要向下游蔓延,烟气向上游蔓延得到抑制。风机启动后 300s 内,火灾(火源功率 20MW、50W、100MW)烟气向上游回流现象不明显,使上游保持安全的疏散环境,有利于人员逃生。风机启动后 600s,火灾(火源功率 50W、100MW)烟气出现向上游回流现象,但按照正常人员疏散速度分析,该时间段内上游人员应该通过横通道疏散完毕。根据烟气特征参数统计结果可知,火源下游横通道处的能见度最先达到危险状态,其次是 CO 浓度,温度达到危险状态的时间最晚。

(2) 对于稳定功率火源,由于一开始就达到最大状态,烟气蔓延速度较快,纵向风速为 2m/s,超过了临界风速,并且随着风速增加,烟气蔓延得更快,火源功率越大火灾到达下游横通道的时间越短,即可用于安全疏散的时间越短。隧道能见度最先达到危害人员安全疏散的状态,其次是 CO 的浓度和烟气温度,只在火源附近烟气温度较高,会对人员造成威胁。当离开火源一段距离后(超过 100m)烟气温度变化不明显,横通道附近烟气温度小于临界温度值,对人员安全疏散影响较小。

(3) 对于同样位置、同样最大功率的火源,线性增长火源工况下的烟气扩散到下游横通道时间要远远大于稳定功率火源工况,达到危险状态时间也远远缩短,因此稳定功率火源计算结果可以用于保守情况分析。综合考虑经济性和安全性,消防设计中建议采用线性增长火源的计算结果。

(4) 对于同样的火源功率和通风方案,由于火源位置 1 位于左线(新建隧道)两个横通道(间距 475m)中间位置,烟气扩散到火源下游横通道位置危险工况来临时间(能见度因素)最短。火源位置 2 位于左线横通道附近,下游横通道间距 475m,烟气扩散到下游横通道危险工况来临时间(能见度因素)最长。火源位置 3 左线(既有隧道)间距 490m 中间处,烟气扩散到下游横通道危险工况来临时间(能见度因素)比火源位置 1 的工况长一些。

(5) 根据隧道火灾工况计算结果,火灾烟气中,能见度因素最先达到危害人员安全疏散的状态,其次是 CO 的浓度和烟气温度。烟气温度只在火源附近较高,会对人员造成威胁;当离开火源一段距离后(超过 100m)烟气温度变化不明显。横通道附近烟气温度小于临界温度值,对人员安全疏散影响较小。火源位置 2 和火源位置 3 的情况下温度并没有达到危害人员的状态,因此温度对人员疏散影响较小。

(6)对于同样的火源功率,上游风速加大会导致烟气快速向下游扩散。虽然由于风速加大有助于稀释烟气,使温度、CO 浓度降低速度更快。但是下游烟气层稳定性破坏,导致横通道烟气的能见度降低,达到临界危险状态时间缩短。为了在火灾初期阶段保持下游烟气层稳定性,使人员高度处有良好疏散环境,建议初始阶段风机逆转后处于低风速运行(1.5m/s),待下游人员安全疏散完毕后,全力启动射流风机,从洞口排出烟气。

(7)对于坡度为 25.7% 的 1 号人行横通道,当对于发生在左幅隧道位置 1 处 100MW,如果横通道没有采取防烟措施,由于人行横通道较短(105m),并且坡度大,烟囱效应明显火灾烟气蔓延快,火灾发生后 420s 烟气通过人行横通道到达右幅隧道,并且在右幅隧道内开始蔓延。为了保护右幅隧道的安全,当左幅隧道发生火灾时需要在横通道入口处采取措施限制烟气通过此人行横通道蔓延到右幅隧道,如采取加装常闭防火门,设置前室以及横通道内采用加压送风措施。

(8)对于 1 号车行横通道,由于左幅新建隧道高差较低,火灾发生在该隧道内会发生烟囱效应,但是横通道内烟囱效应导致的烟气蔓延到右幅隧道的时间较长,对右幅隧道不会造成威胁。而且烟气在扩散中受到隧道壁面冷却,温度降低会出现回流现象,但是回流时间较晚,晚于人员完全疏散到上游横通道的时间,因此烟气回流对人员疏散影响较小。

(9)横通道坡度是影响火灾烟气蔓延的因素,在进行横通道设计时需要考虑横通道坡度对烟气蔓延的影响。横通道的坡度对火灾烟气的蔓延有一定影响,坡度的改变会影响火灾烟气蔓延至对面隧道的时间,人员疏散可用安全时间受到影响。由于该方面可参考标准有限,建议设计时可采用 FDS 等 CFD 模拟分析软件进行分析。

## 5.4 设计隧道人员安全疏散仿真研究

本节采用数值模拟软件 Pathfinder 及 FDS+EVAC 对隧道内的人员应急疏散情况进行模拟,通过对人员特征参数和人员数量进行分析,分别模拟不同火灾场景条件下的人员逃生情况。规范对疏散的相关规定的根本目的在于控制疏散的时间,即人员安全疏散是针对疏散时间的分析展开的。根据烟气蔓延评价结果对疏散的安全性进行判定,即可用安全疏散时间不能小于实际安全疏散时间。

### 5.4.1 疏散人数算法

根据远期第 20 年(2037 年)高峰小时交通量计算人员数量,交通量以勐仑立交—勐远立交高峰时段小时交通量为准进行计算,如表 5.4-1 所示。参照《公路工程技术标准》(JTG B01—2003),同一时刻在隧道内的小客车数目 $N$ = 设计车流量 × 折算系数 $D$ × (隧道长度 $L$/车辆设计速度 $v$);隧道车辆设计速度为 80km/h。

## 勐仑立交—勐远立交高峰小时交通量(辆/h)    表 5.4-1

| 车型 | 近期(2025 年) | | 远期(2037 年) | |
|---|---|---|---|---|
| | 燃油类型车 | | | |
| | 汽油车 | 柴油车 | 汽油车 | 柴油车 |
| 小客车 | 292 | 73 | 762 | 191 |
| 小货车 | 57 | 25 | 118 | 51 |
| 中货车 | 5 | 21 | 10 | 39 |
| 大客车 | 0 | 16 | 0 | 49 |
| 大货车 | 0 | 17 | 0 | 47 |
| 拖挂车 | 0 | 8 | 0 | 21 |
| 集装箱 | 0 | 1 | 0 | 2 |
| 合计 | 354 | 161 | 890 | 400 |
| 总计 | 515 | | 1290 | |

注：1. 左右线双向不均匀系数 0.5。
    2. 高峰比例系数 9%。

根据每种场景隧道区段内存在的车辆类型和车辆总数，以及不同类型的车辆每辆车可容纳的人数，确定隧道区间内存在的总人数。总人数等于两条横通道之间疏散区域内车辆数×人数(人/车)之和。

对每种着火位置人员疏散分别进行模拟。由于着火隧道与相反行车方向的间距较远，烟气对其影响不大，因此主要模拟着火隧道的人员疏散，人员可通过联络通道疏散到对面隧道进行逃生。当右幅隧道发生火灾时，由于右幅既有隧道位置较高，烟气层向上传播，因此进入联络通道的烟气很少，并且联络通道可设置风机阻挡烟气的进入；当左幅隧道(海拔低)发生火灾时考虑在联络通道设置风机以阻挡烟气进入横通道，因此设定人员到达联络横通道即为疏散安全。

(1) 疏散场景 1

当火源位置 1 发生火灾时，设定疏散场景为疏散场景 1。该场景条件下模拟着火区域，两个联络通道之间的人员疏散情况如图 5.4-1 所示，模拟隧道区间长 475m，着火地点在隧道区间中央，当发生火灾时着火地点上游的人员通过上游联络通道疏散，下游人员通过下游最近的联络通道疏散。

疏散人数确定：同一时间内隧道模拟区间存在的车辆数是根据小时车流量、模拟隧道区间长度和设计速度确定。同一时刻隧道内的车辆数目＝小时车流量×隧道长度/设计时速。根据公路隧道火灾逃生疏散研究对车辆载客量的分析，假定大客车载客量为 45 人，小客车为 6 人，其他车型(包括轿车、货车等)为 2 人。

因此以远期 2037 年的车流量(整条隧道 1289 辆车)为准，对疏散场景 1 中火源下游疏散区域进行统计。统计分为大客车、小客车和其他车型 3 种类型，不满 1 人的按照 1 人计算，见表 5.4-2。

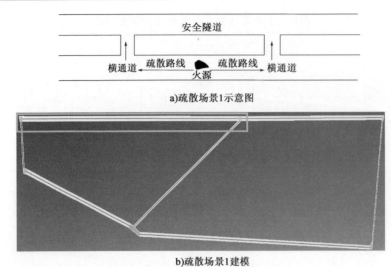

图 5.4-1 火源位置 1 疏散区间

火源位置 1 模拟区段同一时刻存在车辆数及人数　　　　表 5.4-2

| 车　型 | 汽车数量（辆） | 人数（人） |
|---|---|---|
| 大客车 | 0.29 | 14 |
| 小客车 | 5.67 | 34 |
| 其他车型 | 1.71 | 4 |
| 合计 | 7.66 | 52 |

（2）疏散场景 2

当火源位置 2 发生火灾时，设定疏散场景为疏散场景 2。模拟疏散区间隧道长度为 850m，区间内行车数量和人员数量根据火源位置进行确定，模拟疏散区间如图 5.4-2 所示，人员数量见表 5.4-3。场景 2 中车行联络通道不可用，由于上游隧道区间较长为 475m，下游较短为 375m，因此下游设定 51 人，上游设定 41 人。

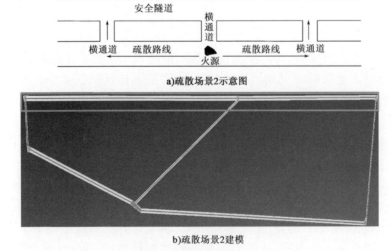

图 5.4-2 火源位置 2 疏散区间

火源位置2模拟区段同一时刻车辆数及人数　　　　　表5.4-3

| 车　　型 | 汽车数量(辆) | 人数(人) |
|---|---|---|
| 大客车 | 0.52 | 24 |
| 小客车 | 10.13 | 61 |
| 其他车型 | 3.06 | 7 |
| 合计 | 13.71 | 92 |

(3)疏散场景3

当火源位置3发生火灾时,设定疏散场景为疏散场景3。模拟疏散区间隧道长度为490m,区间内行车数量和人员数量根据火源位置进行确定,模拟疏散区间如图5.4-3所示,人员数量见表5.4-4。

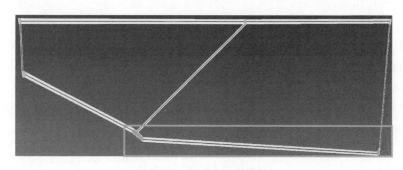

图5.4-3　火源位置3疏散区间

火源位置3模拟区段同一时刻车辆数及人数　　　　　表5.4-4

| 车　　型 | 汽车数量(辆) | 人数(人) |
|---|---|---|
| 大客车 | 0.30 | 16 |
| 小客车 | 5.84 | 36 |
| 其他车型 | 1.77 | 4 |
| 合计 | 7.91 | 56 |

选取男性的肩宽为45~55cm,速度为1.2~1.6m/s;女性的肩宽为40~50cm,速度为1.0~1.4m/s。疏散模拟过程中设定男性占比60%,女性占比40%。每种疏散场景人员在火源上下游均匀分布。

### 5.4.2　疏散时间算法

疏散时间(RSET)包括疏散开始时间($t_{start}$)和疏散运动时间($t_{action}$)两部分,即:

$$t_{escape} = t_{start} + t_{action} \tag{5.4-1}$$

(1)疏散开始时间

疏散开始时间($t_{start}$)即从起火到开始疏散行动的时间。这个时间一般包括火灾探测警报时间和疏散预动时间。在实际的火灾发生过程中,人们往往通过自身感官能够很快感知火灾并开始疏散,所以疏散开始时间常常比完全依赖于消防系统的情况小很多。

(2)疏散运动时间

疏散运动时间($t_{action}$)是指从疏散开始行动至所有人员到达安全地点的时间。疏散运动时间分析是以隧道建筑中人员在疏散过程中有序进行、不发生恐慌为前提的。

设定人员在发现火灾情况时就开始进行疏散动作,疏散行动的具体时间通过疏散软件模拟得到。考虑隧道内客车着火情况,人员疏散时间由两部分组成:一是在客车内的疏散时间;二是在隧道内的疏散时间。

### 5.4.3 人员疏散运动时间仿真

公路隧道具有独特的环境与自身特点:地下空间,使用者不固定,没有自然光等。影响人类行为有不同因素,例如预作用时间(人坐在车里对火灾报警信号的反应行为)、人员-人员与人员-火灾之间相互作用、群集行为和出口选择等。这些因素的信息可以从实际事故的数据、试验或演练中获得,但没有太多的可用试验资料。此外,从试验和模拟得到数据缺乏真实性,很难推广到其他场合。因此,需要深入了解所使用疏散模型的局限性。解决这个问题的一个方案是进行不同疏散模型的比较分析,了解输出结果中的不确定性和可变性。为更准确了解疏散情况,采用两个疏散模型——Pathfinder 和 FDS + EVAC 模型进行比较分析,它们采用不同的方法来模拟疏散过程。通过两种软件的疏散结果对比,对隧道疏散工况进行综合分析。

(1)Pathfinder 模型模拟人员疏散计算结果

各场景下人员疏散需要时间统计见表5.4-5。

**各联络通道人员疏散时间** 表5.4-5

| 模 拟 场 景 | 监 测 位 置 | 疏散需要时间(s) |
|---|---|---|
| 火源位置1 | 1号人行联络通道 | 161.4 |
|  | 1号车行联络通道 | 187.5 |
| 火源位置2 | 1号人行联络通道 | 367.8 |
|  | 2号人行联络通道 | 286.7 |
| 火源位置3 | 1号车行联络通道 | 246.7 |
|  | 2号人行联络通道 | 229.5 |

在按照线性增长火灾、120s 射流风机逆转、风机风速为 1.5m/s 的情况下火灾人员疏散判定见表5.4-6。

**线性增长火灾人员疏散判定表** 表5.4-6

| 监 测 位 置 | 模 拟 场 景 | 必须疏散时间(s) | 可用疏散时间(s) | 结 论 |
|---|---|---|---|---|
| 火源位置1<br>1号人行通道 | 1-20-1.5 |  | 206.5 | 安全 |
|  | 1-50-1.5 | 161.4 | 205 | 安全 |
|  | 1-100-1.5 |  | 198 | 安全 |
| 火源位置1<br>1号车行通道 | — | 187.5 | — | 安全 |

续上表

| 监测位置 | 模拟场景 | 必须疏散时间(s) | 可用疏散时间(s) | 结论 |
|---|---|---|---|---|
| 火源位置2<br>1号人行通道 | 2-20-1.5 | 367.8 | 371 | 安全 |
| | 2-50-1.5 | | 368 | 安全 |
| | 2-100-1.5 | | 355 | 不安全 |
| 火源位置2<br>2号人行通道 | | 286.7 | — | 安全 |
| 火源位置3<br>2号人行通道 | 3-20-1.5 | 229.5 | 288 | 安全 |
| | 3-50-1.5 | | 281 | 安全 |
| | 3-100-1.5 | | 278 | 安全 |
| 火源位置3<br>1号车行通道 | | 246.7 | — | 安全 |

(2) FDS + EVAC 模型模拟人员疏散计算结果

为了对比两种计算模型,选择极端不利工况火源位置2进行研究。在该场景中,火源位于横通道附近,火源下游人员必须从下游的横通道进行逃生,疏散距离最长(475m)。分别取20MW、50MW、100MW 三种火源功率进行研究,采用线性增长功率,疏散时间计算结果见表5.4-7。火源功率为100MW 时人员疏散结果如图5.4-4所示。

**FDS + EVAC 3 种火灾工况下所有人员通过横通道的疏散时间**　　表5.4-7

| 监测位置(人行联络通道) | 火源功率(MW) | | |
|---|---|---|---|
| | 20 | 50 | 100 |
| 疏散需要时间(s) | 312 | 316 | 341 |

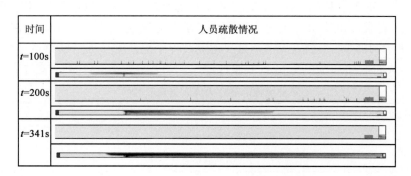

图 5.4-4　火源功率为100MW 时人员疏散结果

从 FDS + EVAC 模型模拟计算结果可以看出,3 种情况下模拟得出的人员疏散时间接近,计算疏散时间与 Pathfinder 计算的时间(367.8s)比较接近。但是从烟气扩散结果可以看出,100MW 时烟气在341s 已经扩散到横通道处,虽然没有达到人员危险工况,但是存在一定的安全隐患,因此,475m 的横通道间距对于火源功率为100MW 的火灾工况具有一定的风险性。

100MW 时隧道内剩余人数曲线变化如图5.4-5 所示。

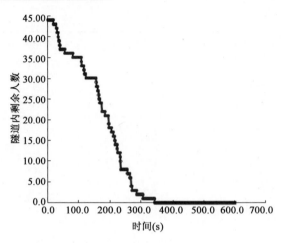

图 5.4-5 100MW 时隧道内剩余人数曲线变化图

### 5.4.4 隧道坡度对疏散的影响

以上采用两款软件对人员应急疏散进行了分析,两者的结果非常相近,由此可以确定疏散模拟分析结果的可靠性。由于公路隧道存在一定的坡度,最小纵坡不应小于0.3%,一般情况不应大于3%,受地形影响纵坡可达到4%,由此可以看出不同的公路隧道可能会有不同的纵坡。然而纵坡增大可能会影响人员逃生时间,特别对于长距离的大纵坡隧道,易使人员逃生过程中产生较严重的疲劳感,并且由于烟气的蔓延使人员心理产生恐慌,因此导致疏散时间更长。

根据以上分析可知,隧道纵坡是人员逃生的一项影响因素,因此本小节对其进行分析。由于前面的疏散分析得出火源位置2情况下的疏散时间最长,并且上下游人员行走的距离最远,因此本处以疏散场景2为基础,改变隧道的纵坡坡度对人员疏散进行模拟分析。研究选择0.3%、2%和4%三种坡度的纵坡。通过对不同纵坡的公路隧道内人员安全疏散进行模拟,统计上下游人员疏散所用时间,具体见表5.4-8。疏散过程中前往1号人行联络通道的人员为上坡行走,前往2号人行联络通道的人员为下坡行走。

不同纵坡的隧道火灾人员疏散时间　　　　表5.4-8

| 隧道坡度(%) | 监测位置 | 疏散需要时间(s) |
| --- | --- | --- |
| 0.3 | 1号人行联络通道 | 335.5 |
|  | 2号人行联络通道 | 249.3 |
| 2 | 1号人行联络通道 | 352.1 |
|  | 2号人行联络通道 | 265.5 |
| 4 | 1号人行联络通道 | 372.7 |
|  | 2号人行联络通道 | 291.1 |

由模拟结果可知,随着坡度的增加,在相同疏散距离的情况下人员上坡行走和下坡行走的时间均有一定程度的增加。4%坡度隧道疏散时间相对于0.3%坡度增加了约10%时间。因此,在确定横通道间距方案时,对于4%的纵坡隧道应该考虑其对疏散影响。

### 5.4.5 本节小结

对于线性增长功率火源,射流风机在火灾发生120s向下游送风,风速为1.5m/s的工况,通过不同场景下人员所需的疏散时间进行分析,得到结论如下:

(1)对于横通道间距最长的疏散场景2(火源位置2),横通道间距是475m,上游横通道附近发生火灾,下游人员必须从距离475m的下游横通道逃生的工况。Pathfinder模型计算疏散时间是367.8s,而FDS+EVAC模型计算疏散时间结果分别为312s(20MW)、316s(50MW)、341s(100MW),两者的计算结果近似。虽然Pathfinder模型不能直接考虑火源的影响,但是根据FDS的计算火灾模型结果导入Pathfinder模型,在Pathfinder模型中,用户对每个出口逃生设定了确定性人员分布,即间接考虑火灾影响。

(2)对所采用两种疏散软件计算的安全疏散时间结果进行对比发现,计算结果非常接近,表明计算结果具有较高的可信度。

(3)根据FDS+EVAC模型计算结果,火灾上游的人员可以安全疏散,对于100MW火灾,火灾后200s(启动风机后80s)烟气没有出现回流,在341s烟气回流长度没有超过25m。因此1.5m/s的风速可以保证火源上游的安全疏散。

(4)由计算结果可知,疏散场景2(475m长的横通道间距工况)发生火灾时,Pathfinder模型计算结果表明在火源功率100MW的火灾下游人员不能在危险来临之前全部疏散到安全区域。而FDS+EVAC模型计算结果表明:在疏散时间末期316s时(火源功率为50MW)、341s时(火源功率为100MW)烟气已经扩散到横通道处,虽然没有达到的疏散场景危险指标,但表明该工况存在一定的安全隐患。

(5)隧道纵坡对人员疏散具有微弱的影响,隧道坡度增加人员上坡行走和下坡行走时间均增加。

(6)火灾场景中没有考虑人员对警报的反应时间(一般取60s)。对于隧道大客车火灾工况,人员在车内的疏散时间(前人研究大客车整体疏散时间约为110s)也没有予以考虑,因此实际工况还应考虑疏散所需要的更长时间。极端火灾场景(火源位置2)尤其是发生客车火灾会存在严重人员的安全疏散隐患,需要采取相应的消防措施进行火灾控制并引导人员快速疏散。

## 5.5 不等高隧道横通道间距安全性措施探讨

### 5.5.1 改变横通道间距的火灾工况模拟

将原有横通道之间的间距进行改进,假设该隧道区间内只存在4条横通道,包括车行横通道和人行横通道,设定车行横通道能够进行人员疏散,平均分配横通道之间的间距为677m。如图5.5-1为改进横通道间距后的隧道模型,假设在中间通道入口发生火灾,模拟烟气到达两端横通道入口的情况。模拟最大火源功率为100MW,火源功率按照图5.3-1的曲线增长,火灾上游设置风速为1.5m/s,120s时启动风机。

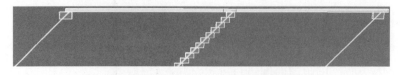

图 5.5-1 增加横通道间距后的隧道模型

由模拟结果可知,火灾发生后火灾烟气向隧道两端对称蔓延,火灾烟气首先在隧道顶蔓延,然后才开始向下传播,当风机启动时,烟气向下游蔓延,上游得到保护。但是当火灾发生到400s时,烟气向上游出现回流现象。在900s时间内,上游横通道入口没有受到火灾的威胁,但是下游横通道受到火灾影响,当火灾发生到一定时间时,下游横通道不能继续作为人员安全疏散的通道,具体火灾危险来临时间统计见表5.5-1。

火灾危险来临时间　　　　　　　　　　表 5.5-1

| 工况序号 | 监测位置 | 能见度(m) | | 危险来临时间(s) | 烟气温度下危险来临时间(s) | CO浓度下危险来临时间(s) | 可用安全疏散时间(ASET)(s) |
|---|---|---|---|---|---|---|---|
| | | 10 | 5 | | | | |
| 改-100-1.5 | 上游通道 | — | — | — | — | — | — |
| | 下游通道 | 427 | 458 | | — | 600 | 427 |

由统计结果可知,在人员疏散高度处烟气能见度最先达到影响人员安全疏散的临界状态,在模拟时间内烟气温度没有达到影响人员安全疏散的临界值,因此以火灾烟气的能见度危险来临时间作为人员的可用疏散时间为427s。

对增加横通道之间间距的工况进行疏散模拟分析,两个横通道之间的距离为677m,该段距离内的人员为73人,取着火隧道上下游最近横通道之间的隧道区域进行疏散模拟,因此模拟区域总人数为146人,着火区域上游和下游各有73人。中间的横通道位置处发生火灾,人员不能穿越火源进行疏散,上游人员只能走上游横通道进行疏散,下游人员只能通过下游的横通道进行疏散,设定人员到达横通道入口即认为到达安全区域。上游所有人员离开隧道到达横通道所需时间为507s,下游所有人员到达横通道所需时间为511.7s。疏散时间判定见表5.5-2。

疏散时间判定　　　　　　　　　　表 5.5-2

| 工况序号 | 监测位置 | 可用安全疏散时间(s) | 必须疏散时间(s) | 结 论 |
|---|---|---|---|---|
| 改-100-1.5 | 上游通道 | >1200 | 507 | 安全 |
| | 下游通道 | 427 | 511.7 | 不安全 |

由分析结果可知,在烟气危害到达下游最近横通道之前,下游所有人员不能安全疏散到横通道内,因此疏散存在困难,隧道横通道之间的长度增加后,对火灾安全疏散不利。

### 5.5.2 改变横通道间距安全性措施探讨

研究表明:加长横通道间距后,火灾工况下人员安全疏散时间不能保证,可以考虑的改进措施包括:

(1)设置独立避难间

隧道内独立的避难间主要是用于给不能及时疏散到隧道外的人员提供暂时的避难和等待

救援的临时安全场所,对其耐火性能、防烟性能、密闭性和通风、供水能力等有较高的要求。《公路隧道消防设计施工管理技术规程》规定:避难间的面积一般要求不小于 $10m^2$,设置间距不宜大于 300m,应采用建筑构件耐火极限不低于 3.0h 的分隔构件与其他部位分隔开,形成相互独立的防火分区。除设置出入口、送风口,不得开设其他门窗、洞口;避难间内必须设置独立、可靠的排烟设施,其分隔门、送风口等应有良好的气密性,送风口应设置防火阀,分隔门应采用甲级防火门;其建筑材料、内部装修材料必须为 A 级材料。避难间内应设置电视监控设施、紧急电话、应急广播、应急照明、消防卷盘和饮用水设备。其应急照明供电时间不应低于 2h;避难间入口上方应设置内部照明、单向显示的灯光标志。

(2)独立的隧道灭火救援通道

隧道建筑空间的有限性,决定了隧道火灾时高温烟气扩散路线与疏散路线、灭火救援路线不可避免发生重叠。隧道消防车道设置及灭火救援的展开,一般应遵循"先疏散、后灭火救援"的原则。隧道内火灾发生后,应借助交通控制与指挥设施,充分利用公路隧道行车道、超车道、救援通道等,划分出消防车道。我国相关规范规定:双洞隧道应设置能够连通相邻隧道的环形消防车道,可利用洞外联络道、隧道内横向联络道或在中央分隔带开口的形式,消防车道的净宽度一般不应小于 3.50m,消防车道上方 4m 以内的净空范围不得设置妨碍灭火救援的架空管线和设施、设备。

## 5.6 藤篾山隧道现状横通道设计的研究建议

本章根据藤篾山隧道的山区公路改扩建隧道横通道设置,建立了公路隧道火灾三维数值模拟模型。重点研究 3 种火灾工况(火源功率为 20MW、50MW、100MW)的烟气蔓延情况,以 CFD 计算软件(FDS)进行数值求解,对不同风机启动模式以及不同通风速度(1.5~3m/s)的火灾特性进行稳态和瞬态分析。共进行 36 个工况下火灾烟气扩散研究,着重对不同通风方式和不同风速时的温度场和烟气浓度场进行了研究。利用应急逃生三维模拟模型 Pathfinder 和 FDS + EVAC 模拟人员疏散行为,根据人员在火灾中的逃生行为和在火灾中的疏散特性,分析横通道间距设置的合理性。主要建议如下:

(1)除了极端火灾工况(功率 100MW、50MW 火源发生在 1 号车行横通道,需要向下游 1 号人行横通道疏散,横通道间距 475m),火灾下游人员不能在危险来临之前全部疏散到安全区域,疏散场景中危险指标是横通道口的能见度临界值(10m),而其他判断危险状态指标(烟气温度、CO 浓度)均没有达到临界值;可以通过在横通道入口处部分加装照明装置增加照度,以解决能见度低的问题,另外,通过提高疏散标志的照度来改善能见度。其他工况人员可以安全疏散到下游横通道。因此现有设计横通道间距设置方案总体具有较高的合理性。

(2)设计方案中通风控制策略:在人员疏散阶段关闭火源点附近 200m 的射流风机,控制隧道内风速在 1.5m/s 左右,保持烟气分层,为人员逃生提供便利,隧道内人员通过洞口及车行/人行横通道进行逃生。根据对线性增长火源(功率为 100MW、50MW、20MW)、火灾发生后 120s 风机完成逆转、风速 1.5m/s 的火灾烟气蔓延计算结果表明,该方案能有效控制烟气向上游回流,同时保证初始阶段下游烟气层稳定。除了极端工况(火源功率为 100MW、横通道间距 475m)外,能够保证人员安全疏散之前烟气没有蔓延到横通道。

根据横通道坡度导致烟囱效应的分析结果,非着火侧线隧道尤其左侧新建隧道(海拔低)火灾,如果没有采取防烟措施,烟囱效应明显,火灾烟气蔓延快。对于1号人行通道,当火灾发生420s后,左幅隧道内火灾烟气通过人行横通道到达右幅隧道,并且在右幅隧道内开始蔓延。因此横通道通风控烟策略是:非着火侧隧道反转一端风机,对事故区域进行对吹,尽可能增大打开的联络通道处风压。开启横通道内风机,气流吹向事故隧道方向,设计方案中横通道的通风策略是完全合理的。对于人行横通道,出入口需要设置防火门及前室,保证进入横通道人员安全和防止烟气进入。

(3)藤蔑山隧道横通道间距大部分为450~490m,根据火源位置2(极端不利火灾场景)计算(左幅隧道1号车行横通道处发生火灾,人员向下游1号人行通道疏散,疏散距离475m),在没有考虑人员火灾反应时间的情况下,利用FDS结果结合疏散软件分析火源功率为100MW火灾工况,最长距离横通道距离内的疏散安全时间不能保证,需要调整通风速度控制策略和火灾救援策略。

(4)根据表5.6-1所给出高峰小时交通量,隧道近期小货车、小客车较多,远期大客车、大货车较多,因此近期考虑以小客车为主要火源,设置横通道间距。由上述结论可知,现有通风系统设计和横通道设计可以保证火源功率在50MW及以下的人员安全性;对于远期的高峰车流情况,如果现有的横通道间距不变的情况下,需要采取其他消防措施来保证火灾工况下的人员疏散安全。

勐仑立交—勐远立交近、远期高峰小时交通量(辆/h)　　　表5.6-1

| 车　型 | 近期(2025年) | | 远期(2037年) | |
|---|---|---|---|---|
| | 燃油类型车 | | | |
| | 汽油车 | 柴油车 | 汽油车 | 柴油车 |
| 小客车 | 292 | 73 | 762 | 191 |
| 小货车 | 57 | 25 | 118 | 51 |
| 中货车 | 5 | 21 | 10 | 39 |
| 大客车 | 0 | 16 | 0 | 49 |
| 大货车 | 0 | 17 | 0 | 47 |
| 拖挂车 | 0 | 8 | 0 | 21 |
| 集装箱 | 0 | 1 | 0 | 2 |
| 合计 | 354 | 161 | 890 | 400 |
| 合计 | 515 | | 1290 | |

注:1.左右线双向不均匀系数0.50。
　　2.高峰比例系数9%。

(5)如果按照功率为50MW线性增长火源的通风设计,建议藤箴山隧道进出口段的横通道的间距设置不超过500m。如果横通道间距超过500m,需要增设其他疏散保护措施(如长距离横通道之间设置独立的避难间),确保人员在可用疏散时间内到达安全地点。

## 5.7 工程应用指南

在对现有公路隧道设计规范有关条文分析基础上,将"具有长间距、大纵坡横通道的公路隧道的火灾安全技术"研究成果对工程指导作用总结如下:

(1)关于横通道间距方案确定。现有规范推荐横通道间距为 200～500m。对于实际工程,其实际间距方案应建立在隧道火灾安全分析的基础上。进行隧道火灾场景设置时,火灾位置应该设置在最长横通道间距范围内,需要保证火灾烟气蔓延时间小于人员安全疏散到下游横通道的时间。

(2)隧道消防系统按照一个位置发生火灾进行设计,稳定火源功率计算结果可以用于保守情况分析。因为线性增长火源工况下的烟气扩散到下游横通道时间要远大于稳定火源功率工况,综合考虑经济性和安全性,建议采用功率为 50MW 线性增长火源的计算结果进行消防设计方案验算。

(3)确定横通道间距方案时,除了考虑火源、隧道通风系统因素外,还需要考虑隧道本身坡度影响。对于存在 3% 以上纵坡隧道应该考虑其对安全疏散影响,坡度越大,横通道间距应该适度减小。

(4)对于类似的隧道改扩建(新增隧道与既有隧道相连)工程,其连接横通道的坡度建议不高于 10%,以降低由于坡度产生的烟囱效应对烟气扩散的影响。此外,在横通道两侧设置前室并进行加压送风,防止烟气进入横通道,从而保证横通道内人员的安全。

# 第6章 既有公路构造物利用后的交竣工验收研究

## 6.1 既有公路构造物利用后的交竣工验收问题

由于既有公路构造物加固维修工程自身的问题以及相关法规的不完善,往往造成了桥梁加固维修工程验收工作存在依据不充分、程序不统一、内容不明确、方法不合理、质量评分与质量等级不适用等一系列难题。

而交竣工验收是针对工程进度情况所做的工序、试验、往来文件等各类资料的核查工作。它能够真实地反映项目施工的各个阶段、检测工程项目的施工质量,对于具有隐蔽性和建成后不容易察看的工程,更是具有不可替代的作用。但资料的积累、收集、分类和统计是一项比较琐碎的工作,容易被忽略,通常在公路工程竣工资料整理过程中常见的有以下几个问题。

(1)当前公路构筑物加固维修工程验收工作存在依据不充分、程序不统一、内容不明确、方法不合理、质量评分与质量等级不适用等一系列问题。

(2)套用有关分项工程相同的项目,首先把分项工程检测项目和相同的内容收录下来,然后复印,最后在复印件上把不一样数据收录进去。这种初始数据的产生办法不符合档案数据需存储原始文件的条件。

(3)维修加固工程缺陷责任期不明确。目前的《公路工程竣(交)工验收办法》中未明确公路工程维修加固等养护工程的缺陷责任期,建议增加维修项目缺陷责任期1年,增加加固项目缺陷责任期2年或更长。

(4)旧桥加固维修是在原桥承受恒载的基础上进行的,加固维修措施多数表现为结构二次受力。为使方案可以实施、新旧结构共同受力、原结构安全,体现方案科学性与经济性,监理单位、设计单位、施工单位之间应深入沟通,三者联合技术攻关将有利于旧桥维修加固。

## 6.2 公路维修加固工程交竣工验收

### 6.2.1 桥涵隧道结构物维修加固工程的主要特点

桥梁加固维修工程具备以下特点:投资规模普遍较小,施工周期大多较短,工程约束条件多,新技术、新工艺、新材料、新设备运用较多,项目分散等。

(1)项目规模小

在对北京、浙江、陕西、广东等省市的走访调查中,初步统计了各省市近年来在桥梁加固维修工程方面的投资规模,其中投资 100 万元以下的桥梁加固维修工程占比约在 50% 以上,投资 100 万元至 500 万元的桥梁加固维修工程占比大多在 30% 左右,投资 500 万元以上的不足 10%。

根据以上统计及其他调查,各省市桥梁加固维修工程规模基本处于 500 万元以下的区间内,特别是投资规模在 100 万元以下的工程占相当比例。

(2)施工周期短

绝大多数桥梁加固维修工程施工周期较短,从施工单位进场至工程完工投入试运营的时间基本能控制在 3~6 个月以内,最长一般不超过 12 个月,有些桥梁加固维修工程甚至不需要中断社会交通,在开放或部分开放交通的情况下快速完成。因此,桥梁加固维修工程相对于新建工程具有施工周期短的显著特点。

(3)约束条件多

公路桥梁加固维修工程虽然不像公路新建工程需要征地拆迁等前期工作,但由于公路桥梁加固维修工程是在既有结构上进行施工,因此往往受到既有结构的影响,施工作业面有限,施工作业困难。特别是既有结构往往是病桥、危桥时,在加固维修过程中既要保证既有结构的病害不再进一步发展,又要通过合理有效的方法对病害进行处理,确保加固维修后的结构满足荷载要求,因此对施工组织、施工工艺等的要求较高。

部分桥梁加固维修工程是在不中断交通的施工条件下进行的,交通荷载变化、社会交通安全等因素也制约着桥梁加固维修工程的实施。

(4)四新技术的广泛使用

随着科学技术和施工水平的不断提高,桥梁加固维修工程中无论是较为简单的混凝土裂缝修补,还是增加构件截面、粘贴加固、体外预应力加固、改变结构体系等加固方式,均运用大量的新技术、新工艺、新材料和新设备。这些新事物的出现,一方面促进了桥梁加固维修工程的效率不断提升,另一方面就如何客观公正地评价新技术、新工艺、新材料和新设备实施效果的问题摆在了我们面前。

由于现行规范标准中未包含桥梁加固维修工程中使用的新技术、新材料、新工艺的检验指标与标准,造成一些桥梁加固维修工程完工之后无法检验评定工程质量水平,从而无法通过验收的问题。

### 6.2.2 公路路基利用的主要特点

既有公路路基的拓宽,由于受到既有公路建设时的社会经济水平、技术水平和建设思想的制约,或者已经接近使用年限,抑或老路本身的等级比较低等原因,有相当一部分已经不能满足高速公路的要求,有的已经出现了比较严重的路基、路面病害,甚至路基本身并不稳定。如路基沉陷、路面纵向及横向开裂、路基含水率超高等。

引起路基非稳定的病害成因与影响因素众多,路基非稳定制约了高速公路常规路基拓宽的理念。不同的非稳定路基有不同的病害,本身的稳定性就不同,对新路基拓宽的影响也不同,也就有着不同的拓宽方法与方式。

近几年实践证明,在对老路病害成因不清楚的情况下,盲目将其作为稳定路基按常规方法进行路基拓宽,一方面原路基得不到整治;另一方面导致新路基的变形、破坏与失稳,造成财力的极大浪费。在已完成的改扩建工程中也存在着一些技术问题,工程营运效果还有待时间的考验。工程实践中提出了一些新的问题亟待解决,主要表现在两个方面。

(1)既有公路的病害问题

由于有的既有公路等级偏低,在修筑原路基时,软基处理或路基压实度达不到高速公路的等级要求,以至于有的地段路基并不稳定,老路部分本身如何进行改造以适应高速公路等级要求;其次,新建路基呈倒梯形反压在老路堤边坡上,紧贴着病害路基,如果不对新老路基衔接部位采取特殊的处理,势必影响新建路基的稳定。因此也涉及新老路基衔接部位的处理方案问题。

(2)新老路基间的差异沉降问题

原有路基经过多年运营,沉降已基本完成,在其边坡上进行扩建填筑,新填的土方和运营后的汽车荷载必然会引起既有路基的附加沉降,并且在新老路基之间产生相对过大的差异沉降,进而会引起既有路基变形,严重时则出现路基拉裂、下沉过速等病害,将会对高速公路的正常营运带来难以估量的不良后果。

### 6.2.3 公路维修加固工程交竣工验收要点

(1)验收目的

公路桥梁是公路交通运输网络中的咽喉和关卡,维护公路交通运输网络的安全是各级交通运输行政主管部门的工作重心之一。随着使用年限的增加以及外部因素影响,公路交通运输网络中的旧桥、病桥、危桥不断出现,为确保公路运输网络安全,公路桥梁加固维修工程已经成为一项重要工作,而如何对公路桥梁加固维修工程做出评价也是政府主管部门及从业单位重点关注的内容之一。

公路桥梁加固维修工程验收工作的目的是客观、合理地评价公路桥梁加固维修工程质量以及从业单位工作质量,保障公路交通网络安全运营。

桥梁加固维修工程验收是评价加固维修效果的主要手段,是工程项目建设的关键时间节点,也是相关部门和单位进入下一步工作的重要依据。验收合格的工程项目方可投入正式运营,无论是社会公众、政府主管部门,还是建设单位、设计单位、监理单位、施工单位以及养护单位等相关从业单位,都需要依据工程验收的结论对桥梁加固维修工程的效果做出判断,相关部门与单位也需要依据验收结论相应进行资金拨付、移交养护等工作,从而保证政府部门以及工程项目参与各方的责任和权利得到落实。

(2)验收的法规基础

《公路工程竣(交)工验收办法》是针对公路工程公益属性及我国公路工程管理体系制定的验收办法,对于公路工程项目验收工作具有不可替代的普遍指导意义。公路桥梁加固维修工程属于公路工程范畴,同样具有公路工程的公益属性,自然也纳入公路工程管理体系进行管理。

同时,2018年3月2日交通运输部为深化公路养护招投标改革、规范养护站管理,为使公路及附属设施经常处于良好的技术状态,节约养护费用支出,进一步加强日常养护规范化管理,提高养护管理水平,颁布了《公路养护工程管理办法》(交公路发〔2018〕308号)。

《公路工程竣(交)工验收办法》明确了公路工程验收工作的主旨与原则,目前公路工程新改建项目均依照执行,虽然现行《公路工程竣(交)工验收办法》中并未明确提出适用于公路大修工程,但各地大修养护工程验收工作实际也基本参照该办法执行。

公路桥梁加固维修工程既有养护工程立项也有改建工程立项。改建工程立项的桥梁加固维修工程应依照《公路工程竣(交)工验收办法》和《公路养护工程管理办法》开展验收工作,作为养护工程立项的桥梁加固维修工程验收则可参照《公路工程竣(交)工验收办法》和《公路养护工程管理办法》执行,即将《公路工程竣(交)工验收办法》和《公路养护工程管理办法》作为公路桥梁加固维修工程验收工作的基础。

这一做法,既符合了桥梁加固维修工程的公路工程属性,也能满足《公路工程竣(交)工验收办法》和《公路养护工程管理办法》所确定的公路工程验收工作的精神与原则,同时也便于政府主管部门及相关从业单位按照已有的方式开展验收工作,有利于保证桥梁加固维修工程验收成果的客观准确。

(3) 验收依据

在公路桥梁加固维修工程项目验收过程中,应参照《公路工程竣(交)工验收办法》和《公路养护工程管理办法》的规定,检查工程项目是否符合国家颁布的有关技术标准、规范、规定和批准的可行性研究报告、设计文件、合同文本以及相关行政主管部门根据国家法律、法规、规定进行的批复、批示。通过项目验收,将所有与工程项目有关的规定、制度、标准、批复要求和行业规定与建成的实体工程、建设管理情况进行对照,检查工程实体是否达到和满足安全使用的要求,建设过程中是否认真贯彻执行了国家的有关规定、技术标准。

《公路养护工程管理办法》第四十四条规定,公路养护工程验收依据主要包括:
① 养护工程计划文件;
② 养护工程合同;
③ 设计文件及图纸;
④ 变更设计文件及图纸;
⑤ 行政主管部门的有关批复文件;
⑥ 养护工程有关标准、规范及规定。

(4) 合并验收

现行《公路工程竣(交)工验收办法》《公路养护工程管理办法》中规定的交竣工验收分离的形式比较符合行业现状与特点。由于公路新建及改建项目通常实施周期较长、大多为政府投资的公益项目且与公众利益密切相关,因此采用交竣工验收分离的形式能够较好地发挥政府主管部门对工程项目的监督把关作用,同时保证政府和公众利益不受损害,特别是在一些大规模新建项目中作用显著。

《公路工程竣(交)工验收办法》规定的交工验收、竣工验收分别进行要求的本质是为了区别政府主管部门与参建单位之间的责任。交工验收是工程合同各方之间的经济行为,是工程建设项目法人实施工程管理的一项工作;而竣工验收是对整个建设项目完成情况的考核、检查、总结和评价,是项目法人将已完成的建设项目交付给作为社会事物管理者及公众代表的政府,同时在政府组织下,对建设成果进行考核,对建设项目以及参建单位进行最终评价。因此,《公路工程竣(交)工验收办法》对公路新建、改建工程的适用性较强。

由于桥梁加固维修工程大多规模较小、周期较短,若完全依照交竣工验收分离的形式,在完成交工验收两年后再进行竣工验收存在一定困难,且《公路工程竣(交)工验收办法》第三十一条规定"对于工程规模较小、等级较低的小型项目,可将交工验收与竣工验收合并进行"。据此规定,结合公路桥梁加固维修工程本身特点,对于符合《公路工程竣(交)工验收办法》第三十一条关于合并验收之规定的桥梁加固维修工程验收宜采取合并验收的方式对工程项目进行验收,并通过适当简化验收程序,提高验收工作效率和可操作性。但合并验收的方式只是通过简化程序,提高验收工作效率,并不能免除从业各方及政府主管部门在验收工作中的责任。

合并验收的具体操作方法是取消交工验收的组织形式,对工程项目仅组织一次最终验收,即竣工验收。但取消交工验收的组织形式并不能免除项目法人和相关参建单位在交工验收中的责任,也不代表项目法人和相关参建单位不必进行交工验收的相关工作内容。合并验收的方式要求项目法人和相关参建单位仍应在竣工验收前按照《公路工程竣(交)工验收办法》的要求完成交工验收所需要完成的交工验收程序、内容,项目法人应在工程投入试运营前做出同意工程进入试运营期的结论。

《公路工程竣(交)工验收办法》规定适用于合并验收的"规模较小、等级较低的小型项目"具体标准可由省级人民政府交通主管部门结合本地区的情况制定。根据调查情况推荐以投资规模500万元为标准,即投资规模500万元及以下的公路桥梁加固维修工程可采用合并验收的方式;而投资规模在500万元以上的桥梁加固维修工程数量较少,且工程规模大、技术相对复杂,这类工程仍应严格按照《公路工程竣(交)工验收办法》的规定开展验收工作。

(5)验收时限

《公路工程竣(交)工验收办法》规定竣工验收应在交工验收完成并通车试运营两年之后,其目的一方面是通过试运营发现工程可能存在的质量问题,有利于全面评价工程总体质量和使用效果,同时督促项目法人和参建单位增强质量意识,充分落实质量终身责任制。另一方面,留给项目法人和参建单位两年时间处理交工验收发现的质量问题及完成工程决算、资料整理归档等工作。

具有规模小、周期短等特点的桥梁加固维修工程若仍按《公路工程竣(交)工验收办法》的规定在通车试运营两年之后组织竣工验收却不尽合理。一方面通车试运营时间过长,随着交通荷载作用及外部环境因素影响,不易准确评判加固维修的效果,另一方面时间过长也削弱了通过合并验收来降低时间成本与管理成本的意义。

采取合并验收形式的公路桥梁加固维修工程意味着工程项目仅组织一次最终的竣工验收,但仍应留出足够的时间通过通车试运营来检验工程质量、发现质量问题,同时留出充足时间给项目法人和参建单位以及质量监督机构完成交工验收所规定的相关内容和结论,并完成竣工验收的准备工作。

在研究过程中有专家提出桥梁加固维修工程应在工程完工后立即验收,也有专家提议完工一年之后进行验收。研究认为,完工后不进行试运营立即组织验收不符合《公路工程竣(交)工验收办法》关于区分验收责任主体的精神,不利于通过试运营发现工程质量问题,验收结论无法做到客观准确;而完工一年后组织验收又弱化了合并验收的意义。因此,推荐桥梁加固维修工程竣工验收宜在通车试运营六个月之后进行,且不宜超过一年,这样既达到了通过试运营发现质量问题、保证验收结论客观准确的目的,又给项目法人和参建单位以及质量监督机构留出时间完成项目验收的相关工作。

同时,《公路养护工程管理办法》中规定技术复杂程度高或投资规模较大的养护工程按交工验收和竣工验收两阶段执行,其他一般养护工程按一阶段验收。执行适用于一阶段验收的养护工程项目一般在工程完工交付使用后 6 个月内完成验收;适用于两阶段适用于两阶段验收的养护工程项目,在工程完工后应当及时组织交工验收,一般在养护工程质量缺陷责任期满后 12 个月之内完成竣工验收。养护工程质量缺陷责任期一般为 6 个月,最长不超过 12 个月。

从工程项目管理角度讲,通车试运营半年至一年期间,建设单位、监理单位、施工单位等应该已经完成了质量评定、缺陷处理、资料整理、工程决算等相关工作,具备了项目竣工验收的条件,政府主管部门及质量监督机构也有足够的时间完成质量鉴定及竣工验收准备工作。

从工程实体角度讲,通车试运营半年后,桥梁已经经过半年时间的运营考验,加固维修的效果基本能够判定;另一方面,若通车试运营一年之后,由交通荷载、自然环境等其他因素所产生的影响叠加到工程实体上,对于准确判断加固维修效果不利。

从上述角度分析,适用于一阶段验收的养护工程项目一般在工程完工交付使用后 6 个月内完成验收;适用于两阶段适用于两阶段验收的养护工程项目,在工程完工后应当及时组织交工验收,一般在养护工程质量缺陷责任期满后 12 个月之内完成竣工验收。养护工程质量缺陷责任期一般为 6 个月,最长不超过 12 个月比较合理,并且具备可行性。

(6)验收条件

桥梁加固维修工程采用合并验收的方式并不能免除项目法人及参建各方在工程验收中的责任,项目法人仍应在提交竣工验收申请前完成《公路工程竣(交)工验收办法》中规定的交工验收工作内容,对工程做出合格等级的评价并完成竣工验收的其他准备工作。

因此,桥梁加固维修工程竣工验收的条件可以概括为项目法人已对工程做出合格等级的评价,工程项目已投入试运营一段时期,各单位也已完成竣工验收前的其他准备工作。

桥梁加固维修工程的竣工验收既是对参建各方通过合同约定工作内容的核查,也是对工程建设项目所有建设程序等的全面检查。

竣工验收前工程项目应已完成上级主管部门批复的设计文件所包含的设计内容,施工单位自检合格,监理单位对工程质量评定合格,项目法人根据对工程质量的检查及平时掌握的情况认定工程质量符合合格标准并同意投入试运营。

桥梁加固维修工程竣工验收应在工程全部完工试运营六个月且不宜超过一年之后进行。在通车试运营前,项目法人、设计单位、监理单位、施工单位应依据合同约定、技术规范、验收标准、设计文件等对工程实体、内业资料进行全面检查,指出工程质量、合同履行、内业资料等各个方面存在的问题和其他遗留问题,由项目法人根据检查情况以书面形式确认工程进入试运营期并投入试运营,并在试运营期间对上述问题以及试运营期间发现的问题及时妥善进行处理。

另一方面,在通车试运营期间,有关各方应按照交通运输部的规定按时完成工程决算、竣工文件编制以及工作总结报告等工作内容。在试运营阶段,项目法人要及早动手、合理安排,在竣工验收前完成工程决算、竣工决算的编制工作,并及时申请竣工决算的审计工作。竣工资料的整理工作由参建单位根据所承担的任务分别收集、整理、编制,各参建单位完成后,由项目法人检查各参建单位竣工资料的完整性、全面性、系统性、真实性。

工程完成后,所有参建单位分别根据自己承担的工程项目和所完成的工作任务,对工程实施过程中技术规范和技术标准的执行、国家方针政策和规定的落实、施工组织与管理、合同履约、质量控制、造价控制、新技术的推广应用等多个方面进行总结,提炼成功的做法、经验、技术,指出在各个方面存在的问题、漏洞,对于提高管理水平、技术业务素质等各方面均有所帮助。通过交流学习,也可吸收其他单位的成功经验和失败教训,达到取长补短、相互促进的目的。

在竣工验收前,质量监督机构应已按照规定完成对该项目的质量鉴定,并出具正式的质量鉴定报告。

采取合并验收方式的桥梁加固维修工程,竣工验收前应满足《公路工程竣(交)工验收办法》中关于交工验收的条件,因此,桥梁加固维修工程竣工验收的条件应包括《公路工程竣(交)工验收办法》所规定的交工验收和竣工验收的全部条件。《公路养护工程管理办法》第四十五条规定,养护工程验收应当具备下列条件:

①完成设计文件和合同约定的各项内容;
②完成全部技术档案和施工管理资料整理归档;
③施工单位按相关标准、规范和规定对工程质量自检合格;
④工程质量缺陷问题已整改完毕;
⑤参与养护工程的相关单位完成工作总结报告;
⑥开展了监理咨询的,监理单位对工程质量评定为合格;
⑦按规定需进行专业检测的,检测机构对工程质量鉴定完毕并出具检测报告;
⑧完成财务决算;
⑨法律、法规、规章规定的其他条件。

(7)验收准备

公路构造物加固维修工程符合竣工验收条件后,项目法人应根据《公路工程竣(交)工验收办法》的规定,按照公路工程管理权限及时向相关交通运输主管部门提出验收申请。

项目法人需按照竣工验收的条件逐条对照检查,所有的工程项目和遗留问题的处理均已完成,经检查核对后认为工程符合竣工验收条件,即可逐级向竣工验收负责单位提交竣工验收申请。项目法人提交的竣工验收申请包括竣工验收申请书及其他证明文件。

①竣工验收申请书。
②项目执行报告、设计工作报告、施工总结报告和监理工作报告。
③项目基本建设程序的有关批复文件。
④档案、环保等单项验收意见。
⑤竣工验算的核备意见、审计报告及认定意见。

负责竣工验收的交通运输主管部门对项目法人提交的竣工验收申请资料进行详细审查,必要时也可安排现场检查工程实体以及要求项目法人提交其他必要的资料。交通运输主管部门认为项目法人提交的竣工验收申请符合要求的,应通知所属质量监督机构对工程进行质量鉴定。

(8)质量鉴定

质量鉴定是政府主管部门对工程进行验收时判定工程质量状况的主要依据,也是政府主管部门行使行业管理职能的重要手段。桥梁加固维修工程验收同样需要按相应程序进行质量鉴定。

质量监督机构代表政府行使工程质量的监督、检查、鉴定等职责,同时也代表公众利益对由项目法人组织完成的建设项目工程质量进行把关。质量鉴定工作必须严肃认真,严格执行国家有关规定,质量鉴定应做到客观、公正、准确,对存在的质量隐患、工程缺陷、质量事故要如实反映,为交通运输主管部门、竣工验收委员会提供真实、可靠、具有充分依据的质量鉴定报告。

《公路工程竣(交)工验收办法》规定质量监督机构应按照《公路工程质量鉴定办法》规定的程序、方法和内容对工程质量进行鉴定。对于桥梁加固维修工程,《公路工程质量鉴定办法》与《公路工程质量检验评定标准》均未规定桥梁加固维修工程的检验指标与标准,因此,质量监督机构在实际操作过程中往往无法对桥梁加固维修工程实施质量抽检与质量鉴定,造成大量桥梁加固维修工程无法进行最终验收。

在参照大量桥梁加固施工实践的基础上,并根据《公路工程质量检验评定标准 第一册 土建工程》(JTG F80/1—2017),编制了基于合格率法的《公路桥梁维修加固工程质量检验评定标准》,详见附录。

## 6.3 基于合格率法的公路维修加固工程验收的质量评定

### 6.3.1 公路维修加固工程的项目划分

公路维修加固工程的单位工程、分部工程和分项工程可按表6.3-1划分。

工程划分表　　　　　　　　　　表6.3-1

| 单位工程 | 分部工程 | 分项工程 |
|---|---|---|
| 桥梁工程<br>(单独特大桥、大桥/3~5座中小桥或每合同段) | 上部结构 | 裂缝修补、植筋、粘贴纤维布、粘贴钢板、耐久性防护、增大截面、体外预应力、荷载试验、更换拉吊索 |
| | 下部结构 | 裂缝修补、植筋、粘贴纤维布、耐久性防护、增大截面、荷载试验、钢花管注浆锚杆、增补桩基础 |
| | 桥面系及附属设施 | 支座更换、伸缩缝更换、裂缝修补、桥面铺装更换 |
| 隧道工程<br>(每单洞) | 洞口工程 | 裂缝修补、植筋、粘贴纤维布、粘贴钢板、耐久性防护 |
| | 洞身衬砌 | 裂缝修补、植筋、粘贴纤维布、耐久性防护、增大截面、衬砌背面压浆 |
| 路基路面<br>(1~3km) | 路面工程 | 沥青路面修补、水泥路面板底注浆、水泥路面换板、沥青路面预防性养护 |
| | 路基工程 | 路基注浆、边坡修复、排水沟整修、锥、护坡修复、预应力锚索/杆加固 |

### 6.3.2 公路工程维修加固工程的质量评定方法

1)一般规定

施工单位应在施工准备阶段将公路构造物加固维修工程项目(合同段)划分为单位工程、分部工程和分项工程,并由监理单位审核通过。对于本指南中未涵盖的分部、分项工程,可由建设单位组织课题组、施工单位、监理单位协商确定。

单位工程:在公路构造物加固维修工程中,根据签订的合同,具有独立施工条件的工程。

分部工程:在单位工程中按不同的加固工程结构部位或施工任务划分的若干分部工程。

分项工程:在分部工程中,按不同的加固方法、材料、工序等方法划分的若干分项工程。

加固工程质量检验评定均应在施工单位自检合格的基础上进行。分项工程由监理单位组织施工单位中项目专业技术负责人进行检验评定。分项工程完工后,施工单位按本标准所列基本要求、实测项目和外观鉴定的要求进行自检,对工程质量进行自我评定。分部、单位工程完工后,施工单位应汇总所属分项、分部工程质量评定资料,进行外观质量检查,对工程质量进行自我评定。加固工程中的隐蔽工序在隐蔽前,施工单位应通知监理单位进行检查验收,合格后方可继续施工。

建设单位、监理单位、检测单位和质量监督部门可根据本标准进行工程质量检查、检测、评定和鉴定。公路构造物加固工程质量评定应按分项、分部、单位工程、合同段和加固维修工程项目逐级进行检验评定。

2)工程质量检验

(1)质量检验基本要求

①分项工程应按基本要求、实测项目、外观鉴定和质量保证资料等检验项目分别检查。

②分项工程质量应在所使用的原材料、半成品、成品及施工工艺等符合基本要求的规定,且无严重外观缺陷和质量保证资料真实并基本齐全时,方可进行检验评定。

③分项工程应对所列基本要求逐项检查,经检查不符合规定时,不得进行工程质量的检验评定。

(2)实测项目质量检验

①对检查项目按照规定的检查方法和频率进行抽样检验,计算合格率。

②本标准规定的检测方法为标准方法,也可采用经比对确认可靠、高效、快速检测设备和方法。

③检查项目合格率应按式(6.3-1)进行计算:

$$检查项目合格率(\%) = \frac{合格的点(组)数}{该检查项目的全部检查点(组)数} \times 100\% \qquad (6.3-1)$$

④检查项目合格判定应符合下列规定:

a. 关键项目(以"△"标识)的合格率不得低于95%(属于工厂加工制造的桥梁金属构件为100%),否则该检查项目及所属分项工程为不合格。

b. 一般项目的合格率不得低于80%,且检测值的偏差不得超过允许偏差的1.5倍,否则该检查项目为不合格。

c. 有规定极值的检查项目,任一单个检测值都不得突破规定极值,否则该检查项目为不合格。

d. 采用数理统计方法进行评定的检查项目,不符合要求时,该检查项目为不合格。

e. 监理单位对检查项目的判定结果与施工单位自检评定结果不一致且有争议时,监理单位应按照该检查项目规定的检查频率进行检验评定。

⑤检查项目评为不合格的,应进行返工处理,直至合格。无法处理或经检测鉴定达不到设计要求、但经原设计单位或建设单位委托不低于原设计单位资质等级设计单位核算认可能够

满足安全和使用功能的,可予以评定。返工情况应记入工程质量档案。

(3)外观鉴定质量检验

对工程外观质量应进行全面检查,并满足规定要求,否则该检验项目为不合格。

(4)质量保证资料质量检验

工程应有真实、准确、齐全、完整的施工原始记录、试验数据、质量检查结果等质量保证资料。缺乏最基本资料,或有伪造涂改者,不予检验。当个别质量保证资料缺失时,应由检测机构出具的实体质量合格检测报告。质量保证资料应包括下列主要内容:

①所用原材料、半成品和成品质量检验结果;

②材料配比、拌和加工控制检验和试验数据;

③地基处理、隐蔽工程施工记录和施工监控资料;

④各项质量控制指标的试验记录和质量检验汇总图表;

⑤施工过程中遇到的非正常情况记录及其对工程质量影响分析评价资料;

⑥施工过程中如发生质量事故,经处理补救后,达到设计要求的认可证明文件等。

3)工程质量评定

(1)工程质量等级应分为合格与不合格。

(2)分项工程质量评定合格应符合下列规定:

①检验记录应完整;

②实测项目应合格;

③外观质量应满足要求。

(3)分部工程质量评定合格应符合下列规定:

①评定资料应完整;

②所含分项工程及实测项目应合格;

③外观质量应满足要求。

(4)单位工程质量评定合格应符合下列规定:

①评定资料应完整;

②所含分部工程应合格;

③外观质量应满足要求。

(5)评定为不合格的分项工程、分部工程,经返工、加固、补强或调测,满足设计要求后,可重新进行检验评定。

(6)所含单位工程合格,该合同段评定为合格;所含合同段合格,该项目评定为合格。

# 附录　公路桥梁维修加固工程质量检验评定标准

## 1　范围

本标准用于公路桥梁维修加固工程的质量检验评定。

## 2　规范性引用文件

《公路工程质量检验评定标准　第一册　土建工程》(JTG F80/1—2017)
《工程结构加固材料安全性鉴定技术规范》(GB 50728—2011)
《混凝土结构加固设计规范》(GB 50367—2013)
《公路桥涵施工技术规范》(JTG/T F50—2011)
《公路桥梁加固设计规范》(JTG/T J22—2008)
《公路桥梁加固施工技术规范》(JTG/T J23—2008)
《混凝土结构后锚固技术规程》(JGJ 145—2013)
《水泥基渗透结晶型防水材料》(GB 18445—2012)
《预应力高强钢丝绳加固混凝土结构技术规程》(JGJ/T 325—2014)
《混凝土结构耐久性修复与防护技术规程》(JGJ/T 259—2012)
《钢筋阻锈剂应用技术规程》(JGJ/T 192—2009)
《公路桥梁橡胶支座更换技术规程》(DB32/T 2173—2012)
《公路桥梁钢结构防腐涂装技术条件》(JT/T 722—2008)
《混凝土桥梁结构表面涂层防腐技术条件》(JT/T 695—2007)
《海港工程混凝土结构防腐蚀技术规范》(JTJ 275—2000)
《纤维增强复合材料加固混凝土结构技术规程》(DG/TJ 08-20012—2002)
《公路桥梁荷载试验规程》(JTG/T J21-01—2015)
《公路工程竣(交)工验收办法实施细则》

## 3　术语

### 3.1　关键项目(key Item)

分项工程中对结构安全、耐久和主要使用功能起决定性作用的检验项目

### 3.2　一般项目(general Item)

分项工程中除关键项目以外的检验项目。

3.3 外观质量(quality of Appearance)

对通过观察和必要的测试所反映的工程外在质量和功能状态进行评价。

# 4 加固维修工程质量评定

## 4.1 一般规定

4.1.1 公路工程质量检验评定应按分项工程、分部工程、单位工程逐级进行,并应符合下列规定:

(1)在合同段中,具有独立施工条件和结构功能的工程为单位工程。

(2)在单位工程中,按路段长度、结构部位及施工特点等划分的工程为分部工程。

(3)在分部工程中,根据施工工序、工艺或材料等划分的工程为分项工程。

4.1.2 单位工程、分部工程和分项工程应在施工准备阶段按本标准附件 A 进行划分。

4.1.3 加固工程质量检验评定均应在施工单位自检合格的基础上进行。

(1)分项工程由监理单位组织施工单位项目专业技术负责人进行检验评定。

(2)分项工程完工后,施工单位按本标准所列基本要求、实测项目和外观质量的要求进行自检,对工程质量进行自我评定。

(3)分部、单位工程完工后,施工单位应汇总所属分项、分部工程质量评定资料,进行外观质量检查,对工程质量进行自我评定。

(4)加固工程中的隐蔽工序在隐蔽前,施工单位应通知监理单位进行检查验收,合格后方可继续施工。

4.1.4 建设单位、监理单位、检测单位和质量监督部门可根据本标准进行工程质量检查、检测、评定和鉴定。

## 4.2 工程质量的检验

4.2.1 分项工程应按基本要求、实测项目、外观质量和质量保证资料等检验项目分别检查。

4.2.2 分项工程质量应在符合基本要求规定、无外观质量限制缺陷且质量保证资料真实齐全时,方可进行检验评定。

4.2.3 基本要求检查应符合下列规定:

(1)分项工程应对所列基本要求逐项检查,经检查不符合规定时,不得进行工程质量的检验评定。

(2)分项工程所用的各种原材料的品种、规格、质量及混合料配合比和半成品、成品应符合有关技术标准规定并满足设计要求。

4.2.4 实测项目检验应符合下列规定:

(1)对检查项目按照规定的检查方法和频率进行随机抽样检验,计算合格率。

(2)本标准规定的检测方法为标准方法,也可采用经比对确认可靠、高效、快速检测设备和方法。

(3)本标准中以路段长度规定的检查频率为双车道路段的最低检查频率,对多车道应按车道数与双车道之比相应增加检查数量。

(4)检查项目合格率应按下式进行计算:

$$检查项目合格率(\%) = \frac{合格的点(组)数}{该检查项目的全部检查点(组)数} \times 100$$

4.2.5 检查项目合格判定应符合下列规定:

(1)关键项目(在文中以"△"标识)的合格率不得低于95%(属于工厂加工制造的桥梁金属构件为100%),否则该检查项目及所属分项工程为不合格。

(2)一般项目的合格率不得低于80%,且检测值的偏差不得超过允许偏差的1.5倍,否则该检查项目为不合格。

(3)有规定极值的检查项目,任一单个检测值都不得突破规定极值,否则该检查项目为不合格。

(4)采用数理统计方法进行评定的检查项目,不符合要求时,该检查项目为不合格。

(5)监理单位对检查项目的判定结果与施工单位自检评定结果不一致且有争议时,监理单位应按照该检查项目规定的检查频率进行检验评定。

(6)检查项目评为不合格的,应进行返工处理直至合格。无法处理或经检测鉴定达不到设计要求、但经原设计单位或建设单位委托不低于原设计单位资质等级设计单位核算认可能够满足安全和使用功能的,可予以评定。

4.2.6 外观质量应进行全面检查,并满足规定要求,否则该检验项目为不合格。对不符合外观质量要求的缺陷,施工单位应采取措施进行整修或返工处理后再进行评定。不合格情况记入档案。

4.2.7 质量保证资料:工程应有真实、准确、齐全、完整的施工原始记录、试验数据、质量检查结果等质量保证资料。缺乏最基本资料,或有伪造涂改者,不予检验。当个别质量保证资料缺失时,应有检测机构出具的实体质量合格检测报告。质量保证资料应包括下列主要内容:

(1)所用原材料、半成品和成品质量检验结果;

(2)材料配比、拌和加工控制检验和试验数据;

(3)地基处理、隐蔽工程施工记录和施工监控资料;

(4)各项质量控制指标的试验记录和质量检验汇总图表;

(5)施工过程中遇到的非正常情况记录及其对工程质量影响分析;

(6)施工过程中如发生质量事故,经处理补救后,达到设计要求的认可证明文件等。

4.2.8 检验项目评为不合格的,应进行整修或返工处理直至合格。

4.3 工程质量等级评定

4.3.1 工程质量等级分为合格与不合格。

4.3.2 分项工程、分部工程、单位工程质量评定应有符合本标准附件B规定的资料。

4.3.3 分项工程质量评定合格应符合下列规定:

(1)检验记录应完整。

(2)实测项目应合格。

(3)外观质量应满足要求。

4.3.4 分部工程质量评定合格应符合下列规定:

(1)评定资料应完整。

(2)所含分项工程及实测项目应合格。
(3)外观质量应满足要求。

4.3.5 单位工程质量评定合格应符合下列规定：
(1)评定资料应完整。
(2)所含分部工程应合格。
(3)外观质量应满足要求。

4.3.6 评定为不合格的分项工程、分部工程，经返工、加固、补强或调测，满足设计要求后，可重新进行检验评定。

4.3.7 所含单位工程合格，该合同段评定为合格；所含合同段合格，该建设项目评定为合格。

# 5 桥梁混凝土裂缝修补工程

5.1 非活动型裂缝封闭(裂缝宽度<0.15mm，水泥基)

(1)基本要求

①混凝土表面存在脱模剂等妨碍涂层渗透结晶的物质，涂刷前应处理，未处理或无法处理的，不可采用此材料封闭裂缝。

②裂缝封闭用水泥基浆体类别、规则及性能指标满足《水泥基渗透结晶型防水材料》(GB 18445—2012)的规定，有完整的出厂质量合格证明书。渗透结晶性能必须有资质单位出具的检验报告，大规模使用时应在使用前，应进行工艺试验，单面渗透深度应满足设计要求。

③裂缝封闭现场环境条件、基面处理、配制浆体、涂刷工艺和养护措施等施工工艺符合设计和产品要求。

(2)实测项目(附表5-1)

混凝土裂缝封闭实测项目　　　　　　　　　　　　附表5-1

| 项次 | 检查项目 | 规定值或允许偏差 | 检查方法和频率 |
|---|---|---|---|
| 1△ | 涂层干膜厚度 | 平均厚度和80%的测点厚度≥设计厚度，最小厚度≥80%设计厚度 | 7d后用测厚仪检查，每20m²查1点，测点总数不小于30点 |
| 2△ | 涂层附着力(MPa) | 不小于设计，设计未规定时取1.0 | 附着力测试仪；每50m²抽检2点 |

注：对于采用单条裂缝封闭的情况，按附表5-2的要求进行厚度和宽度检测。

(3)外观质量

封闭表面完整均匀，无破损、气泡、裂缝、漏涂、流挂、起泡、剥落等现象，应修补。

5.2 非活动型裂缝封闭(裂缝宽度<0.15mm，环氧基)

(1)基本要求

①环氧树脂裂缝胶材料类别、规格及性能指标应符合现行相关标准和设计的要求，并具有出厂合格证。

②缝口处理时打磨范围应超出裂缝四周各200mm，并按工艺清理至洁净。

③按照设计或产品说明书要求配兑和涂刷环氧树脂封缝胶。

(2) 实测项目(附表5-2)

**混凝土裂缝封闭实测项目**　　　　　　　　　　　　附表5-2

| 项次 | 检查项目 | 规定值或允许偏差 | 检查方法和频率 |
| --- | --- | --- | --- |
| 1 | 裂缝表面封闭宽度(mm) | 满足设计要求且≥20 | 尺量:2点/每条 |
| 2△ | 裂缝表面封闭厚度(mm) | 满足设计要求且≥1 | 测厚仪:2点/条 |

(3) 外观质量

①封缝表面均匀平整,无脱落,不符合要求时应修补。

②封缝表面不得出现裂缝,不符合要求时应修补。

5.3　非活动型裂缝灌胶(裂缝宽度≥0.15mm,<1.5mm)

(1) 基本要求

①施工开始前,应确认环氧树脂灌缝胶产品合格证、产品质量检验报告,其品种、性能、规格和质量必须符合有关规范和设计的要求。当工程的裂缝灌胶量大时,应作一组试样进行拉伸剪切强度检验。受检的胶黏剂应由独立试验室人员在不小于两个包装单位中随机抽取。

②应按设计要求对混凝土表面进行处理,达到清洁、密实、坚固,湿度应与修补材料相适应。

③裂缝修补应严格按规定工艺进行。裂缝灌注胶无论产品本身或施工时都不得掺加任何溶剂。

④灌浆胶黏剂选用适宜,确保裂缝之间的胶体能均匀密实地渗透进宽度为0.05mm的裂缝。

⑤裂缝压胶顺序,应遵循从下向上,由低向高的原则。

(2) 实测项目(附表5-3)

**混凝土裂缝灌胶实测项目**　　　　　　　　　　　　附表5-3

| 项次 | 检查项目 | 规定值或允许偏差 | 检查方法和频率 |
| --- | --- | --- | --- |
| 1 | 灌浆嘴间距(mm) | 符合设计要求 | 钢直尺:抽查10% |
| 2△ | 灌缝饱满度 | 缝宽≥0.05mm处有胶 | 取芯机:每座桥取2~3个芯样观测 |
| 3△ | 取芯劈裂抗拉强度 | 劈裂破坏应发生在混凝土内部;存在界面破坏时,其面积不大于破坏总面积的15% | 压力机:每座桥取2~3个芯样试验 |

(3) 外观质量

①混凝土裂缝表面应平整、洁净、颜色与混凝土基本一致,不符合要求时应修整平整。

②混凝土裂缝表面不得遗留胶泥、注胶器、注胶嘴等施工残余物,不符合要求时应处理干净。

5.4　非活动型裂缝注浆(裂缝宽度≥1.5mm)

(1) 基本要求

①对于裂缝较宽(≥1.5mm)的非活动裂缝,可以根据设计要求采用超细无收缩水泥注浆

料、不回缩微膨胀水泥注浆料及改性聚合物水泥注浆料等进行裂缝封闭。所用材料类别、规格及性能指标应符合现行相关标准和设计的要求。

②对于深层裂缝(缝深大于1.0m)宜采取钻孔埋管的方式注浆。浅层的可采用压力注浆工艺。

(2)实测项目

同5.3节。

(3)外观质量

同5.3节。

## 5.5 活动型裂缝封闭

(1)基本要求

①宜采用无流动性的有机硅酮、聚硫橡胶、改性丙烯酸酯、聚氨酯等具有弹性和柔韧性的材料。条件不具备时,也可采用微膨胀水泥砂浆、聚合物砂浆或细石混凝土填缝。所用材料类别、规格及性能指标应符合现行相关标准和设计的要求。

②沿裂缝走向按设计和规范规定的剖面尺寸骑缝凿槽或切槽,凿槽或切槽应延伸过裂缝末端,槽的端头应做成弧形,以避免该处应力集中。凿槽或切槽完成后,应吹风清洁干净。

③当设置隔离层时,槽底隔离材料应采用不吸潮膨胀、且不与弹性密封材料及结构材料相互发生反应的材料,隔离材料应紧贴槽底。

④处理活动裂缝或尚在发展的裂缝时,填入槽中的弹性密封材料宜低于构件表面高度。

(2)实测项目(附表5-4)

**混凝土活动裂缝封闭实测项目**　　　　　　　　　　　　　附表5-4

| 项次 | 检 查 项 目 | 规定值或允许偏差 | 检查方法和频率 |
|---|---|---|---|
| 1 | 缝口宽度(mm) | 符合设计要求,且≥20 | 钢直尺;2点/缝 |

(3)外观质量

①采用无机材料时裂缝封闭表面应平整,无裂缝,不符合要求时应处理。

②采用有机材料时缝表防护层应粘贴牢固,无填料溢出,不符合要求时应处理。

## 6 植筋工程

(1)基本要求

①植筋所用钢筋、结构胶等材料类别、规格及性能指标应符合现行相关标准和设计的要求,并具有出厂合格证。

②胶黏剂填料必须在工厂制胶时添加,严禁在施工现场加入。

③钢筋应单向旋转插入到孔底,孔口多余的胶应清除,保证植入的钢筋与孔壁间隙基本均匀,校正钢筋的垂直度。严禁采用胶黏剂直接涂抹在钢筋上植入孔中的植筋方式。

④对施工的盲孔应立即清孔干净后用植筋环氧胶回填。

⑤在胶液固化之前,避免扰动锚固钢筋和在孔位附近有明水,植筋孔胶液完全固化后,方可进行后续工程。

(2)实测项目(附表6-1)

植 筋 实 测 项 目　　　　　　　　　　附表6-1

| 项次 | 检查项目 | | 规定值或允许偏差 | | 检查方法和频率 |
|---|---|---|---|---|---|
| 1△ | 抗拔力(kN)① | | 满足设计要求 | | 固化7d后,按 JGJ 145—2013 附录B,抽检3%,且不少于5根 |
| 2 | 孔径(mm) | | 孔径<14 | ≤1 | 尺量:每规格抽查10% |
| | | | 孔径14～28 | ≤2 | |
| 3△ | 孔深(mm) | 上下部结构 | +10,0 | | |
| | | 承台与基础 | +20,0 | | |
| | | 连接节点 | +5,0 | | |
| 4 | 钻孔垂直度(°) | 上下部结构 | 2 | | |
| | | 承台与基础 | 3 | | |
| | | 连接节点 | 1 | | |
| 5 | 位置偏差(mm) | 上下部结构 | 5 | | |
| | | 承台与基础 | 10 | | |
| | | 连接节点 | 5 | | |

注:①对锚固质量有怀疑时应按 JGJ 145—2013 要求选取锚固区外的同条件位置进行现场破坏性检验。

(3)外观质量

植筋孔口胶液外露均匀,外露钢筋无锈蚀与残胶,不符合要求时应处理锈蚀和残胶。

## 7 粘贴纤维复合材料布工程

(1)基本要求

①粘贴纤维布所用纤维布材、浸渍/黏结用胶黏剂和表面防护等材料类别、规格及其各种性能指标及技术参数均应符合设计和相关规范的要求,并具有出厂合格证。

②根据工艺要求,现场气温应大于或等于5℃,如果气温低于5℃,应使用适于低温的特殊胶种或采取其他加温处理措施,如气温长时间低于5℃,应暂停施工。宜选择夜间温度较低时且稳定时进行粘贴施工(日出前5h)。

③按设计要求对原构件缺陷进行修补,严格按有关规范进行各工序隐蔽工程检验与验收,如施工质量不能满足相关条款要求时,应立即采取补救措施或返工。

④纤维复合材料实际粘贴面积、搭接长度、搭接宽度等符合设计要求。当采用多条或多层纤维复合材料加固时,其搭接位置应相互错开。

⑤当纤维复合材料的粘贴空鼓面积小于10000mm²时,可采用针管注胶方式进行补救,当空鼓面积大于10000mm²时,宜将空鼓处的纤维复合材料切除,重新搭接贴上等量的纤维复合材料,搭接长度应符合设计要求。

(2)实测项目(附表7-1)

粘贴纤维布实测项目　　　　　　　　　　　附表7-1

| 项次 | 检查项目 | | 规定值或允许偏差 | 检查方法和频率 |
|---|---|---|---|---|
| 1△ | 粘贴质量 | 空鼓面积之和与总粘贴面积之比 | 小于5% | 超声波、红外线或敲击:100% |
| | | 胶黏剂厚度 | <2mm | 钢尺测量:每构件3处 |
| | | 硬度 | >70° | 洛氏硬度试验方法:每构件3处 |
| 2 | 构件表面处理 | | 符合设计要求 | 目测或尺量:全部 |
| 3 | 粘贴误差 | | 中心线偏差≤10mm | 钢尺测量:全部 |
| 4 | 粘贴数量 | | ≥设计数量 | 目测:全部 |
| 5△ | 正拉黏结强度 | | ≥2.5MPa,且破坏面在混凝土内 | 拉拔仪:每20~30m² 抽取一处,且不少于1处 |

(3)外观质量

①表面平整,清洁,边缘顺直,防护完好,不符合要求时应处理。
②表面无气泡,胶瘤和翘边,不符合要求应处理。
③用于补强的碳纤维布工程,不应有明显的歪斜,不符合要求时应处理。

## 8　粘贴钢板工程

(1)基本要求

①粘贴钢板所用钢板、锚栓、黏结剂与防腐材料种类、型号、规格、数量和质量应符合有关规范及设计要求,并具有出厂合格证。
②混凝土表面及钢板粘贴面处理应符合设计要求。
③粘贴施工的环境条件应满足设计、施工技术规范及所用结构胶的要求。
④粘贴钢板表面应平整,不得有折角。钢板粘接面除锈后应及时进行粘贴,避免再次生锈。
⑤钢板锚孔位置与混凝土构件上钻孔位置应一致,钻孔不应损伤原结构钢筋。
⑥外露钢构件应按设计要求进行涂装防腐处理。

(2)实测项目(附表8-1)

粘贴钢板实测项目　　　　　　　　　　　附表8-1

| 项次 | 检查项目 | | 规定值或允许偏差 | 检查方法和频率 |
|---|---|---|---|---|
| 1△ | 钢—混凝土黏结正拉强度(MPa)① | | ≥$f_{tk}$和2.5 | 拉拔仪:每100m²不少于1组,每组测3个点 |
| 2△ | 粘贴密实度 | | 有效黏结面积≥95% | 超声波、红外线或敲击:抽查50% |
| 3 | 锚栓 | 钻孔直径(mm) | +2,-1 | 钢尺:抽查20% |
| | | 锚固深度(mm) | +5,0 | |
| | | 钻孔垂直度 | 3° | |
| | | 位置(mm) | 5 | |
| 4 | 钢板位置(mm) | | ±10 | 钢尺:检查全部 |

续上表

| 项次 | 检查项目 | 规定值或允许偏差 | 检查方法和频率 |
|---|---|---|---|
| 5 | 防腐层厚度 | 符合设计要求 | 测厚仪:每 5m² 查 1 点,测点总数不小于 30 点 |

注:①对于表面粘贴的钢板,可对粘好的钢板采取现场取样的方式测试;对于压力注胶法粘贴的钢板,宜采用施工前工艺试验的方式检验粘贴强度。

(3)外观质量

①钢板边缘的溢胶,色泽均匀,胶体固化。

②钢板平直、顺贴,无局部翘曲、歪扭,不符合要求时应返工。

③涂装表面完整光洁,均匀一致,无破损、气泡、裂缝、针孔、凹陷、麻点、流挂和皱皮等缺陷。不符合要求时应返工。

④涂装的漆膜颜色一致。不符合要求时应返工。

# 9 混凝土结构耐久性防护工程

## 9.1 硅烷浸渍

(1)基本要求

①硅烷浸渍所用硅烷种类、型号、规格、数量和质量应符合有关规范及设计要求,并具有出厂合格证。禁止采用短链的硅氧烷体系。

②涂装硅烷时的施工环境条件、混凝土表面处理状态应满足设计和产品说明的要求。

③受氯盐侵蚀的混凝土构件,宜排盐处理后再进行硅烷浸渍。

④混凝土修补后凝结应不少于 14d,方可实施浸渍。

(2)实测项目(附表 9-1)

硅烷浸渍实测项目　　　　　　　　　　附表 9-1

| 项次 | 检查项目 | 规定值或允许偏差 | | 检查方法和频率 |
|---|---|---|---|---|
| 1△ | 涂覆量(mL/m²) | 液体 | ≥600 | 根据施工用量估算 |
| | | 膏体 | ≥300 | |
| 2 | 吸水率平均值(mm/min$^{1/2}$) | ≤0.01 | | 每 500m² 浸渍面积,同条件试件取芯按 JTJ 275—2000 规定进行检验 |
| 3 | 硅烷浸渍深度(mm) | ≥C45 | ≥2 | |
| | | <C45 | ≥3 | |
| 4 | 氯化物吸收量降低率(%) | ≥90 | | |

(3)外观质量

表面色泽一致,溅水表面滚珠无存留,不符合要求时应返工。

## 9.2 表面涂层

(1)基本要求

①表面涂层所用涂层系统各层配套涂料及稀释剂种类、型号、规格、数量和质量应符合有关规范及设计要求,具有出厂合格证,并在有效期内使用。

②混凝土表面处理、涂装工艺符合设计与产品说明的要求。

(2)实测项目(附表9-2)

**表面涂层实测项目**  附表9-2

| 项次 | 检查项目 | 规定值或允许偏差 | 检查方法和频率 |
|---|---|---|---|
| 1△ | 涂层干膜厚度 | 平均厚度和80%的测点厚度≥设计厚度,最小厚度≥80%设计厚度 | 7d后用测厚仪检查,每20m²查1点,测点总数不小于30点 |
| 2△ | 涂层附着力(MPa) | 不小于设计,设计未规定时取≥1.5 | 附着力测试仪:每50m²抽检2点 |

(3)外观质量

①涂层应连续、均匀、平整,不符合要求时应处理。

②涂层不允许有流挂、变色、剥落、色差、针孔、裂缝、气泡等缺陷,不符合要求时必须处理。

## 9.3 钢筋锈蚀修复

(1)基本要求

①钢筋除锈所用表面迁移型阻锈剂、掺入型阻锈剂、钢筋表面钝化剂及修补材料的种类、型号、规格、数量和质量应符合有关规范及设计要求,具有出厂合格证,并在有效期内使用。

②喷涂型阻锈剂宜采用烷氧基类,掺入型阻锈剂不得使用以亚硝酸盐为主要成分的阳极型阻锈剂。

③钢筋锈蚀修复的混凝土表面处理、除锈阻锈工艺要求符合设计及产品说明的要求。

(2)实测项目(附表9-3)

**钢筋锈蚀修复实测项目**  附表9-3

| 项次 | 检查项目 | 规定值或允许偏差 | | | 检查方法和频率 |
|---|---|---|---|---|---|
| 1△ | 修补密实度 | 密实、无松脱 | | | 平锤锤击:全部 |
| 2 | 表面平整度(mm) | 3 | | | 1m尺量:每处3尺,全部 |
| 3△ | 150d锈蚀电流降低率 | 初始腐蚀电流 | >1μA/cm² | 80% | GB 50367—2013附录E |
| | | | <1μA/cm² | 50% | |

(3)外观质量

修补与基层黏结牢固,表面平整,无裂缝、脱层、起鼓、脱落现象,不符合要求时应返工。

## 10 混凝土构件增大截面加固工程

(1)基本要求

①增大截面加固所用混凝土、灌浆料、钢筋、钢/玻璃纤维套管等材料的种类、型号、规格、数量和质量应符合有关规范及设计要求。

②增大截面处原截面表面处理、混凝土或灌浆料的浇筑养生、水下施工的防水工艺符合设计和材料产品说明书的要求。

（2）实测项目（附表10-1、附表10-2）

混凝土构件增大截面实测项目　　　　　　附表10-1

| 项次 | 检查项目 | | 规定值或允许偏差 | 检查方法和频率 |
|---|---|---|---|---|
| 1△ | 混凝土强度（MPa） | | 在合格标准内 | JTG F80/1—2017 附录D |
| 2 | 新增混凝土结构层厚度（mm）① | | +10,0 | 尺量：全部，每构件增厚面不少于2点，圆截面不少于3点；取芯机：全部，每构件1处 |
| 3△ | 结合面处理 | | 满足设计要求 | 目测：全部 |
| 4 | 受力钢筋间距（mm） | 两排以上排距 | ±5 | 尺量：每构件2个断面 |
| | | 同排　梁、板、拱肋 | ±10 | |
| | | 同排　基础、墩台、柱 | ±20 | |
| | | 灌注桩 | ±20 | |
| 5 | 箍筋、构造钢筋、螺旋筋间距（mm） | | ±10 | 尺量：每构件10个间距 |
| 6 | 钢筋骨架（mm） | 长 | ±10 | 尺量：每构件抽查2个 |
| | | 高、宽或直径 | ±5 | |
| 7 | 弯起钢筋位置（mm） | | ±20 | 尺量：每骨架抽查30% |
| 8 | 保护层厚度（mm）② | 梁、柱、拱肋 | ±5 | 钢筋保护层检测仪：每构件不少于8点 |
| | | 墩台、基础 | ±10 | |
| | | 板 | ±3 | |
| | | 灌注桩 | +20,0 | 尺量：每段沿钢筋笼外侧检查8处 |

注：①对于尺量结果有怀疑或不具备尺量条件时才可采用取芯的方式，取芯后取样孔应封闭。
　　②腐蚀环境构件保护层不允许负偏差。

混凝土墩柱套筒加固实测项目　　　　　　附表10-2

| 项次 | 检查项目 | 规定值或允许偏差 | 检查方法和频率 |
|---|---|---|---|
| 1△ | 混凝土强度（MPa）① | 在合格标准内 | JTG F80/1—2017 附录D |
| 2△ | 灌浆料的强度（MPa）② | 在合格标准内 | 附录C |
| 3△ | 结合面处理 | 满足设计要求 | 目测：全部 |
| 4 | 套筒尺寸（mm） | ±10 | 尺量：全部 |
| 5 | 套筒安装位置（mm） | ±20 | 尺量：全部 |
| 6△ | 灌浆饱满度 | 90% | 锤击：5点/m² |
| 7 | 套筒与墩柱表面的间隙（mm） | ±5 | 尺量：全部，量套筒边缘到墩柱距离，上下端面各取均匀间隔的6点 |

注：1.①对于采用灌浆料的，本项不检。
　　　②对于采用混凝土的，本项不检。
　　2.套筒内配筋的按附表10-1的规定处理。

（3）外观质量
①表面平整，色泽一致，棱角平直，无明显施工缝。
②表面不应出现蜂窝、麻面，不符合要求时应处理。
③表面不得出现裂缝、露筋、疏松，不符合要求时应处理。

④套筒表面防护无破损,封端混凝土或灌浆料密实平整,不符合要求时应处理。

## 11 混凝土结构表面缺陷修补工程

(1) 基本要求

①混凝土结构表面缺损所用聚合物砂浆、聚合物混凝土等材料的种类、型号、规格、数量和质量应符合有关规范及设计要求。

②修复处混凝土表面处理的程度、修补工艺要求符合设计及材料产品说明书要求。

(2) 实测项目(附表11-1)

**表面缺损修补实测项目** 附表 11-1

| 项次 | 检 查 项 目 | 规定值或允许偏差 | 检查方法和频率 |
|---|---|---|---|
| 1△ | 修补密实度 | 密实、无松脱 | 平锤锤击:全部 |
| 2 | 表面平整度(mm) | 3 | 1m尺量:每处3尺,全部 |
| 3 | 阴阳角(°) | 5 | 尺量:全部 |

(3) 外观质量

①修补表面平整,色泽一致。

②修补表面无裂缝、蜂窝、麻面,不符合要求时应处理。

## 12 体外预应力加固工程

### 12.1 预应力钢束

(1) 基本要求

①体外预应力所用预应力筋/束、转向/锚固块混凝土或钢材、防振块、锚栓、钢筋、锚具及配套防护材料的各项技术性能必须符合现行标准规定和设计要求。

②预应力束中的钢丝、钢绞线应梳理顺直,不得有缠绞、扭麻花现象,表面不应有损伤。

③单根钢绞线不允许断丝,单根钢筋不允许断筋或滑移。

④预应力筋束张拉或放张时,混凝土或钢转向或锚固块与结构界面的处理、混凝土强度和龄期必须满足设计要求,严格按照设计规定的张拉顺序进行操作。

⑤预应力钢丝采用镦头锚时,镦头应头形圆整,不得有斜歪或破裂现象。锚垫板平面应与孔道轴线垂直。

⑥千斤顶、油表、钢尺等器具应经检验校正。

⑦锚具、夹具和连接器应符合设计要求,按施工技术规范的要求经检验合格后方可使用。

(2) 实测项目(附表12-1)

**体外预应力钢束实测项目** 附表 12-1

| 项次 | 检 查 项 目 | | 规定值或允许偏差 | 检查方法和频率 |
|---|---|---|---|---|
| 1 | 锚固及转向构件位置(mm) | 纵向 | ±30 | 尺量:全部 |
| | | 横向 | ±20 | |
| 2 | 钢构件防腐涂层厚度(mm) | | 符合设计要求 | 测厚仪:每构件5处 |
| 3 | 钢索坐标(mm) | 梁长方向 | ±30 | 尺量:各转折点 |
| | | 梁高方向 | ±10 | |

续上表

| 项次 | 检查项目 | | 规定值或允许偏差 | 检查方法和频率 |
|---|---|---|---|---|
| 4△ | 锚栓抗拔力(kN)① | | 满足设计要求 | 按 JGJ 145—2013 附录 B,抽检20%且不少于5个 |
| 5△ | 张拉力值 | | 符合设计要求 | 查油压表数值:全部 |
| 6△ | 张拉伸长率(%) | | 符合设计要求,设计无要求时±6% | 尺量:全部 |
| 7△ | 断丝滑丝数 | 钢束 | 每束1根,且每断面不超过钢丝总数的1% | 目测:全部 |
|  |  | 钢筋 | 不允许 |  |

注:①对锚固质量有怀疑时应按 JGJ 145—2013 要求选取锚固区外的同条件位置进行现场破坏性检验。

(3)外观质量

①体外预应力钢束外防护层不得破损,不符合要求时应处理。

②转向锚固装置不得偏向、掉角、开裂,不符合要求时应处理,处理不了或处理后不能满足结构安全要求的应返工。

### 12.2 预应力钢丝/高强钢丝绳

(1)基本要求

①体外预应力所用预应力丝、高强钢丝绳、锚栓、钢筋、锚具、结构胶、聚合物砂浆的各项技术性能必须符合现行标准规定和设计要求。

②预应力筋束张拉或放张时,锚板与结构界面的处理与黏结应满足设计要求,严格按照设计规定的张拉顺序进行操作。

③预应力钢丝采用镦头锚时,镦头应头形圆整,不得有斜歪或破裂现象。

④千斤顶、油表、钢尺等器具应经检验校正。

⑤锚具、夹具和连接器应符合设计要求,按施工技术规范的要求经检验合格后方可使用。

(2)实测项目(附表12-2)

**体外预应力高强钢丝、钢丝绳实测项目**　　　　附表12-2

| 项次 | 检查项目 | | 规定值或允许偏差 | 检查方法和频率 |
|---|---|---|---|---|
| 1△ | 张拉力值 | | 满足设计要求,设计无要求时±100N | 查油压表数值:全部 |
| 2△ | 张拉伸长值(mm) | | 满足设计要求,设计无要求时±0.5mm | 尺量:全部 |
| 3△ | 锚块间距(mm) | | ±0.5 | 尺量:全部 |
| 4△ |  | 正拉黏结强度(MPa) | ≥2.5,且破坏面在混凝土内 | 拉拔仪:每100m²抽取3处,且不少于3处 |
| 5△ |  | 砂浆强度(MPa) | 符合设计要求 | JGJ/T 325—2014 |
| 6△ | 聚合物砂浆面层 | 空鼓面积之和与总粘贴面积之比 | 小于5% | 超声波、红外线或敲击:全部 |
| 7 |  | 厚度(mm) | +5,0 | 尺量:每块8处 |
| 8 |  | 保护层厚度(mm) | +8,0 | 钢筋保护层检测仪:每块不少于5点 |
| 9 |  | 表面平整度(mm) | 3 | 2m尺量 |

(3)外观质量

①表面平整,棱角平直,无明显施工接缝。

②表面不应存在露绳(丝)、疏松、夹杂、孔洞、硬化不良、裂缝等缺陷,不满足要求时应处理。

## 13 支座更换工程

(1)基本要求

①更换的支座类型、规格和性能指标符合相关现行标准和设计要求。

②支座锚栓的埋置深度和外露长度应符合设计要求。

③当支座实际安装温度与设计要求不同时,应通过计算设置支座顺桥方向的预偏量。

④梁板安放时应位置准确,且与支座密贴。如就位不准或与支座不密贴时,必须重新顶升,采取垫钢板等措施,并应使支座位置控制在允许偏差内。不得用撬棍移动架、板。

(2)实测项目(附表13-1)

**支座更换实测项目** 附表13-1

| 项次 | 检查项目 | | 规定值或允许偏差 | 检查方法和频率 |
|---|---|---|---|---|
| 1△ | 支座中心横桥向偏位(mm) | | 2 | 尺量:全部 |
| 2 | 支座顺桥向偏位(mm) | | 5 | 尺量:全部 |
| 3△ | 支座高程(mm) | | 符合设计规定,设计未规定时±5 | 水准仪:全部 |
| 4△ | 超出设计规定同排支座高差(mm) | | ±1 | 水准仪:全部 |
| 5 | 支座四角高差 | 承压力≤500kN | 1 | 水准仪:全部 |
| | | 承压力>500kN | 2 | |

(3)外观质量

①支座安装后表面清洁,无破损,支座周边无杂物,防污防尘装置完好,不符合要求时应处理。

②板式支座不得发生偏压、裂纹、脱空和不均匀外鼓,不符合要求时应处理,不均匀外鼓必须更换。

③盆式支座固定螺栓位置应正确,安装应牢固,不应有倾斜偏压、部件破损现象,不符合要求时应处理,部件严重破损必须更换。

## 14 伸缩缝更换工程

(1)基本要求

①更换的伸缩缝类型、规格和性能指标符合相关现行标准和设计要求。

②锚固混凝土性能符合设计要求。

③当伸缩缝实际安装温度与设计要求不同时,应通过计算设置顺桥方向的预张量。

④伸缩缝安装牢固,伸缩功能正常。

⑤伸缩缝更换后与原路面、桥面衔接平顺。

(2) 实测项目(附表14-1)

伸缩缝更换实测项目　　　　　　　附表14-1

| 项次 | 检查项目 | | 规定值或允许偏差 | | 检查方法和频率 |
|---|---|---|---|---|---|
| 1 | 长度(mm) | | 满足设计要求 | | 尺量:每道 |
| 2△ | 缝宽(mm)① | | 满足设计要求 | | 尺量:每道2处 |
| 3△ | 与桥面高差(mm) | | 2 | | 尺量:每侧5处 |
| 4 | 纵坡(%) | | 一般 | ±0.5 | 水准仪:锚固混凝土端部每道3处 |
| | | | 大型 | ±0.2 | |
| 5 | 横向平整度(mm) | | 3 | | 3m尺:每道 |
| 6△ | 焊接 | 焊缝尺寸 | 符合设计要求 | | 量规:全部 |
| | | 无损探伤 | | | 超声:全部 |

注:①应按安装时的温度进行折算。

(3) 外观质量
①伸缩缝无阻塞、变形、开裂,不符合要求时应更换和处理。
②锚固混凝土无裂缝、蜂窝、麻面,不符合要求时应处理。

## 15 增补灌注桩基础工程

(1) 基本要求
①增补桩基及新老基础协同受力构件所用混凝土、钢材、钢筋等材料类型、规格和性能指标符合相关现行标准和设计要求。
②增补桩基施工工艺符合设计要求。
③增补桩基后,原桥梁主要受力构件不得出现新的损伤。

(2) 实测项目(附表15-1)

增补灌注桩基础实测项目　　　　　　　附表15-1

| 项次 | 检查项目 | 规定值或允许偏差 | 检查方法和频率 |
|---|---|---|---|
| 1△ | 混凝土强度(MPa) | 在合格标准内 | JTG F80/1—2017 附录D |
| 2△ | 桩位(mm) | 50 | 全站仪:检查每桩中心坐标 |
| 3△ | 孔深(m) | 不小于设计值 | 测绳或超声波成孔检测仪:每桩测量 |
| 4 | 孔径(mm) | 不小于设计值 | 井径仪或超声波成孔检测仪:每桩测量 |
| 5 | 钻孔倾斜度(mm) | 1%桩长,且不大于500 | 钻杆垂线法或超声波成孔检测仪:每桩测量 |
| 6 | 沉淀厚度(mm) | 符合设计要求 | 沉淀盒或超声波成孔检测仪:每桩测量 |
| 7△ | 新旧桩基协同工作性 | 符合设计要求 | 查验荷载试验报告 |

(3)外观质量

新增桩基与原桥基础、墩柱连接界面牢固,界面处无开裂、错台、混凝土酥松等现象,不符合规定时应处理。

## 16 钢花管注浆锚杆工程

(1)基本要求

①钢花管注浆锚杆所用材料类型、规格和性能指标符合相关现行标准和设计要求。

②按设计要求的程序施工,注浆压力和稳压时间不得低于设计要求,花管内浆体密实、饱满。

③增设钢花管注浆锚杆后,原桥梁主要受力构件不得出现新的损伤。

(2)实测项目(附表16-1)

**钢花管注浆锚杆实测项目**     附表16-1

| 项次 | 检查项目 | 规定值或允许偏差 | 检查方法和频率 |
| --- | --- | --- | --- |
| 1△ | 浆体强度(MPa) | 在合格标准内 | JTG F80/1—2017 附录 M |
| 2△ | 锚杆数量(根) | 不少于设计值 | 全部检查 |
| 3 | 锚孔深度(mm) | 不小于设计值 | 尺量:抽查50% |
| 4△ | 锚杆插入深度(mm) | ≥设计值95% | 尺量:抽查30% |
| 5 | 孔位(mm) | ±50 | 尺量:抽查30% |
| 6 | 锚杆拔力(kN) | 拔力平均值≥设计值,最小拔力≥0.9设计值 | 拔力试验:锚杆数1%,且不小于3根 |
| 7 | 注浆压力(MPa) | 符合设计要求 | 压力表:全部 |

(3)外观质量

锚杆垫板应与加固结构体密贴、锚杆不得外露,混凝土不得开裂脱落,不符合规定时应处理。

## 17 桥梁加固维修荷载试验

(1)基本要求

①荷载试验方案、实施过程与结果评估应符合《公路桥梁荷载试验规程》(JTG/T J21-01—2015)的要求。

②荷载试验过程中出现新增开裂、结构破损、非正常变形、基础沉降等意外而中止试验的加固桥梁,不得评定。

(2)实测项目(附表17-1)

**桥梁加固维修荷载实验实测项目**     附表17-1

| 项次 | 检查项目 | 规定值或允许偏差 | 检查方法和频率 |
| --- | --- | --- | --- |
| 1 | 应变校验系数 | 满足规范要求 | 查验荷载试验报告 |
| 2 | 挠度校验系数 | 满足规范要求 | 查验荷载试验报告 |
| 3 | 相对残余应变(变形) | ≤20% | 查验荷载试验报告 |

续上表

| 项次 | 检查项目 | 规定值或允许偏差 | 检查方法和频率 |
|---|---|---|---|
| 4 | 加固材料与原结构协同性 | 趋同 | 查验荷载试验报告 |
| 5 | 实测频率与理论频率比 | ≥1 | 查验荷载试验报告 |

(3)外观质量

荷载试验后加固材料和产品应无崩开、脱落、错动、开裂等失效、损坏或产品功能损失等现象,不符合时应处理或返工。

# 附录 A  公路桥梁维修加固工程单位工程、分部及分项工程划分

附表 A-1

| 单 位 工 程 | 分 部 工 程 | 分 项 工 程 |
|---|---|---|
| 单独特大桥、大桥/成批中小桥 | 上部结构 | 裂缝修补、植筋、粘贴纤维布、粘贴钢板、耐久性防护、增大截面、体外预应力、荷载试验 |
| | 下部结构 | 裂缝修补、植筋、粘贴纤维布、耐久性防护、增大截面、荷载试验、钢花管注浆锚杆 |
| | 基础 | 增补桩基础、荷载试验、钢花管注浆锚杆 |
| | 桥梁附属设施 | 支座更换、伸缩缝更换 |

注:特大桥、大桥每桥、每隧道单独为一个单位工程;中桥每 10 座为一个单位工程;小桥每 20 座为一个单位工程。

# 附录 B  公路桥梁维修加固工程质量检验评定用表

分项工程质量检验评定表　　　　　　　　　　　　附表 B-1

分项工程名称：　　　　　工程部位:(桩号、墩台号、孔号)
所属分部工程：　　　　　所属单位工程：　　　　　　　　所属建设项目(合同段)：
施工单位：　　　　　　　　　　　　　　　　　　　　　　　分项工程编号：

| 基本要求 | 1.　2.　… | | | | | | | | | | | | | |
|---|---|---|---|---|---|---|---|---|---|---|---|---|---|---|
| 实测项目 | 项次 | 检查项目 | 规定值或允许偏差 | 实测值或实测偏差值 | | | | | | | | | 质量评定 | | |
| | | | | 1 | 2 | 3 | 4 | 5 | 6 | 7 | 8 | 9 | 10 | 平均值、代表值 | 合格率(%) | 合格判定 |
| | | | | | | | | | | | | | | | | |
| | | | | | | | | | | | | | | | | |
| | | | | | | | | | | | | | | | | |
| | | | | | | | | | | | | | | | | |
| | | | | | | | | | | | | | | | | |
| | | | | | | | | | | | | | | | | |
| 外观质量 | | | | | | | | | 质量保证资料 | | | | | | | |
| 工程质量等级评定 | | | | | | | | | | | | | | | | |

检验负责人：　　　　检测：　　　　记录：　　　　复核：　　　　年　月　日

## 分部工程质量检验评定表　　　　　　　　　　附表 B-2

分部工程名称：　　　　　　　　　　　　工程部位：(桩号、墩台号、孔号)
所属单位工程：　　　　　　　　　　　　所属建设项目(合同段)：
施工单位：　　　　　　　　　　　　　　分部工程编号：

| 分项工程 | | | 备注 |
|---|---|---|---|
| 分项工程编号 | 分项工程名称 | 质量等级 | |
| | | | |
| | | | |
| | | | |
| | | | |
| | | | |
| | | | |
| | | | |
| | | | |
| | | | |
| | | | |
| | | | |
| | | | |

| 外观质量 | |
|---|---|
| 评定资料 | |
| 质量等级 | |
| 评定意见 | |

检验负责人：　　　　　　记录：　　　　　复核：　　　　　　年　月　日

单位工程质量检验评定表  附表 B-3

单位工程名称：  工程地点、桩号：
所属建设项目(合同段)：  单位工程编号：
施工单位：

| 分项工程 | | | 备 注 |
|---|---|---|---|
| 分项工程编号 | 分项工程名称 | 质量等级 | |
| | | | |
| | | | |
| | | | |
| | | | |
| | | | |
| | | | |
| | | | |
| | | | |
| | | | |
| | | | |
| 外观质量 | | | |
| 评定资料 | | | |
| 质量等级 | | | |
| 评定意见 | | | |

检验负责人：　　　　　　记录：　　　　复核：　　　　　　　　年 月 日

## 参 考 文 献

[1] Mehta P K. Durability Critical Issues for the Future [J]. Concrete International,1997,19(7):69-76.
[2] L Yingyu,W Guidong. The mechanism of carbonation of mortar and the dependance of carbonation on pore structure. //Proc Katharine and Bryant Mather Int Conf on Concrete Durability [C]. Atlanta,1987,22:1915-1943.
[3] Saetta A V,Schrefler B A,Vitaliani R V. The carbonation of concrete and the mechanism of moisture,heat and carbon dioxide flow through porous materials [J]. Cement and Concrete Research,1993,23:761-772.
[4] 阿列克谢耶夫. 钢筋混凝土结构中钢筋腐蚀与保护[M]. 黄可信,等,译. 北京:中国建筑工业出版社,1983.
[5] Papadakis V G,Vayenas C G,Fardis M N. A reaction engineering approach to the problem of concrete carbonation [J]. AICHE Journal,1989,35(10):1639-1650.
[6] Papadakis V G,Vayenas C G,Fardis M N. Physical and chemical characteristics affecting the durability of concrete [J]. ACI Materials Journal,1991,88:186.
[7] 曹明莉,丁言兵,郑进炫,等. 混凝土碳化机理及预测模型研究进展[J]. 混凝土,2012(9):35-38+46.
[8] 柳俊哲. 混凝土碳化研究与进展(1)-碳化机理及碳化程度评价[J]. 混凝土,2005(11):11-14+24.
[9] 日本建筑学会建筑设计标准委员会编. 建筑物的损伤和耐久性对策[M]. 张富春,译. 北京:中国建筑工业出版社,1988:23-28.
[10] Ho D W S,Lewis R L. The carbonation of concrete and its prediction [J]. Cement and Concrete Research,1987,17:489-504.
[11] 方璟,梅国兴,陆采荣. 影响混凝土碳化主要因素及钢锈因素试验研究[J]. 混凝土,1993 (2):35-43.
[12] Dhir R K,Hewlett P C,Chan Y N. Near surface characteristics of concrete:prediction of carbonation resistance [J]. Magazine of Concrete Research,1989,41:137-143.
[13] 张誉,蒋利学. 混凝土碳化深度的计算与实验研究[J]. 混凝土,1996(4):12-17.
[14] 龚洛书,苏曼青,王洪琳. 混凝土多系数碳化方程及其应用[J]. 混凝土及加筋混凝土,1985 (6):10-16.
[15] Thomas M D A,Matthews J D. Carbonation of fly ash concrete [J]. Magazine of Concrete Research,1992,44:217-228.
[16] Hobbs D W. Carbonation of concrete containing PFA [J]. Magazine of Concrete Research,1994,46:35-38.
[17] Ceukelaire L D,Nieuwenbeg D V. Accelerated carbonation of a blast-fumace cement concrete [J]. Cement and Concrete Research,1993,3:442-452.
[18] 马文海. 水泥用量对碳化深度的影响[J]. 低温建筑技术 1986(1):27-32.
[19] Kobayashi K,Uno Y. Influence of alkakion carbonation of concrete (part I) -preliminary tests with mortar speciments [J]. Cement and Concrete Research,1989(19):821-826.
[20] 邸小坛,周燕. 混凝土碳化规律的研究[R]. 北京:中国建筑科学研究院结构所,1994.
[21] 颜承越. 水灰比—碳化方程与抗压强度—碳化方程的比较[J]. 混凝土,1994(3):46-49.
[22] Reardon E I,James B R,Abouchar J. High pressure carbonation of cementitious grout [J]. Cement and Concrete Research,1989,19:385-399.
[23] 张令茂,江文辉. 混凝土自然碳化及其与人工加速碳化的相关性研究[J]. 西安建筑科技大学学报(自然科学版),1990(3):207-214.
[24] 刘亚芹,张誉. 表面覆盖层对混凝土碳化的影响与计算[J]. 工业建筑,1997,27(8):41-45.
[25] 谢东升. 高性能混凝土碳化特性及相关性能的研究[D]. 江苏:河海大学,2005.
[26] 徐道富. 环境气候条件下混凝土碳化速度研究[J]. 西部探矿工程,2005(10):147-149.
[27] 蒋清野,王洪深,路新瀛. 混凝土碳化数据库与混凝土碳化分析[J]. 攀登计划-钢筋锈蚀与混凝土冻融破坏的预测模型,1997年度研究报告,1997,12.
[28] 朱安民. 混凝土碳化与钢筋混凝土耐久性[J]. 混凝土,1992(06):18-22.
[29] 李果,袁迎曙,耿欧. 气候条件对混凝土碳化速度的影响[J]. 混凝土,2004(11):49-51.

［30］ 韩建德,孙伟,潘钢华. 混凝土碳化反应理论模型的研究现状及展望［J］. 硅酸盐学报,2012,40(8): 1143-1153.

［31］ NEVES,BRANCO F,DE BRITO J. Field Assessment of the Relationship Between Natural and Accelerated Concrete Carbonation Resistance［J］. Cement and Concrete Composites,2013,41:9-15.

［32］ MONTEIRO I,BRANCO F,DE BRITO J,et al. Statistical Analysis of the Carbonation Coefficient in Open Air Concrete Structures［J］. Construction and Building Materials,2012,29:263-269.

［33］ 曾胜钟. 现场条件下混凝土碳化深度预测研究［D］. 长沙:中南大学,2013.

［34］ Papadakis V G,Vayenas C G,Fardis M N. Experimental investigation and mathematical modeling of the concrete carbonation problem［J］. Chemical Engineering Science,1991,46:1333-1338.

［35］ Papadakis V G,Vayenas C G,Fardis M N. Fundamental modeling and experimental investigation of concrete carbonation［J］. ACI Materials Journal,1991,88:363-373.

［36］ 岸谷孝一. 钢筋混凝土的耐久性［M］. 日本:鹿岛建设技术研究所出版部,1963.

［37］ Nishi T,Proc. RILEM Symp［J］. Testing of Concrete,1962:485-489.

［38］ 卢哲安,霍凯成. 日本钢筋混凝土耐久性研究综述［J］. 工程结构可靠性,中国土木工程学会桥梁与结构工程学会结构可靠度委员会全国第三届学术交流会论文集,1992.

［39］ 金骏,吴国坚,翁杰,等. 水灰比对混凝土氯离子扩散系数和碳化速率影响的试验研究［J］. 硅酸盐通报, 2011,30(04):943-949.

［40］ 许丽萍,黄士元. 预测混凝土中碳化深度的数学模型［J］. 上海建材学院学报,1991,4(4):347-357.

［41］ 龚洛书. 混凝土多系数碳化方程及其应用［J］. 混凝土及加筋混凝土,1985(6):10-16.

［42］ 邸小坛,周燕. 旧建筑物的检测加固与维护［M］. 北京:地震出版社,1994.

［43］ 牛荻涛. 混凝土结构耐久性与寿命预测［M］. 北京:科学出版社,2003.

［44］ Smolczyk H G. Proceedings of 5th international symposium on chemistry of cement［J］. Tokyo,1968,3: 343-368.

［45］ 张誉,蒋利学,张伟平,等. 混凝土结构耐久性概论［M］. 上海:上海科学技术出版社,2003.

［46］ 刘亚芹. 混凝土碳化引起的钢筋锈蚀实用计算模式［D］. 上海:同济大学,1997.

［47］ Engelund S,Edvardsen C,Mohr L. General guidelines for durability design and redesign［J］. Report R15 of EU-Brite EuRam III project BE95-1347 DuraCrete. Probabilistic performance based durability design of concrete structures,2000.

［48］ Cornell C A. A probability-based structural code［C］//Journal Proceedings. 1969,66(12):974-985.

［49］ Lind N C. Consistent partial safety factors［J］. Journal of the Structural Division,1971,97(6):1651-1669.

［50］ 惠云玲. 混凝土结构钢筋锈蚀耐久性损伤评估及寿命预测方法［J］. 工业建筑,1997(06):20-23,44.

［51］ 中华人民共和国国家标准. 混凝土结构耐久性设计规范:GB/T 50476—2008［S］. 北京:中国建筑工业出版社,2009.

［52］ 中华人民共和国国家标准. 建筑结构可靠度设计统一标准:GB 50068—2018［S］. 北京:中国建筑工业出版社,2019.

［53］ 中华人民共和国国家标准. 公路工程结构可靠度设计统一标准:GB/T 50283—1999［S］. 北京:中国计划出版社,1999.

［54］ Siemes A J M,Steen R. Durable safety and serviceability-a performance based design format［C］//IABSE Colloquium'Basis of Design and Actions on Structures:Background and Application of Eurocode 1',Delft,41-50. 1996.

［55］ 徐善华. 混凝土结构退化模型与耐久性评估［D］. 西安:西安建筑科技大学,2003.

［56］ ISO S T. 2394. General Principles on Reliability for Structures［J］. Zurich:ISO,1998.

［57］ 刘海. 基于概率的混凝土结构耐久性设计与评定［D］. 西安:西安建筑科技大学,2008.

［58］ 蒋正武. 混凝土结构的表面防护技术［J］. 新型建筑材料,2004(2):12-14.

［59］ 朱桂红,郭平功,赵铁军. 有机硅防水剂对氯盐侵蚀混凝土的防护效果研究［J］. 混凝土,2007(11): 58-60.

[60] WITTMANN F H,战洪艳,赵铁军.混凝土表面防水处理与氯离子隔离层的建立[J].建筑材料学报,2005,8(1):1-6.

[61] Almusallam A A,Khan F M,Dulaijan S U,et al. Effectiveness of Surface Coatings in Improving Concrete Durability [J]. Cement & Concrete Composites,2003,25:473-481.

[62] Ho David W S,Harrison Rex S. Influence of Surface Coatings on Carbonation of Concrete [J]. Journal of Materials in Civil Engineering,1990,2(1):35-44.

[63] 杨晓勇,周勤.蓬勃发展的中国有机硅工业[J].有机硅材料,2006(01):1-3,51.

[64] 孙高霞.混凝土表面渗透性有机硅防护涂料的研究[D].南京:南京水利科学研究院,2009.

[65] 朱淮军.建筑用有机硅防水剂[J].有机硅材料,2007(06):338-340,376.

[66] 殷正坤,周卫清,王心泱.乳液型有机硅建筑防水剂[J].有机硅材料,2000(04):12-14.

[67] 张鹏,赵铁军,戴建国,等.硅烷改性混凝土防水和抗氯离子性能试验研究[J].土木工程学报,2011,44(03):72-78.

[68] 吴平.渗透型有机硅憎水剂在混凝土保护中的应用[J].新型建筑材料,2003(06):55-57.

[69] F. H. Wittmann,赵铁军,战洪艳.钢筋混凝土的防水处理[J].混凝土,2004(06):14-16.

[70] Gerdes A,Wittmann F H. Decisive Factors for the Penetration of Silicon-Organic Compounds into Surface near Zones of Concrete[C]//Proceedings,Hydrophobe III-Third International Conference on Water Repellent Treatment of Building,K. Littmann and AE Charola. 2001:123-131.

[71] 朱淮军.建筑用有机硅防水剂[J].有机硅材料,2007(06):338-340,376.

[72] 吴平,Dr. Heinz Geich.硅烷膏体浸渍剂在保护混凝土中的实际应用[J].混凝土,2003(10):62-65.

[73] Houvenaghel G,Carmeliet J. Dynamic contact angles,wettability and capillary suction of hydrophobic porous materials [C]//Proceedings of the Hydrophobe III-3rd International Conference on Surface Technology with Water Repellent Agents,Aedificatio Publishers,Freiburg,Germany. 2001:25-26.

[74] Sosoro M. Transport of organic fluids through concrete [J]. Materials and structures,1998,31(3):162-169.

[75] Levi M,Ferro C,Regazzoli D,et al. Comparative evaluation method of polymer surface treatments applied on high performance concrete [J]. Journal of materials science,2002,37(22):4881-4888.

[76] Zhao T,Wittmann F H,Zhan H. Water repellent surface treatment in order to establish an effective chloride barrier [C]//Proc. Fourth Int. Conf. Water Repellent Treatment of Building Materials,Aedificatio Publishers. 2005:105-118.

[77] 蒋庆华,刘慈军,温小栋,等.海洋环境下硅烷浸渍混凝土复合体系的耐久性[J].公路,2013(02):180-183.

[78] 战洪艳.混凝土表面有机硅处理与抗氯离子侵蚀性[D].青岛:青岛建筑工程学院,2004.

[79] 李化建,易忠来,谢永江.渗透型表面处理技术对混凝土性能的影响[J].混凝土,2011(12):129-130,138.

[80] 陈齐枺.钢筋混凝土表面防水处理、碳化与使用寿命预测[D].青岛:青岛理工大学,2005.

[81] Schueremans L,Van Gemert D,Friedel M,et al. Durability of water repellents in a marine environment [J]. Proc. Hydrophobe V,H. De Clercq and AE Charola,editors,Aedificatio Publishers,2008:357-367.

[82] 戴建才,李建中.渗透型硅烷浸渍剂在公路混凝土桥梁保护中的应用研究[J].公路交通科技(应用技术版),2011,7(11):176-180.

[83] 杨苹,李伟华,赵铁军.不同表面涂层对混凝土的防护效果[J].硅酸盐学报,2012,40(11):1613-1617.

[84] Vries J,Polder R B,Borsje H. Durability of hydrophobic treatment of concrete [J]. Wittmann,FH,Proceedings Water Repellent Treatment of Building Materials Hydrophobe II,Zürich,Switzerland,10-11 September,77-89,1998.

[85] 鲍旺,韩冬冬,倪坤,等.水泥基渗透结晶型防水涂料作用机理研究进展和分析[J].新型建筑材料,2011,38(09):79-83.

[86] 王亚军,李姗.水泥基渗透结晶防水材料的研究现状[J].公路交通科技(应用技术版),2015,11(02):51-53.

[87] Sun M,Li Z,Liu O,et al. A study on thermal self-diagnostic and self-adaptive smart concrete structures [J]. Cement and Concrete Research,2000,30:1251-1253.

[88] Reinhardt H W,Jooss M. Permeability and self-healing of cracked concrete as a function of temperature and crack width [J]. Cement and Concrete Research,2003,33(7):981-985.

[89] 何原野,刘清,王克新,等. 水泥基渗透结晶型防水材料对混凝土吸水性能的影响[J]. 混凝土,2015(12):63-66.

[90] 孙学志,邢峰,王元纲,等. 渗透结晶型涂料对混凝土碳化的影响[J]. 混凝土与水泥制品,2008(04):65-67.

[91] 吴建华,邓少桢,张加运,等. 水泥基渗透结晶材料对提高混凝土抗碳化性能影响研究[J]. 混凝土,2011(10):85-86,89.

[92] 李果,韦蓉蓉,李晓玲,等. 渗透型涂层混凝土的抗碳化性能[J]. 华南理工大学学报(自然科学版),2014,42(06):102-106.

[93] Moon H Y,Shin D G,Choi D S. Evaluation of the durability of mortar and concrete applied with inorganic coating material and surface treatment system [J]. Construction and Building Materials,2007,21(2):362-369.

[94] 郑敏升. 渗透结晶型外表面涂层对混凝土耐久性的防护作用[A]. 第三届海峡两岸土木建筑学术研讨会组委会. 第三届海峡两岸土木建筑学术研讨会论文集[C]//第三届海峡两岸土木建筑学术研讨会组委会:2007:3.

[95] 沈川越,黄佳健,汪群,等. 渗透型防水材料对混凝土耐久性的影响研究[J]. 施工技术,2016,45(09):80-83.

[96] 张劲泉,李万恒,程寿山,等. 基于检测结果的既有桥梁承载能力评定方法研究[J]. 公路交通科技,2006,23(4):30-32.

[97] 谢峻,王国亮,郑晓华. 大跨径预应力混凝土箱梁桥长期下挠问题的研究现状[J]. 公路交通科技,2007(01):47-49.

[98] 谢峻,江见鲸,王国亮,等. 大跨度预应力混凝土箱梁桥的健康监测系统[J]. 清华大学学报(自然科学版),2006(12):1957-1960.

[99] 柏松平,周剑萍. 公路升级改造中的若干关键问题[J]. 中外公路,2006,26(2):1-4.

[100] 朱从明,张宇峰,戴云峰. 美国桥梁长期性能研究计划及其启示[J]. 现代交通技术,2012,18-21.

[101] 刘鑫. 弹性混凝土在既有桥梁拓宽拼接中的应用[J]. 城市道桥与防洪,2013(12):61-64.

[102] 栾庆志. 公路升级技术改造及应用[J]. 交通科技与经济,2008(3):46-47.

[103] J. M. Kulicki. 基于概率的桥梁极限状态设计规范在美国实施的经验(英文)[J]. 重庆交通大学学报(自然科学版),30:1165-1191.

[104] 朱尚清. 基于实测车辆荷载模型的既有桥梁承载能力评估[C]//全国结构工程学术会议,2015.

[105] 周丽华. 既有立交桥梁结构综合利用及改造工程设计[J]. 中国市政工程,2007(4):20-23.

[106] 吕晓阳、张喆. 既有桥梁安全性评价体系的实用构架[J]. 黑龙江科技信息,2011,29:312.

[107] 夏昆,白胜伟. 既有桥梁改造加宽后安全性评估分析[J]. 北方交通,2015(3),33-35.

[108] 刘沐宇,欧阳丹. 桥梁工程生命周期碳排放计算方法[J]. 土木建筑与环境工程,2011,33(1):125-129.

[109] 梁志广,王萍,王甲辰,宋神友. 广佛高速公路桥梁新旧结构连接方式[J]. 中国市政工程,2006(1):31-34.

[110] 刘孝军,刘中田. 苏嘉杭高速公路南段扩建工程桥梁改造设计[J]. 城市道桥与防洪,2007(4).

[111] 孙文智,金爱国,肖质江. 沪杭甬高速公路拓宽工程施工[J]. 中外公路,2004,24(4).

[112] 鞠金荧. 沪宁高速公路(江苏段)扩建工程桥梁拼接设计构思[J]. 中外公路,2006,26(6).

[113] 于少春,丁涛. 桥梁拼接方式的工程分析方法[J]. 辽宁工程技术大学学报(自然科学版),2010,29.

[114] 吴文清,叶见曙,鞠金荧,华斌. 高速公路扩建中桥梁拓宽现状与方案分析[J]. 中外公路,2007,27(6).

[115] 宗周红,夏樟华,陈宜言,赵宣宪. 既有桥梁拓宽改造纵向接缝研究现状与实例分析[J]. 福州大学学报(自然科学版),2009,37(2).

[116] 梁志广,周滨,袁磊. 公路桥梁拓宽拼接方式综述[J]. 中国市政工程,2008(6).

[117] 钱江,艾军,张丽芳.不同拓宽连接方式对旧桥受力状态的影响分析[J].交通与计算机,2008,26(3).
[118] 范晓江.空心板桥梁加宽方案的有限元分析[J].山西交通科技,2008(2).
[119] 梁志广,王甲辰,王萍,等.大跨度连续箱梁桥拓宽梁体与原梁体的连接[J].公路交通科技,2007,24(2).
[120] 张丽芳,郭涛,吴文清,等.旧桥拓宽中拼接方式对旧桥受力状态的影响分析[J].公路交通科技,2006(2).
[121] 张涌,刘斌.银川—古窑子高速公路黄河特大桥加宽连接方式研究[J].铁道建筑,2006,6.
[122] 刘唐,刘德品.梁桥拓宽改造中不同纵缝构造处理模式力学性能比较[J].基建优化,2006,27(4).
[123] 郭岩昕.斜交空心板梁桥拓宽纵向接缝模型试验研究[D].福州:福州大学,2009.
[124] 袁磊.预应力混凝土连续刚构桥拓宽拼接的可行性及相关因素研究[D].北京:中国铁道科学研究院,2007.
[125] 许有胜.公路桥梁拓宽改造纵向接缝研究[D].福州:福州大学,2006.
[126] 王曦蜻.预应力混凝土连续箱梁拓宽结构的分析研究[D].南京:东南大学,2006.
[127] 罗志文.预应力混凝土T梁桥变宽拓宽受力性能研究[D].福州:福州大学,2006.
[128] 黄萍.预应力混凝土T梁变宽拼宽静力特性分析[J].公路交通科技,2010,27(3).
[129] 胡胜刚,黄古剑,张晟斌,等.高速公路改扩建预应力简支T梁拼宽结构分析[J].中外公路,2009,29(4).
[130] 范丙臣,王淑涛.简支空心板梁桥采用湿接法拼接及设计初探[J].城市道桥与防洪,2008(7).
[131] 陈晓强,刘其伟.斜交多跨预应力混凝土连续梁桥加宽技术方案研究[J].桥梁建设,2007(2).
[132] 华斌,李捷,吴建平,等.预应力混凝土梁桥拓宽关键技术研究[J].现代交通技术,2006(5).
[133] 赵煜,张珂.既有桥梁拓宽后承载潜力研究[J].长安大学学报(自然科学版),23(1),2003,51-53.
[134] 张哲,李斐然,邱文亮,等.钢悬臂梁拓宽钢筋混凝土箱梁桥的接触面应力分析[J].公路交通科技,27(2),2010:65-70.
[135] 彭可可,黄培彦.桥梁拼接中CFL技术的理论研究[J].公路交通科技,25(8),2008,67-71.
[136] 梁志广,柯在田,高岩.预应力混凝土连续箱梁桥拓宽梁体与原梁体的连接效果评定[J].桥梁建设,2005(4).
[137] 潘言全,冯大鹏.国内桥梁的现状与应解决的问题[J].中国水运,2007,7(8):78-79.
[138] 李宏江,张劲泉,李万恒,等.在役预应力混凝土斜拉桥合龙段置换加固技术研究[J].土木工程学报,2011(07).
[139] 张劲泉.我国公路桥梁检测评价与加固技术的现状与发展[D].北京:交通运输部公路科学研究院,2008.
[140] 中华人民共和国行业标准.公路隧道设计规范 第二册 交通工程与附属设施:JTG D70/2—2014.[S].北京:人民交通出版社,2014.
[141] 建筑设计防火规范:GB 50016—2014[S].北京:中国计划出版社,2015.
[142] 公路隧道通风设计细则:JTG/T D70/2-02—2014[S].北京:人民交通出版社,2014.
[143] 消防安全标志 第1部分:标志:GB 13495.1—2015[S].北京:中国标准出版社,2015.
[144] 公路隧道照明设计细则:JTG/T D70/2-01—2014[S].北京:人民交通出版社,2014.
[145] 道路隧道设计规范:DG-TJ 08-2033—2017[S].上海:同济大学出版社,2017.
[146] 火灾自动报警系统设计规范:GB 50116—2013[S].北京:中国计划出版社,2014.
[147] 火灾自动报警系统施工及验收标准:GB 50166—2007[S].北京:中国计划出版社,2007.
[148] 李修柏.特长高速铁路隧道火灾人员疏散研究[D].湖南:中南大学,2013.
[149] 李削云,马险峰,王俊淞.公路隧道火灾逃生疏散研究[J].中国安全科学学报,2011(05):66-71.
[150] 张昊,董四辉.基于Pathfinder的地铁区间火灾人员疏散仿真研究[J].科技创新导报,2017(01):19-24.
[151] 胡隆华,彭伟,杨瑞新.隧道火灾动力学防治技术基础[M].北京:科学出版社,2014.
[152] 车轮飞.公路隧道通风系统设计工程实录[M].北京:中国建筑工业出版社,2015.
[153] 彭伟.公路隧道火灾中纵向风对燃烧及烟气流动影响的研究[D].合肥:中国科学技术大学,2008.

[154] 李引擎.建筑防火性能化设计[M].北京:化学工业出版社,2005.

[155] 王明年,杨其新,郭春.高速公路隧道及隧道群防灾救援技术[M].北京:人民交通出版社,2010.

[156] 廖朝华,郭小红.公路隧道设计手册[M].北京:人民交通出版社,2012.

[157] World Road Association (PIARC). Systems and equipment for fire and smoke control in road tunnels[M]. World Road Association (PIARC), Paris, France, 2007.

[158] Hu L H, Huo R, Wang H B, et al. Experimental and numerical studies on longitudinal smoke temperature distribution upstream and downstream from the fire in a road tunnel[J]. Journal of Fire Sciences, 2007, 25(1): 23-43.

[159] McGrattan K, Hostikka S, McDermott R, et al. NIST special publication 1018-6: Fire Dynamics Simulator technical reference guide volume 3: validation [R]. Gaithersburg: National Institute of Standards and Technology, 2014.